독일사회를 인터뷰하다

박원순 변호사의 독일 시민사회 기행

지은이 **박원순**

박원순 변호사는 1975년 서울대학교 학생 시절 이른바 김상진 열사 사건으로 제적된 후 독학으로 1980년 사법시험에 합격한다. 그 후 잠깐 동안의 검사 생활을 거쳐 1983년 변호사를 시작한 이후 이돈명, 황인철, 홍성우, 조준희, 조영래 변호사 등의 선배그룹과 함께 인권변호사로서 1980~90년대를 치열하게 보낸다. 1991년 이후 2년 동안 영국과 미국에서 유학생활을 보낸 후 1993년 귀국하여 참여연대 사무처장으로 시민운동에 투신한다. 2002년 이후 '아름다운재단'과 '아름다운 가게'의 새로운 운동영역에 몰두하고 있다.

지은 책으로는 《성공한 사람들의 아름다운 습관, 나눔》, 《내 목은 매우 짧으니 조심해서 자르게》, 《박원순 변호사의 일본 시민사회 기행》, 《한국의 시민운동, 프로크루스테스의 침대》, 《NGO, 시민의 힘이 세상을 바꾼다》, 《국가보안법연구》(전3권), 《역사가 이들을 무죄로 하리라》등이 있다.

독일사회를 인터뷰하다

박원순 변호사의 독일 시민사회 기행

지은이 박원순
초판1쇄 인쇄 2005년 4월 30일
초판1쇄 발행 2005년 5월 10일
초판2쇄 발행 2005년 9월 28일
펴낸곳 논형
펴낸이 소재두
편집 디자인공 이명림
표지디자인 디자인공 이명림
등록번호 제2003-000019호
등록일자 2003년 3월 5일
주소 서울시 관악구 봉천2동 7-78, 한림토이프라자 6층
전화 02-887-3561 **팩스** 02-886-4600
ISBN 89-90618-82-7 04330
가격 14,000원

독일사회를 인터뷰하다

박원순 변호사의 독일 시민사회 기행

책을 펴내며

　　오랫동안 해보고 싶었던 일을 또 하나 이루었다. 1998년 2개월간의 미국 기행, 2000년 3개월간의 일본 기행에 이어 세 번째의 장기 기행이다. 재작년에 이미 프리드리히 에버트 재단의 가이 소장으로부터 3개월간의 독일 기행 허락을 받아두었지만 작년에는 뜻을 이룰 수 없었다. 새로 시작한 아름다운가게 일에서 벗어날 수 없었기 때문이다. 사실 사정은 올해에도 마찬가지였다. 그러나 비상한 마음으로 결심을 하고 무조건 5월 13일 프랑크푸르트 행 비행기에 몸을 실었다. 그렇게 하지 않으면 내 몸을 이리저리 동여매고 있는 업무의 구속과 현안 과제가 중첩되어 영원히 떠날 수 없었으리라.

　　독일 사람들은 영어를 잘 하기 때문에 영어만 하면 된다는 이야기를 여러 사람에게서 들었다. 그런데 막상 독일에 와보니 지식인들은 대체로 영어를 잘 했지만 모두 그런 것은 아니었다. 동독 지역의 사람들은 러시아어만 배웠기 때문에 젊은이들을 제외하고는 영어가 안 되었다. 독일 소식을 전하는 영자지가 없었다. 《프랑크푸르트 알게마이

네》의 주간 영자지가 유일한 것이었다. 웹사이트나 리플릿이 영어로
된 것은 지극히 드물었다.

　이런 상황에서 스스로 일정을 짜고 접촉하자니 보통 어려운 게
아니었다. 더구나 독일 사람들은 왜 그렇게 공휴일을 즐기는지 사무실
에 있는 시간보다 없는 시간이 더 많은 듯했다. 특히 사회운동을 하는
사람들은 파트타임이 많았기 때문에 줄곧 책상에 앉아 있거나 거의 대
부분 휴대폰을 쓰는 우리와는 사정이 달라 연락이 되지 않았다. 그러나
이런 불리한 여건을 뚫고 용감하게 전화하고 메일을 보냈다. 어떤 단체
의 한 사람하고 잘 안 되면 다른 부서의 사람과 접촉하기도 했다. 막무
가내로 만남을 청하고 무작정 찾아가기도 했다. 그래서 적지 않은 성과
를 거두었다. 일단 용감해야 뭔가 거둘 수 있는 법이다.

　따지고 보면 잘 알지도 못하는 외국인을 맞아 몇 시간씩 시간을
할애하고 정보를 준다는 게 쉬운 일은 아니다. 나도 평소에 그런 성의
를 가지지 못했다. 그러나 독일 사람들은 대부분 친절했다. 어디서나
차를 권하는 게 상례였다. 물론 문전박대를 받기도 했다. 그러나 그것
은 어느 사회나 있는 법이 아닌가. 개의치 않았다. 그런 것도 독일 사회
에 대한 환상을 깨는 좋은 경험이었다. 이렇게 해서 전직 대통령에서부
터 홈리스 운동가에 이르기까지 다양한 사람들을 만나고 그들의 이야
기를 경청할 수 있었다.

　독일의 사회운동은 위기에 처해 있다. 많은 단체들이 정부나 종
교단체의 재정지원에 의존하고 있었는데, 바로 그 지원이 끊기거나 줄
어들고 있었다. 기업들은 정부에 세금을 내면 정부가 모든 것을 해야
한다고 여기고 있어 사회단체에 기부할 생각이 많지 않았다. 국민들도
사회단체의 재정은 정부의 책임이라고 믿고 있었다. 실제로 최근 몇 년

동안 문 닫는 시민단체의 수가 적지 않았다.

그렇지만 우리네와 비교하면 부러운 게 한두 가지가 아니었다. 최근 정부지원이 줄어들었다지만 여전히 전체 예산의 0.3퍼센트를 상회한다. 우리는 0.01퍼센트도 안 된다. 그러면서도 얼마나 생색을 내는가.

가장 부러운 것은 공간의 문제다. 과거 1970~80년대에 벌였던 건물점거운동의 결과 도심 곳곳에 시민사회단체로 가득 찬 건물들이 있었다. 건물 가격의 상승으로 주인들이 건물에서 나가줄 것을 요구하는 사례로 어려움을 겪기도 한다. 그러나 시청의 배려로 눌러 앉거나 부모로부터 상속받은 재산을 쾌척하여 아예 사버린 행복한 경우도 있었다.

어느 사회단체나 자신의 운동 분야에 관해 상당히 잘 수집되고 활발하게 운영되는 도서관을 가지고 있는 것도 인상적이었다. 사회운동을 전문적으로 지원하기 위한 재단이 몇 개나 있었고 좋은 아이디어와 프로젝트를 지원하는 은행도 있었다. 그중에 상속받은 1,700만 유로를 모두 내놓아 재단을 만들고 자신은 거지처럼 살면서 사회개혁운동을 계속하고 있는 울프(Ulf) 씨와 움페어타일룽(Umverteilung, 나누자) 재단의 사례는 사뭇 감동적이었다. 울프 씨를 포함하여 사회 곳곳에서 빛과 소금이 되고 있는 68세대를 만나는 것은 즐거운 일이었다. 많은 정치적 논쟁에도 불구하고 우리의 386세대도 미래에는 이들과 같은 역할을 해내리라고 믿는다.

독일사회에서는 직업적인 운동가만 시민운동에 참여하는 것은 아니다. 오히려 평범한 시민이 다양한 시민단체를 만들고 이끌어가고 있다. 특히 새로운 대안에너지와 환경 분야에서 평범한 시민의 활약은 차라리 눈부시다고 해야 옳다. 환경뿐만 아니라 평화, 여성, 인권, 제3세계 등의 영역에서 많은 사람들은 미래 세대를 위하여 크고 작은 꿈들을 그리고 있었다.

특히 이번 기회에 동독의 여러 지식인을 집중적으로 만나 통일 과정과 이후의 고민을 들을 수 있었던 일, 엄청난 규모와 수준의 시민 교육 · 평생교육 · 정치교육이 이루어지는 모습을 발견한 것, 막스플랑크 연구소를 비롯한 여러 연구소를 방문하여 기초학문과 연구사업에 투자하는 것이 사회적으로 얼마나 중요한 것인지 깨달은 일, 녹색당 · 사민당 · 민사당 등의 활동과 정책을 조금 깊이 알고 지식인의 평가를 들어보는 기회를 가졌던 것, 짬짬이 주요 도시와 마을들을 여행하고 여러 사회 · 문화적 실험을 접할 수 있었던 일도 가슴 벅찬 감동이었고 배움이었다.

정말로 석 달 동안 나는 종횡무진 독일을 누비고 다녔다. 무거운 가방을 들고 이 도시 저 도시를 오갔다. 어떤 날은 오전에는 이 도시, 오후에는 저 도시로 이동했다. 내 가방을 들어본 사람은 금이 들었냐고 농담을 했다. 한 달치 살림이 들어 있었으니 그럴 만했다. 그럼에도 불구하고 좋은 사람들을 만나 이야기를 듣고 그들의 삶과 활동의 현장을 살펴볼 수 있는 것은 행복이었다. 책의 분량 때문에 일부가 잘려나간 것이 조금 안타깝다.

로마 시절 게르마니아로 불렸던 야만의 땅이 지금은 세계 최고의 문명을 자랑하고 있다. 한때 나치의 악정으로 후유증을 겪었지만 지금의 독일은 가장 앞선 민주주의 나라다. 경제의 선진국이고 풍요로운 문화의 나라다. 미국과 영국보다 빠른 시간 안에 근대화를 이루는 과정에서 수많은 시행착오와 고통을 경험한 독일은 상대적으로 유사한 경험을 한 우리에게 많은 것을 가르쳐주고 있다. 나는 우리 사회를 다시 한 단계 업그레이드 하는데 독일에서의 감동과 배움과 경험을 녹여내고 싶다. 벌써 빨리 돌아가서 사람들을 만나고 일을 도모하고 싶다는 마음이 간절해진다.

　이번 여행도 많은 분들이 도와 주었다. 숙소를 마련하고 일정을 주선하고 건강까지 배려해준 최영숙 선생을 잊을 수 없다. 재독 교민사회의 '왕발' 이면서 기둥 같은 분이다. 매번 자동차로 짐을 날라주고 좋은 사람들을 만나게 해주었다. 강원룡 목사님은 바이체커 전 대통령과의 만남을 주선해주었다. 참여연대의 양영미 씨와 박재신 씨도 여러 기관과 좋은 분들을 소개해주었다. 권영민 대사님과 김득환 서기관, 신동민 전문위원 등 대사관의 여러 분도 정치인과 몇몇 정부기관을 방문할 수 있게 해주었다.

　유르겐 마이어(Jurgen Maier. 환경과 개발 독일 NGO 포럼 사무총장), 안나 조지(Anna Gyorgy. 여성운동가), 베네딕트 하얼린(Benedikt Haerlin. 미래재단 사무총장), 스벤 한젠(Sven Hansen. TAZ 신문 아시아 데스크), 드레스덴의 헤바이스(Hebeis) 변호사 등도 많은 분들을 만나게 해주어 여행이 성공적으로 되도록 도와주었다. 좋은 한 사람의 주변에는 좋은 사람들이 모여 있는 법이다.

　드레스덴의 이월선 씨, 아헨의 최현덕 박사, 뒤셀도르프의 권오준 포스코 유럽 지사장, 뒤스부르크의 이종현 선생, 쾰른의 이영숙 씨, 뮌헨의 강정숙 박사, 브레멘의 홀거 하이데(Holger Heide) 교수, 함부르크의 송현숙 씨 등은 일정 주선부터 숙소 편의와 안내, 차량 운전, 관광 등 모든 일을 도와주었다. 특히 강정숙 박사는 남편 알렉산더 그레고리(Alexander Gregory) 씨와 더불어 뮌헨은 물론이고 브레멘의 시누이 비타 빈터 그레고리(Witha Winter Gregory), 그리고 자신이 아는 네트워크를 통해 많은 이들을 만나게 해주고 많은 정보를 주었다. 이영숙 씨도 여러 차례 차를 몰고 이 도시 저 도시를 함께하는 호의를 베풀었다. 최영숙 씨가 큰누이라면 강정숙 씨는 둘째누이, 이영숙 씨는 작은누이 같았다. 길가면서 먹으라고 음식들을 챙겨주곤 했다. 내가 필요하다면 언제나 달려왔던 유학생 이희영·안숙영 씨는 유창한 독일어로 통역도 해주었다. 베를린의 김동하·이상호·최용찬 씨, 뮌헨의 최필준 씨 등도 통역이나 여러 귀찮은 일에 기꺼이 도움을 주었던 유학생들이다.

내가 외유하는 대신 몽땅 그 일을 도맡아야 했던 아름다운가게의 손숙·박성준·윤팔병 세 대표님과 이해동 목사님, 그리고 아름다운재단과 아름다운가게의 이사님들과 간사 및 자원활동가 여러분에게도 감사와 죄송함을 전한다. 시민사회단체연대회의 임원들과 내가 관여하다가 나와버림으로써 그 짐을 대신 맡아주신 여러 단체와 기관의 분들께도 감사드린다. 무엇보다도 이런 좋은 기회를 제공한 프리드리히 에버트 재단의 가이 소장님과 그 과정에서 실무적 지원을 아끼지 않은 진양숙 선생께 깊은 감사를 드리지 않을 수 없다.

이 작은 결과물이 모든 분들에게 감사의 작은 징표가 되었으면 좋겠다.

2004년 8월 7일
베를린 베딩 지역의 학생 기숙사에서 귀국을 앞두고

차례

제1장
베를린의 고뇌와 미래

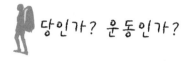 **당인가? 운동인가?**

5월 18일 오전 11시, 유르겐 마이어 씨를 연방홍보처(Bundespressamt)에서 만났다. 참 오랜만이다. 1991년 내가 런던에 유학할 당시 녹색당 국제부장으로서 함께 유럽의회 청문회도 진행하고 브뤼셀에 있던 유럽연합 사무국에도 함께 방문했던 사람이다. 10년이 훨씬 넘었는데도 하나도 변함이 없다. 원래 대머리였으니까 나이가 더 들어보이지도 않는다. 무엇보다도 녹색당의 옛 동료들은 지금 사민당(SPD)과 연정을 펴서 장관도 되고 관리가 되었는데 자신은 녹색당을 탈당하여 환경운동가로 남아 있으니 변하지 않을 법도 하다.

녹색당이 진보 색깔을 버리고 중도 성향을 가지게 되면서 많은 사람들이 떠났다고 한다. 마이어 씨도 마찬가지였단다. 그런데 적지 않은 사람들이 떠나온 녹색당을 몹시 비판하며 욕하고 있지만 그는 여전히 그곳 사람들을 만나고 있다. 다만 입장이 다를 뿐이다. 환경부장관 유르겐 트리틴(Jurgen Trittin)도 과거 '함께 놀던' 사이고 지금도 환경 업무 때문에 자주 만나지만 입장은 다를 수밖에 없다는 것이다. 그는 언제나 정부 정책에 비판하는 쪽이고 트리틴 장관은 이를 해명하거나 수용하는 쪽이다. 마이어 씨가 속한 단체도 정부 보조금을 받고 있지만 주는 쪽이나 받는 쪽이나 정부를 더 비판하라는 돈이라고 생각한다. 사민당과 함께 집권여당이 된 녹색당은 에너지 분야와 화학공업 분야에서 괄목할 만한 변화를 끌어냈다. 그러나 교통정책을 비롯한 나머지 분야에서는 거의 변화가 없다. 마이어 씨는 사민당은 환경에 대한 이해가 없다고 본다. 지금 슈뢰더 총리는 인기가 없는데 다음 선거에서 기민당

(CDU)이 집권하면 그나마 이루어놓은 업적마저 물 건너가지 않을지 걱정이란다.

환경 · 개발에 관한 NGO 포럼(Forum Umwelt und Entwicklung)이 마이어 씨가 책임자로 있는 단체이다. 본에 사무소가 있고 7명이 일한다. 직접 환경 · 개발 업무를 관장하는 것이 아니라 관련 단체들의 네트워크 단체이다. 10개의 실무회의가 있고 전국에 산재한 환경 · 개발 관련 단체의 입장을 조정하는 일을 한다. 기후변화협약, WTO 등 국제적 로비와 협력이 주된 업무이다. 개별 단체는 자신의 업무에 몰두하다 보면 크게 보지 못하는 경우가 있는데 이것을 교정하면서 어떻게 국제적 차원에서 풀 수 있는지 고민하는 것이다.

마이어 씨에게 독일 통일 이후의 사정에 대해서 물었더니 "국가는 하루 만에 통일될 수 있지만 사회는 전혀 다른 문제"라고 대답한다. 40년 동안 그렇게 달라질 수 있는가를 절실하게 깨닫고 있다고도 했다. 동 · 서독에 흩어져 살았던 가족들조차 서로를 이해하지 못한다. 동독 사람은 서독 사람에 대해 너무 오만하다는 불만과 비판이 많다. 경제 형편에 대해서도 마찬가지다. 동독 사람들의 연금은 서독 사람의 절반이 안 된다. 서독 역시 통일 이후 막대한 재정지출과 경기악화로 경제적 어려움을 겪고 있다. 통일은 1년 동안 환희를 맛보게 했지만 그 이후에는 쓰디쓴 고통을 주고 있다는 것이다.

마이어 씨는 베를린에 회의 차 왔다가 나와의 약속이 끝나면 본으로 돌아가야 했다. 그는 비행기보다는 공해가 덜한 기차를 타고 다닌다. 교토 회의 때 한 일본 스님이 그의 명함을 보더니 '환경'과 '개발'은 모순된 건데 어떻게 하나로 묶어 단체를 만들 수 있느냐고 질문하였다고 한다. 2시간 이상 이 문제로 토론을 벌였지만 사실 그 스님의 말이

맞다고 생각한단다. 그의 생각은 모순된 것을 조금이라도 조화롭게 해 보자는 것이다.

그는 요즘 일곱 살 난 아들 때문에 웃는 일이 많다. 영리한 놈이라는 것이다. 며칠 전 아들이 정색을 하고 물었단다. "아빠, 요즘 너무 여행을 많이 하는 것 아니야? 엄마가 싫어해." 그래서 그는 환경을 위해 그러는 것이라고 설명했더니 "그건 아빠가 좋아하니까 하는 일이지"라고 단언했다는 것이다. 독일 아이들은 철이 빨리 드는 모양이다.

베를린 시의 과거와 미래

5월 18일 오후 5시, 베렌 가(Behren Str.) 42번지. 역에서 내려 묻기도 하고 지도를 놓고 확인하기도 하면서 찾아가는데 어떤 여성이 혹시 한국에서 오지 않았냐고 한다. 바로 오늘 만나기로 한 베를린 시청의 국제담당관 코넬리아 포츠카(Cornelia Poczka) 씨이다. 그녀를 만나

베를린시청의 한 건물에 있는 '베를린의 미래'를 보여주는 재개발 계획 도시 설계와 책임자 포츠카씨
시민들과 함께 만들어 가는 참여 시정의 한 단면이다.

베를린 시의 재개발사업을 듣기로 되어 있었다. 과거 이명박 서울시장 일행을 안내하기도 한 모양이다. 이 시장이 이 여성에게 흠뻑 빠졌던 모양이다. 설명을 너무 잘 해주었다면서 소개해준 것이다.

정말 그랬다. 이미 많은 경험이 있는 듯 어떤 것을 알고 싶어 하는지 물어본 다음 차례대로 도면과 모형을 보여주며 설명해나갔다. 실제로 베를린 시청 분관에 설치된 대형 전시장은 베를린의 미래를 보여주는 엄청나게 큰 모형지도와 온갖 설계도면, 사진, 도표, 통계자료를 전시해놓고 있었다. 행정의 내용이 아무리 좋더라도 그것을 시민들에게 공개하고 전시하고 보여주고 설득하는 일이 더 중요하다. 이 귀중한 공간을 통째로 내서 베를린의 미래를 시민들과 더 나아가 온 세상 사람들에게 자신 있게 보여주고 있는 것이다. 그러고 보니 나 말고도 외국인이 여럿 있었다. 포츠카 씨는 오늘 오전에도 브루나이 정부 관리 일행을 안내했다고 한다. 베를린은 세계 사람들에게 건축과 재개발의 교과서 노릇을 하고 있었다.

통일 후 베를린은 새로운 미래에 대한 설계가 필요했다. 지난 40년 동안 완전히 서로 다른 경로를 걸어온, 갈라진 두 도시였다. 교통, 수도, 환경, 녹색공간, 인구, 주거 등 모든 것이 다를 수밖에 없었다. 이런 상황에서 어떻게 베를린을 다시 통합·재건하고 만들어갈지 70명으로 포럼을 구성했다. 참가자들은 완전히 다른 영역을 대표하고 있는 사람들로서 무보수의 명예직이었다. 이들은 매주 금요일 오후와 토요일에 만나 토의를 벌였다. 포츠카 씨는 이 포럼의 책임자였다. 베를린 시장과 담당국장은 포럼 회의에 참관하여 이야기만 들을 수 있을 뿐 발언이 허락되지 않았다. 듣는 것이 그만큼 중요한 일이다.

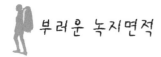

부러운 녹지면적

이들이 처음 결정한 일은 녹색공간을 그대로 유지한다는 것이었다. 브란덴부르크 문 옆에 있는 큰 공원인 '티어 가르텐' 200헥타르는 물론이고 기존의 녹색공간 비율 42퍼센트를 보존한다는 것은 대단한 결정이 아닐 수 없다. 통일 후 개발수요는 늘어나고 대지가 더 필요해지는 상황에서 녹지 비율을 유지하는 것은 시민의 요구이기도 하다. 과거 동베를린에서는 소극적인 도시정책 때문에 오히려 과거의 대지공간이 녹지공간으로 변화된 곳도 적지 않게 있다고 한다. 환경단체는 그곳도 그대로 녹지로 유지하자고 주장했지만 시청은 용납하지 않았다. 이미 녹지가 충분하다고 보았기 때문이다.

포츠카 씨는 나를 특별한 표지판 앞으로 데리고 갔다. 현재보다는 도로가 훨씬 더 많이 나 있는 도로설계였다. 그녀는 만약 그 설계대로 시행했다면 베를린을 망쳤을 것이라고 했다. 그러고 보니 차들이 쌩쌩 달리는 도로 주변은 상가나 주거가 거의 살아나지 않고 있는 모습을 볼 수 있었다. 이들도 때로는 실수를 하는 모양이다. 물론 취소되었다고는 하지만. 이 도시계획은 베를린 인구가 600만이 될 것을 대비한 것이라고 한다. 그런데 현재는 340만으로서 인구가 오히려 줄고 있는 상황이다.

통일이 되고 수도가 이쪽으로 옮겨왔으니 당연히 인구가 폭발할 텐데 어떻게 그런 현상이 일어나는가라고 물었다. 독일의 경우 지방자치가 잘 되어 있고, 동독의 경우에는 지역 정부로부터 보조금까지 받고 있는데 아무런 직장이나 주거의 보장도 없이 옮겨올 리가 없다는 것이다. 특히 도시 외곽으로 가면 부동산 가격이 싸기 때문에 도심에는 오히려 빈 사무실이나 창고가 늘고 있다. 동독 지역은 유태인 소유였거나 과거 지주가 파악된 곳은 반환하고, 남아 있는 땅은 연방정부가 팔아서 개발비용으로 충당하고 있다. 그런데 경기가 침체되면서 잘 팔리지 않고 가격이 많이 내려 다시 오를 때까지 일부러 팔지 않고 있는 상황이라고 한다.

상전벽해의 포츠다머 플라츠

포츠다머 플라츠(Potsdamer Platz)는 원래 '사막' 같은 곳이었다. 전쟁과 분단으로 이 지역은 버려진 땅이었다. 소니의 오가와 회장은 워닉 필하모니 건물을 좋아했기 때문에 그 근처인 이곳에 소니 센터를 짓고 싶어 했다고 한다. 이왕이면 필하모니 같은 격조 있는 건물을 지었으면 더 좋았을 텐데 너무 요란하지 않는가 싶다. 그러나 이곳은 평일에도 거의 7천 명 정도가 몰려들어 재개발은 성공한 것으로 평가되고 있다.

라이프지거 플라츠는 보수적으로, 포츠다머 플라츠는 근대적으로 하자는 데 합의를 보았다고 한다. 그런데 이 광장의 소니 센터, 다임러 빌딩 등을 짓는데 광장·도로·고도 등에 대한 엄밀한 가이드라인이 있었고 설계과정에서도 여러 차례 조정과 요청이 있었다. 비록 사유지라고 하더라도 전체 구도와 위치, 분위기에 맞게 짓도록 시는 얼마든지 요구할 수 있다는 것이다. 우리는 땅의 소유자가 입맛대로 짓고 시가 별다른 개입도 하지 않는 것이 문제다. 이 부분에 대한 보다 엄격한 규제가 필요하다. 땅과 돈을 가진 자의 자유가 공공의 이익을 무시하면서까지 행사될 수는 없는 법이다. 우리나라에는 지나친 자유주

황폐화 된 포츠다머 플라츠에 통일 후 건축된 소비센터
자본의 힘이 얼마나 막대한지 느낄 수 있는 현장이다.

의가 횡행하고 있는 것이 아닌가. 난개발과 볼썽사나운 건물이 올라갈

때마다 드는 생각이다.

　　포츠카 씨는 베를린 역사상 처음으로 짓는 중앙역이나 연방의회

옆의 슈프레보겐(Spreebogen) 지역에 애착이 큰 것 같았다. 특히 건축

설계를 감시하고 인준하는 배심원들은 연방의회 건물 옆 슈프레 강변

의 건물이 강을 두 번 넘나들며 일직선으로 지어지는 것을 특별히 선호

했다고 한다. 연방의회 건물에 유리로 투명한 옥상을 만든 것과 연방

수상관저가 특이할 만한 것이라고 소개했다. 이렇게 새로운 건축적 실

험과 더불어 과거의 것을 가능한 보존하자는 원칙을 가지고 있다고 한

다. 그것은 미래의 세대를 위해 유럽 특히 독일의 감각과 향기와 특색을 남겨두려는 것이다. 1957년과 1980년에 열린 국제건축박람회가 베를린을 건축의 도시로 만드는 데 기여하였다고 한다. 우리도 이런 건축박람회를 열어 개발시대의 서울을 미래의 국제도시로 만드는 계기로 만들어보면 어떨까 하는 생각이 스친다.

 ## 독일인인 것만으로 고통이다

전화를 받은 여성이 그냥 집으로 오라고 한다. 초면에 대뜸 집으로 초청하는 것은 한국에서는 흔치 않은 일이다. 더군다나 밤 8시에 오라는 것이다. 당연히 저녁을 주는 줄 알았다. 그러나 사과 주스 한 잔뿐이었다. 늦은 점심을 먹고 갔기에 망정이지 아니었으면 완전히 굶주림에 허덕일 뻔했다.

모나츠카르테(Monatskarte) 한 장이면 버스·전철 등 베를린의 모든 교통편을 한 달간 자유로이 이용할 수 있다. 한 장에 64유로 가격이 아주 싼 편은 아니지만 우선 편해서 좋다. 더구나 버스 탈 때는 보여주지만 전철에서는 누가 보자는 사람도 없다. 그러다가 언제 불시에 검사하는 때가 있는지 모르지만. 모나츠카르테 한 장과 지상철(S-Bahn), 지하철(U-Bahn)이 다 나와 있는 작은 전철 지도 한 장이면 어디나 갈 수 있다. 미리 집에서 가장 가까운 전철역을 확인한 후 거기서 거리 이름과 번지만 알면 어디로든지 자유롭게 갈 수 있다. 모크 비버(Mock Bieber)라는 이 분의 집도 시내에서 제법 떨어져 있는데도 아무 문제없이 잘 찾아갔다. 이제 베를린 지리에 자신감이 생겼다.

사회학을 공부한 그녀는 대학에서 개발 과목을 공부한 다음 독일 개발연구소(German Development Institute)에서 3년 정도 근무하고 유엔 기구인 식량농업기구(FAO)로 옮겨 에콰도르에서 3년간 근무했다고 한다. 그녀는 볼리비아인과 결혼하였는데, 남편은 현재 볼리비아에 살고 있다고 한다. 그녀의 딸 안나가 우리의 대화에 끼어들었다. 안나의 남자친구는 볼리비아의 라파스에 사는데 대학을 졸업하면 거기 가서 살아야 한단다. 또한 안나가 다니는 훔볼트 대학은 정부의 지원이 많이 끊겨 이제 완전히 문을 닫게 생겼다고 울상이다. 비버 씨의 아들은 베를린 시내에 아파트를 얻어 여자친구와 산다고 한다. 집에서는 독일어와 스페인어가 공용어이다. 우리 관념으로는 참 이상한 가정이다. 기러기 엄마인가? 콩가루 집안인가? 국제화시대, 21세기 가정의 단면을 보여주는 듯하다.

비버 씨는 1988년 이래 칼디스버그 재단에서 아시아-아프리카 데스크로 일하다가 최근에 그만두었다. 칼디스버그 재단은 제3세계의 개발과 협력이 주된 활동이며, 저개발국가의 교환방문과 독일 청소년의 해외파견근무 지원도 포함되어 있다. 1년에 이런 프로그램에 참여하는 사람의 수가 1만 5천여 명에 이른다니 그 규모를 짐작할 수 있다. 지멘스나 루프트한자 같은 기업, 세계은행이나 EC 등의 후원을 받기도 한다. 요즘 독일 경제가 몹시 어렵다고 야단이지만, 그녀는 너무 낭비하고 소비하고 있다고 생각한다. 왜 그렇게 고급 승용차가 많냐는 것이다. 기대가 높으니 불만이 쌓이는 것은 당연한 일이다. 제3세계에서, 그리고 제3세계를 위해서 일하면서 독일인은 너무 배가 불렀다는 것을 절감했다고 한다.

다른 나라와 국제기관에서 오래 일해온 탓인지 그녀의 집에는 제

3세계 분위기가 물씬 난다. 그런 그녀도 과거에서 완전히 벗어나 있지 못한 듯하다. 아버지는 전쟁의 상처로 다리를 잃었으며, 동생은 서독 군인으로 삼촌은 동베를린에 살면서 사촌이 동독의 장벽 경비병으로 서로 맞서야 하는 운명을 겪었다. 제2차 세계대전과 이후의 냉전은 독일인 한 사람 한 사람의 개인사와 가정사에도 어둠을 드리웠다. 그녀는 이야기 말미에 이렇게 말했다. "독일인인 것만으로도 고통을 겪는다."

 두 가지 횡재

5월 19일, 드디어 인터넷이 개통되어 내 컴퓨터로 이메일을 주고 받고 웹사이트를 뒤질 수 있게 되었다. 지난 며칠간 인터넷이 안 되어 참 답답하였다. 그동안 얼마나 인터넷에 중독되어 있었는지 실감했다. 사실 한국만이 아니다. 이곳 독일에서도 이메일이 안 되니 연락하기가 여간 어렵지 않다. 전화로 하기에는 부적절할 뿐만 아니라 비용 또한 엄청 비싸다.

또 한 가지 횡재 소식, 아침 10시 반 약속을 위해 시내까지 S-Bahn 을 타고 프리드리히 슈트라세 역(가장 큰 역이다)에서 내려 슈프레 강 을 건너 이 골목 저 골목을 두리번거렸다. 만나기로 한 안나 조지(Anna Gyorgy)가 기다리고 있었다. 남편이 독일대사관의 부대사로 근무하는 바람에 3년간 한국에 살면서 녹색연합과 여성연합 등의 영문 뉴스레터 의 편집업무 등을 도와준 한국통 미국 아주머니다.

내 여행 목적을 말하니 선뜻 내놓는 자료집의 제목은 이랬다. 『달 라져야 한다—대안적 정치를 위한 관점(Es Geht auch anders!

Perspektiven für eine andere Politik)』. 바로 며칠 전인 5월 14~16일 동안 베를린에서 열린 회의였다. 회의에 참석 못한 것은 불행이지만 자료집 뒤에 참여한 단체들의 목록이 나와 있는 것은 큰 다행이었다. 고구마 줄기를 당기면 고구마 뿌리가 한꺼번에 쏟아질 참이었다. 정말 그런 심정이었다. 단체들을 파악하고 소개받는다는 것이 쉬운 일이 아니었기 때문이다.

더 나아가 그 건물을 들어가는데 심상치 않은 게 시내 중심부에 있는 건물치고는 허름하기 짝이 없었던 것이다. 그러나 허름하면서도 기품이 있어 뵈는데 아니나 다를까 바로 많은 NGO들이 세 들어 있는 건물이었던 것이다. 임대료가 상대적으로 싼 모양이다. 유기농협 운동 단체인 비오란트(Bioland)와 데메터(Demeter), 풍력에너지 단체인 빈트에네르기(WindEnergie), 경제부정 고발 단체인 방켄스칸달(Bankenskandal), 이름만으로도 매력적인 스티프퉁쮸쿤프트(Stiftung Zukunft) 미래재단, 이나치아티베 베를린(Initiative Berlin) 등이 세 들어 있었다. 안나 조지에게 언제 한번 다들 만날 수 있도록 주선해달라고 부탁하였다. 정말 배부른 날이다.

마라엔 슈트라세 19번지 건물에 세 들고 있는 여러 시민사회 단체들
이들은 대체로 한 건물에 입주하여 비용절감, 정보교환, 상호협력체계를 이루고 있다.

여성의 눈으로 보는 세상

안나 조지, 아주 특별한 여성이다. 미국인인데 반미운동에 앞장이다. 다만 외교관 부인이기 때문에 사진이 언론에 나오면 곤란하여 데모에는 참여하지 못할 뿐이다. 그러나 이 공간에서는 자유롭다고 말하면서 20여 평 남짓한 공간을 가리킨다. 둘러보니 컴퓨터 프린터기

'지구상의 여성과 삶' 의 대표를 맡고 있는 안나 죠지
'해외 미국인의 소리(American Voice Abroad)' 라는 웹사이트를 보여주고 있다.

에도 '이라크 전쟁 반대(No Iraq War)' 라는 슬로건이 크게 붙어 있다. 베를린의 미국인 사회에서 소외되지 않느냐고 물었더니 정색을 하면서 '해외 미국인의 소리(American Voice Abroad)' 라는 웹사이트를 보여주었다. 이 단체는 베를린을 포함하여 세계 주요 도시마다 지부가 있으며, 미국의 정책에 반대하는 목소리를 담아내고 있었다.

그러고 보니 안나는 무엇이든 컴퓨터의 웹사이트를 통해 보여주었다. 실제로 그녀가 대표를 맡고 있는 '지구상의 여성과 삶(Women and Life on Earth)' 이라는 단체도 30여 명의 오프라인 회원과 조직이 있기는 하지만 거의 온라인으로 활동하는 단체였다. 1979년 미국에서 생겨났지만 자신이 코디네이터로서 외국에 주로 있다 보니 온라인으로 활동할 수밖에 없었다고 한다. 1979년 여성들이 항의를 하며 펜타곤을

둘러싼 적도 있다고 한다. 그녀는 서아프리카, 한국 등지에서 10여 년 이상 살았다. 웹에디터가 영어, 스페인어, 독일어, 프랑스어로 각각 나누어져 내용을 채워나간다. 형식은 같지만 그 안의 내용은 각자 다르다. 언젠가는 아랍어, 터키어, 한국어 채널도 생기도록 하겠단다.

내용을 보여주는데 정말 장난이 아니다. 두 번째 페이지로 들어가면 인포메이션, 리소스, 활동 등으로 크게 나누어지고 여기에 단체의 소개와 새로운 뉴스란이 추가된다. 다음 페이지로 넘어가면 다시 여성과 평화, 생태학, 세계화 등 세 영역으로 나누어진다. 거기에 온갖 유용한 정보들을 다 모아두었다. 여성의 시각으로 보아 유용한 것이라면 다 있다. 팔레스타인과 이스라엘 간의 충돌과 그로 인한 여성의 삶에 관련된 글과 웹사이트가 모아져 있다. 심지어 북한 용천역 폭발사고에 관한 뉴스들과 한국의 '평화를 위한 여성회'의 글과 사이트가 소개되어 있다. 이라크 전쟁 반대에 관한 한국 시민사회의 동향과 사이트도 있다. 참여연대의 성명서들도 한 군데 모아져 누구나 쉽게 볼 수 있다. 사이트, 사이트, 사이트 그리고 클릭, 클릭, 클릭 하면 이 주제에 관한 모든 자료를 다 볼 수 있다.

한 재미있는 사이트로 연결을 해두었다고 해서 보니까 이라크 전쟁과 현재의 점령 비용을 시시각각 계산해놓고 이것을 애리조나 주의 유치원비용, 어린이 건강보호비용, 공공교육비, 서민주택 건설비용의 얼마를 충당할 수 있는지를 간단한 수치로 비교하고 있다. 그 옆에는 '이라크 바디 카운트'라고 해서 현재 최소한 9,148명의 사상자가 발생했음을 표시해놓고 있다. 모름지기 운동은 단순하고 재미있어야 하지 않겠는가. 여성이 읽어보면 좋을 책들도 소개한다. 활동란에는 현재 베를린 지역과 전 세계에서 벌어지는 온갖 행사와 데모와 집회, 세미나에 관한 정보를 제공해준다. 활동 일지와 활동 상황 등도 있고 어떻게 참여할 수 있는지 방법을 소개한다. 안나는 여성의 관점에서 여성에 관한 최고로 가치 있는 글과 사이트만을 소개한다는 신념을 가지고 있다. 의식 있는 여성이라면 이 웹사이트만 보면 세계적 규모에서 여성과 그 삶에 대한 정보를 얻고 방향을 가질 수 있을 듯하다. 현재 일주일에 2천 명쯤 들어오고 지난 어머니날에는 10만 명 정도가 방문하였다고 고무되어 있다. 한국 수준으로 보면 적은 것이지만 그래도 읽어주는 사람들이 이렇게 있다는 것은 노고의 보답이 되는 것이다.

이 사이트를 계속 운영하고 업데이트 하려면 많은 사람들이 필요한데 현재 일하는 사람은 모두 자원봉사자이다. 돈만 조금 더 있으면 웹마스터를 구하고 자신은 글쓰기만 했으면 한다. 그런데 독일에서 모금이란 쉽지 않단다. 외교관 부인은 이제 지겹다고 한다. 칵테일파티 인생이 싫다는 것이다. 아프리카 아이를 입양해서 키우고 있다. 한국에 살 때는 자기 고향 말 외에는 아무것도 못했는데 지금은 영어·독어가 유창하고 프랑스어를 배우고 있다고 한다. 이런 착한 여성만 있다면 미국이 저렇게 되지는 않았을 텐데. 언젠가 아름다운재단에서 한 사람을 채용해서 이 사이트의 한국어 채널을 맡게 했으면 좋겠다.

 풀뿌리운동의 진수를 보여주는 할머니 전사

라우라 빔머스페르그(Laura Wimmersperg). 나이 69세. 자칭 사회주의자. 전직 학교 교사. 평화운동 코디네이터(Friedens Koordination). 이 정도의 정보만으로는 이 할머니가 하는 일이 무엇인지 정확히 알기 어렵다. 좀더 탐색해보자.

할머니 활동가 라우라 빔머스페르그

데모라는 데모에는 다 참여한다. 자기만 참여하는 것이 아니라 수많은 그룹의 멤버를 동원한다. 자신이 코디네이터로서 연락이 가능한 그룹이 교회, 가톨릭, 아시아 소수민족, 터키인 그룹, 사회주의자 등 10여 개가 된다. 이 그룹은 또 다른 그룹으로 마치 파도처럼, 아니면 봉화처럼 연락·연결되어 사람들의 참여를 이끌어낸다. 이 그룹들은 이 할머니가 보내주는 캠페인이나 슬로건, 시위의 내용을 보고 참여하기도 하고 참여하지 않기도 한다. 일사불란한 조직이 아니다. 아니 아예 조직이라고 말하기 어렵다. 좋게 말하면 유연하고 나쁘게 말하면 엉성하다. 사무실도 없고 돈도 없다. 사무실은 아무데서나 만나면 사무실이 아닌가. 여기 베를린시내의 쉐네베르크 (Schoneberg) 구청이 운영하는 팔라스트(Pallast, 우리나라의 구민회관 같은 곳)에서 매달 첫 번째 일요일 저녁에 만나는 것뿐이다. 돈이 없지만 필요하다면 노조나 공공재단에 가서 잘 설명해서 얻는다. 그러나 조직 없는 이 조직이 2003년 2월 15일 50만 명의 이라크 반전시위대를 조직해 냈다면 놀랄 일이 아닐 수 없다. 물론 ATTAC(시민지원을 위한 금융거래 과세실현행동) 같은 조직이 함께 했지만 말이다.

그야말로 이 조직은 네트워크일 뿐이다. 1979년 당시 미국이 주도하던 NATO는 핵무기를 독일에 배치하려 하였다. 당연히 시민들은 반대운동에 나섰다. 이때 베를린에는 15만 명이 반대집회에 참석하였다. 장장 그 행렬이 20킬로미터에 이르렀다. 이것이 독일의 평화운동으로 자라났다. 그때부터 1990년대까지 "우리 도시를 핵무기 없는 도시로"가 이 운동의 슬로건이 되었다. 베를린의 각 구역마다 책임자가 정해졌다. 라우라 할머니는 빌머스도르프 지구의 책임자였다. 핵 없는 유치원, 핵 없는 학교 등이 생겨났다. 그녀는 가가호호 다니며 핵 반대 서명을 받아 아예 핵 없는 거리를 만들었다. 온 동네사람들이 지지한 것이다. 그야말로 풀뿌리운동이 아닐 수 없다. 베를린 외에도 이 운동은 평화 포럼 등의 형태로 이름만 달리하면서 많이 생겨났다. 그리고 마침내 독일 전체의 '평화를 위한 전국실무위원회(Bundesausschuß Frieden)'의 탄생을 가져왔고 '핵무기 없는 유럽'으로 확대되었다.

라우라 할머니는 3대째 코디네이터인데 각 그룹의 멤버들은 대체로 나이가 많다. 평균 연령이 쉰 살이 넘는다. 젊은 사람들의 참여도 적지는 않은데 대학 때문에 옮겨 다니고 결혼도 하는 바람에 변동이 많은 편이다. 인터넷이 있지만 아무래도 구식이어서 제대로 업데이트를 못한다. 그렇지만 그룹과 사람들 간의 교신은 이메일 리스트를 가지고 하거나 각 그룹 책임자와는 전화로 한다. 아무래도 아날로그 세대인 것은 분명하다. 그녀가 교사 시절 가르친 제자 중에도 네 사람이 참여하고 있다. 그 가운데 한 명은 머리 모양을 이상하게 하고 다니면서 네오 나치로 행세했는데 어느 날인가 시위에 참여한 후 충실한 동행자가 되었다고 한다.

라우라 할머니는 결혼을 하지 않기 때문에 양육할 아이도 없고 돌봐야 할 가족도 없다. 오로지 평화운동만 밤낮없이 한다. 할머니가 평화운동가가 된 것은 교사로서 아이들의 미래를 평화로 보장해주어야겠다는 생각 때문이었다. 제2차 세계대전이 끝났을 때 할머니는 열 살이었다. 돌아가신 아버지 대신 어머니와 함께 여동생 세 명을 키우는데 엄청난 고통을 치렀다. 이런 참화를 다시는 물려주지 말아야겠다는 게

라우라 할머니의 결심이었다.

독일 군대는 이미 방위적 기능에서 공격적 기능으로 바뀌었다고 할머니는 믿는다. 유고슬라비아, 아프가니스탄 등에 독일 군대를 파견한 것을 평화유지군이라고 하지만 믿을 수 없다는 것이다. 무기 체계를 봐도 그렇고 이미 전투병으로 파견된 것이기 때문이다. 언제나 죄 없는 양민을 학살할 수 있다는 것이다. 할머니는 개인적으로 녹색당이나 민사당(PSD)을 지지한다. 그러나 활동은 초정파적으로 한다. 다만 요즘 녹색당이 과거와 달리 이런 집회에 나오지 않아 서운할 뿐이다.

무슨 이야기 끝에 우리나라의 낙선운동을 소개했더니 자신들도 필요하다면서 꼭 다음 모임에 강연을 해달란다. 내가 오늘 낮에 본 베를린 시내 화장실이 참 예쁘다고 했더니 "예쁘면 뭐하냐? 유료다. 홈리스들은 화장실도 못 간다는 말이냐"고 일침을 놓았다. 역시 여전사다운 일갈이다.

 ## 한겨레 신문과 닮은 타츠 신문

오늘은 부활절이다. 철저한 기독교 국가인 독일에서는 당연히 휴일이다. 그러나 신문사는 쉬기 어렵다. 오늘 오후에 만나기로 한 사람은 타츠(TAZ) 신문사의 스벤 한젠(Sven Hansen) 기자다. 아시아·태평양 담당 데스크를 맡고 있다. 사회과학을 전공하고 프리랜서로 오래 있다가 이 신문사로 들어와 1987년 홍콩 특파원도 지냈다. 수십 번 아시아 지역을 여행하면서 취재활동을 벌였다고 한다. 한국과는 1980년 인연을 맺었다. 독일의 아들러 기업이 한국에 투자한 플레야패션에 파업

타츠 신문의 정문 설립과정과 신문 논조가 한겨레 신문을 닮았다.

이 일어나면서 부당한 대우를 받고 있던 한국 노동자들을 독일로 데려
와 본사 앞에서 데모를 벌이고 독일 여론에 호소하는데 함께하였다. 그
당시 아들러사가 운영하는 가게에 화염병이 날아든 일도 있었다. 그런
방식에는 동의하지 않지만 아무튼 효과는 있었다고 한다.

　　타츠는 영락없는 독일판 한겨레신문사다. 창립취지와 모금방식
부터 그렇다. 1979년 뜻있는 젊은 언론인이 정부 권력과 자본으로부터
완전 독립된 신문을 만들기 위하여 조합방식의 모금을 시작했다. 5,500
명의 조합원이 조금씩 돈을 냈고 이들이 낸 돈의 다과에 관계없이 투표
권은 한 표만 가진다. 극도의 민주성을 확보하기 위해서다. 독일의 다
른 신문사는 모두 큰 자본을 가진 기업이다. 그런 의미에서 타츠는 조
합으로 구성된 유일한 신문이다. 현재 일일 발간부수가 6만 5천 부이고
그중에 1만 4천 명이 정기구독자로서 정기구독의 비율이 높은 편이라
고 한다. 대도시에서는 쉽게 구독할 수 있는데 작은 도시나 동독 지역
에서는 구독하기 어렵다. 사실 《한겨레신문》이 40만 부를 상회한다고
하는데 그에 비하면 부수는 훨씬 적은 편이다. 대신 온라인 신문 발간

에 정성을 쏟는다. 그러나 영향력은 크다고 한다.

타츠는 여성·환경·인권에 큰 관심을 가진다. 2000년 정신대문제에 관해 일본 정부의 책임을 묻는 동경 여성법정의 기사는 한젠 기자가 직접 날아가 취재해 썼고 그 기사가 톱이었다고 한다. 한젠 기자가 보아도 타츠는 지극히 진보적이라고 한다. 신문을 훑어보니 광고가 거의 없다. 이러다 보니 재정 상황이 어렵다. 아시아-태평양 담당인 한젠 기자가 호주와 아프가니스탄까지 포괄한다고 한다. 특파원은 5명에 불과하다. 그것도 전속 특파원이 아니다. 작은 자본으로 효율적으로 운영하려면 인력을 극대화하고 비용을 절감할 수밖에 없다. 다른 길이 없다는 것이다. 사실 이것은 대단히 좋은 발상이다. 반드시 전속 직원을 특파원으로 파견하는 것이 능사가 아니다. 이미 우리나라도 그러고 있듯이 오히려 현지에 사는 전문 인력을 통신원으로 기용하는 게 기사의 질이나 비용 면에서 탁월하지 않겠는가.

한젠 기자의 월급은 1,250유로, 다른 신문사의 기자들은 2~3배는 더 받는다고 한다. 자기들 쓰고 싶은 대로 마음대로 쓸 수 있는 자유를 가졌지만 조금은 적은 월급이다. 그는 스스로 사회운동가 또는 활동가라고 생각한다. 조합원도 처음부터 경제적 수익을 노리고 투자한 것이 아니다. 그렇다면 회사에 투자하지 왜 이런 작은 언론사에 투자했겠냐고 반문한다. 한 사회에 주류사회와는 다른 목소리를 내는 언론이 하나쯤 있어야 한다는 정치적 수익을 고려한 투자가 아닐 수 없다. 신문사에 몇 대밖에 없는 차는 공용 취재차량으로 쓰고 기자들은 자전거 타고 다닌다. 사실 베를린에서 차를 몰고 다닌다는 것은 주차 공간으로 보나 환경적 관점에서 보나 웃기는 것이라고 생각한단다. 이렇게 생각하는 기자들이 가득 찬 신문사라면 망할 일이 없겠다.

68세대가 던지는 빛과 그림자

1979년 독일 학생운동 출신의 사회운동가들은 두 가지 큰 선택을 했다. 하나는 녹색당의 출범이고 또 하나는 타츠(TAZ)의 설립이다. 기성 정치권과 주류사회를 뒤흔든 이른바 68세대들은 두 가지의 큰 실험을 했다. 하나는 적군파(Red-Army Faction)로서 "파시스트 국가인 독일의 민주주의 가면을 벗겨낸다"는 목표를 세웠다. 이들은 테러를 기꺼이 선택했다. 그러면서 대중의 관심은 멀어지고 내부의 투쟁은 격화되면서 소멸의 길을 걸었다. 또 하나는 '주류사회로의 진출'(March through the Institution) 흐름이었다. 물론 이러한 흐름이 70년대의 교육개혁 등의 성과로 나타나긴 하였으나 이 흐름 역시 기존의 제도권에 흡수되기는 마찬가지였다.

녹색당은 사민당과의 연정을 통해 집권당의 지위에까지 올랐으나 지식인들의 좋은 평가를 받고 있지는 못한 듯 하다. 한젠 기자는 녹색당을 이끄는 지도자들이 종래의 다른 정당 지도자들과 별반 다르지 않다고 한다. 적지 않은 변화들이 있었으나 시스템의 변화는 이루어 내지 못했다. 타츠 역시 급진좌파에서 리버럴한 입장으로 바뀌었다. 독일에서 인기 있는 칼럼니스트의 한 사람인 크리스티안 젬러(Christian Semmler)는 한때 급진좌파 마오이스트 그룹의 최고 지도자였다고 한다. 온 세상이 변하는데 아무것도 변하지 않고 있는 것도 문제이리라. 그럼에도 이런 진보적 운동의 진지가 마련되어 있다는 것만 해도 어디인가.

누더기 청바지 입고 다니는 백만장자

한젠 기자는 움페어타일룽(Umverteilung. '나누자' 라는 뜻) 재단
의 이사다. 이 재단의 정식 명칭은 '하나로 연대하는 세계를 위한 재단
(Stiftung fur eine, solidarische Welt)' 이며, 울프 만(Ulf Mann)이 설립했
다. 68세대인 울프 만은 한젠 기자가 거듭 강조하는 것처럼 극좌파다.
부모가 물려준 돈이 달가울 리가 없다. 제약회사를 운영했던 부모로부
터 물려받은 1,700만 유로, 그것으로 재단을 만들어 제3세계의 고통받
는 민중을 돕고 정의로운 세상을 만들기 위한 제3세계 사회운동을 지원
하는 재단을 만든 것이다. 울프 만은 지금도 누더기가 된 청바지를 입
고 다닌다. 전화도 없다. 약사 자격을 가지고 한때 약국을 열기도 했으
나 지금은 실업자다. 예순의 나이에 여기저기 떠돈다. 차라리 그가 성
자라는 생각이 들었다. 따지고 보면 예수도 그 당시는 한 푼 없는 거지
가 아니었나. 세상의 변화를 꿈꾸는 혁명가가 아니었던가.

움페어타일룽 재단은 제3세계 지원을 전문으로 활동한다. 우리
나라의 사회운동도 여러 경로로 적지 않은 지원을 받았다. 독일 교민들

동서 베를린의 대결의 상징이었던
'체크 포인트 찰리' 는 간 곳 없고 당
시의 동독과 소련 병사들의 모자와
소지품들만 팔리고 있다.

중에 한국 민주화를 지원하는 사람들이 이곳에 문을 두드렸고 또 이 재단을 위해서 일하는 분들도 있다. 움페어타일룽 재단은 원래의 자본금을 이자가 낮은 은행에 넣어두기보다는 아주 새로운 방식으로 투자한다. 무허가 주택에 사는 사람에게 장기 저리로 융자해주어 정식으로 렌트하는 입주자가 되도록 재단의 자본금을 활용하는 것이다.

타츠 신문사의 경우에도 마찬가지였다. 통일 전에 바로 동·서 베를린의 분단지점인 찰리 검문소 옆에 있는 현재의 신문사 건물을 움페어타일룽 재단이 구입한 후 타츠와 임대차계약을 체결하고 5년 안에 타츠가 살 수 있도록 해주었다. 그런데 통일이 되면서 건물 가격은 3배 올랐고 소유권은 타츠로 넘어와 이제 건물을 담보로 은행에 융자를 낼 수도 있게 된 것이다. 이렇게 움페어타일룽 재단은 헐벗고 가난한 사람과 기관을 부자로 만들고 있다.

제3세계를 지원하는 또 다른 기금으로는 '남북 가교(North-South Bridge)'라는 것이 있다. 이것은 원래 동독 주민이 자신의 월급에서 강제로 일정액을 떼어내 만든 재단으로서 쿠바 등 다른 사회주의국가를 지원할 목적으로 설립된 것이었다. 그러나 통일 후 그 기금은 그대로 쓸 수가 없어 제3세계 개발과 지원을 위해 쓰는 재단으로 변하였다.

독일에는 움페어타일룽 재단 외에도 사회운동 재단(Bewegung Stiftung)이라는 곳이 있다.[1] 이것은 한 사람이 아니라 여러 사람이 함께 출자해 만든 재단인데 독일 국내 사회운동을 전문적으로 지원한다. 얼마 전부터 68세대는 부모

[1] 독일의 사회운동지원재단(Bewegungstiftung)은 2002년 아래로부터의 사회운동을 재정적·전략적으로 지원함으로써 독일의 정치개혁을 활성화하기 위해 설립되었다. 재단 설립 이후 약 60여 명의 기부자로부터 119만 유로의 돈을 모금하였다. 이제까지 이 재단은 약 13만 5천 유로의 자금을 사회운동에 지원하였고 향후 5년간 약 500만 유로의 기부금 확보를 목표로 하고 있다. 이 재단이 지원한 영역은 평화운동, 반핵운동, 빈곤층과 실업자들의 운동, 이민자 운동, 세계화 반대운동, 장애인 인권운동, 생태운동, 반인종주의운동, 동물과 자연보호운동, 디지털공간에서의 시민권운동, 보다 직접적인 민주주의를 위한 운동 등이다.

세대로부터 상속받는 시기가 되었다. 그들은 그 돈을 자신이 가지기보다 이렇게 사회정의와 사회개혁을 위해 기꺼이 내놓았다. 참으로 아름다운 행동이며 아름다운 세대이다.

 ## 반부패운동의 총본산, TI 본부를 가다

국제투명성위원회(TI) 본부 벽에 그려져 있는 풍자 그림

5월 21일 금요일, 첫 번째 약속은 국제투명성위원회(Transparency International: TI)이다. 우리에게는 매년 부패지수를 작성해서 공표하는 기관으로 잘 알려져 있다. 아시아를 담당하고 있는 리자 프레벤슬리크(Lisa Prevenslik)이라는 젊은 여성은 초면인 나를 무척이나 반겨주었다. 이전부터 알고 지내던 마르기트 반 함(Margit van Ham) 여사는 연휴라서 자리에 없었다. 리자는 내가 참여연대 사무처장을 할 당시 고건 서

울시장에게 건의하여 실행한 바 있는 청렴계약제(Integrity Pact)[2]에 대해 꼬치꼬치 물어 초반에는 오히려 내가 인터뷰를 당하고 말았다.

2 청렴계약은 일정한 공사 또는 용역계약을 체결함에 있어서 입찰에 응하는 업체들이 담합 및 뇌물제공 등의 부당행위를 하지 않겠다는 별도의 약속을 하고 만약 그러한 부정행위가 밝혀질 경우 그 계약은 몰수당하고 영구히 또는 일정기간 다시 응찰할 수 없도록 제재를 가하는 제도다.

그러나 인터뷰에서는 역전의 노장인 내가 계속 밀릴 수는 없었다. 먼저 아시아 지역 반부패운동의 현황과 과제에 대해 물었다. 동남아시아의 보편적인 양상은 공공영역의 부패와 정당의 부패가 심각하다는 점이다. 또한 청렴계약제처럼 반부패에 대항하는 여러 수단과 무기들이 있지만 대체로 입법적 과제이기 때문에 국회동의를 거치기 어려워 현실화되지 못하는 경우가 많단다. 한국과 일본의 반부패에 관한 리자의 견해는 이렇다. 반부패정책에 관해 한국 정부는 열심인데 일본 정부는 상대적으로 꺼린단다. 한국에 부패사건이 많이 터지고 일본에서는 그렇지 않은데 그것은 일본 사회가 깨끗해서가 아니라 일본에는 투명성이 부족하기 때문이다. 그런데 유엔 세계협약(UN Global Compact)[3]에 일본 기업은 20개나 참여했는데 한국 기업은 하나도 참여하지 않았다.

3 국제적으로 보편화된 9가지 기준을 지키도록 기업들에게 요구하고 있는 유엔 주도하의 자발적 협약이다. 9가지 원칙에는 인권과 노동권을 준수하고 환경을 존중한다는 등의 약속이 포함되어 있다. 1999년 처음 시작할 때부터 거의 1천여 개의 기업들이 이 약속에 참여하였다.

그동안 국제적인 반부패운동사에서 특기할 만한 일은 국제반부패협약(UN Convention against Corruption)의 성안과 발효일 것이다. 이 협약은 유엔의 주도 하에 2003년 12월 멕시코에서 체결되었고 107개국이 서명하였다. 빠르면 2005년 말쯤 발효될 예정인데 현재까지 2개국만이 비준하지 않았다. 그러나 TI를 비롯한 국제 NGO의 압력과 국제여론을 각국 정부는 이겨내기 힘들 것이다. 이 협약에는 각국 정부에 대해 예방조치, 관행과 제도의 개혁, 시민사회의 참여 보장, 조달과 공공재정의 투명성,

검찰`사법기관의 청렴성 확보, 부정한 돈의 피해국가 반환 등 다양한 요구와 조건을 구체적으로 실천하고 강제하는 내용이 들어 있다. 향후 부패 방지와 예방을 위한 규제와 압력은 국경을 넘어 강화될 전망이다.

　　TI 본부에는 약 60여 명의 상근자들이 일하고 있다. 페터 아이겐(Peter Eigen)은 TI 회장으로 국제반부패운동의 상징적인 인물이다. 2001년 TI의 총 재정은 약 511만 유로였는데 정부기관 프로젝트가 265만 유로, 재단 프로젝트가 170만 유로, 기업들로부터 14만 유로, 기타 특별한 프로젝트 등이 62만 유로를 차지하고 있다. 국제투명성기구니까 당연히 투명하게 모든 것이 공개되어 있지만 그래도 정부기관이나 기업 등으로부터 받는 돈의 비중이 상당한 것은 문제라고 생각한다. 아무튼 TI는 반부패운동의 국제적 구심점으로서 커다란 역할을 하고 있다. 자료실에서 최신자료들을 듬뿍 챙겼다. 언젠가 반부패문제에 관한 정책 과제를 한번 정리할 생각을 가지고 있었는데 언제 성사될지는 모르지만 그 무거운 책과 리포트를 들고 나오면서 다시 한번 다짐해보았다.

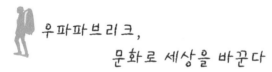

우파파브리크,
문화로 세상을 바꾼다

　　독일 영화의 산실이었던 곳이 베를린 한가운데에서 녹색의 문화 오아시스로 변하였다. 이곳은 창조와 문화, 미래가 있는 창조적 아이디어, 전 세계 예술가의 생산적인 환경이 숨쉬는 곳이다.

　　우파(ufa)는 원래 1920년대부터 독일의 무성영화를 제작하던 곳이다. 이곳을 1972년부터 새로운 문화운동을 시작한 젊은 예술가 그룹이 무단 점령한다. 그리고 여기에서 다양한 새로운 예술활동을 선보인다. 이들은 1960년대 후반 독일의 학생운동이 정치적 변화를 위해 매달릴 때 문화적 변화와 참여만이 세상을 바꿀 수 있다고 믿었던 사람들이다. 몇 달 동안의 전시와 공연은 일간지·방송·잡지 등의 집중적인 조명을 받았고 이로 인해 이들은 쫓겨나기는커녕 여러 정당과 베를린 시청의 배려와 시민의 지원을 받게 된다. 그리하여 이 장소를 몇 년의 기간으로 임대계약을 맺었다가 지금은 50년짜리 계약으로 바뀌어 이들의 평생 사용이 사실상 보장되었다. 당초의 '우파'라는 이름 뒤에 공장을 의미하는 '파브리크'(fabrik)라는 단어가 붙어 '우파파브리크'로 불린다.

우파파브리크는 무엇보다 함께 살고 작업하는 것을 모토로 삼는다. 인간은 원래 홀로 살지 않도록 되어 있다고 이 공동체의 지도자 중 한 사람인 마니(Manni)는 말한다. 하기야 이미 아리스토텔레스가 인간은 사회적 동물이라고 하지 않았던가. 1972년경 음악·그림·영화·건축 등을 전공하는 예술인 7명이 함께 모여 살면서 공동체를 이루고 공동 거주와 공동 작업의 꿈을 실천하기 시작했고, 1979년 이 지역으로 이사 오는 공동체 거주 예술가들이 늘어났다. 그리하여 현재는 30여 명의 예술가가 살고 있으며 여기에서 일하는 사람은 200여 명에 이른다.

마니는 이곳의 부설 초등학교를 졸업하고 외부의 중·고등학교를 졸업한 아들과 함께 살고 있다. 부인이 있느냐고 물었더니 여러 명 있다고 해서 깜짝 놀랐다. 물론 현재 살고 있는 부인은 하나이고 나머지 두 명은 전부인인데 한 사람은 여기 살고 있고 한 명은 나갔다고 한다. 사랑에 빠져 함께 살다가 몇 년 지난 뒤 사랑이 식으면 다른 사람을 찾는 것 아니냐고, 어찌 보면 당연하고 어찌 보면 당연하지 않은 설명을 덧붙인다.

마니(Manni, 좌측)와 주피(Yuppi, 우측)
우파파브리크라는 문화단체를 이끌고 있
는 두 주인공.

이렇게 공동생활을 하는데 원칙이나 규정이 없느냐고 물었다. 그
랬더니 마니는 "관용(tolerance)"이라고 거침없이 답한다. 다른 사람을
받아들이는 것이라고 보충설명을 한다. 옆에 있던, 창립 회원이며 현재
운영이사를 맡고 있는 주피(Juppy)는 "여기 있는 사람들은 모두 조금씩
미친 사람들"이라고 너털웃음을 짓는다. 주피는 내내 술 취한 사람처
럼, 연극 대사를 말하는 것처럼, 아니면 약간 정신 나간 사람처럼 계속
마니와의 대화에 끼어들어 방해하곤 했다. 그러나 그런 그의 모습처럼
이 우파파브리크를 잘 설명하는 대목도 따로 없다.

중요한 문제는 자신들이 플래넘이라고 부르는 회의에서 모든 거
주자가 참여하여 결정한다. 모든 인간은 평등하다는 이들의 신념은 어
떤 위계질서도 만들지 않는다. 처음에는 모든 수입을 한 곳에 모아두고
각자가 필요한 만큼 쓰다가 언젠가부터 이곳에서 일하는 여러 그룹
들―서커스 그룹, 댄싱 그룹, 화가 그룹, 영화 그룹, 카페 운영 그룹
등―별로 수입을 모아 사용하는 형태로 바뀌었다. 전체 실무적인 행정
과 운영도 매년 세 사람을 정해서 맡긴다.

카페에서 마니와 주피와 이야기를 나누고 있는데 사람들이 계속
늘어나 어느새 주위를 가득 메웠다. 그들은 밖으로 나가서 우파파브리
크 구석구석을 설명해주겠다고 한다. 정원, 벽, 문, 바닥, 그 어느 곳에

도 창조와 상상의 번득이는 아이디어들로 가득 차 있다.

입구에는 유기농재료로 만드는 빵 가게와 건강식품 가게가 있다. 빵은 여기서 직접 구워 따끈따끈한 상태로 제공된다. 카페 '올레'는 천정으로부터 햇빛이 쏟아지는 유쾌한 공간이다. 그 왼쪽으로는 초등학교가 있다. 정원은 40명인데 이곳에 거주하는 아이들도 다니지만 대부분은 동네 아이들이다. 아이들에게 사회적 관용과 창조적인 품성을 가르치는 열린 교육으로 이 학교는 인기를 끌고 있다고 한다.

이어서 수백 명은 족히 수용할 큰 극장과 천막으로 둘러쳐진 서커스단의 야외원형극장이 있다. 오늘 공연이 있어 한참 줄을 서 있다. 그 너머에는 아이들을 위한 동물들과 놀이시설들이 재미있게 배치되어 있다. 돼지우리도 있어 냄새가 많이 났다. 마당에는 소시지 등을 구우며 가든파티를 하고 있는 사람들이 있다. 또 하나의 천막 무대를 지나면 환경 전시가 열리는 건물이 나온다. 온갖 공연 연습을 할 수 있는 십여 개의 방을 가진 2층 건물도 있다.

그러고 보니 모든 건물 위에는 태양열 전지판이 얹혀 있다. 또 저너머에는 풍력을 활용하는 장치도 보인다. 마당 한가운데에는 빗물을 받아 이것을 화장실과 식당의 물로 사용하는 시설이 있다. 빵 공장이 있고 1920년대 형태 그대로 보존한 영화관도 있다. 이웃의 가족들이 와서 즐길 수 있는 친교 센터와 가족 교육센터도 있다. 한 건물의 식당으로 안내하는데 그곳은 거주자들만 사용하는 공간이다. 그 위층의 사적 공간은 절대로 공개하지 않는다. 이들에게도 프라이버시는 확실히 보장된다.

지금은 베를린 시청으로부터 연간 100만 유로 정도 지원받는다. 클라우스 베를린 시장은 처음 우파파브리크가 만들어질 때 사민당 소속 시의원으로 좋은 인연을 맺었다. 여기에서 제공되는 온갖 프로그램을 소개하는 것이 작은 책이 될 정도이다. 정부가 직접 운영한다면 창조성·상상력·재미가 모두 사라지고 말 것이다. 100만 유로도 싸다. 2004년 6월 9일은 이곳의 25주년이 되는 날인데 장관도 오고 시장도 오니까 초청하겠다고 한다. 다시 오고 싶은 곳이다. 우리도 이런 곳 하나 있으면 좋겠다.

베를린 도심의 작은 관찰들

1. 도심 속의 자전거도로 길을 가다가 몇 차례 뒤에서 자전거의 경고음을 듣고서야 베를린 시내 어디에나 자전거 전용도로가 있음을 깨달았다. 보통 보도에 붉은 벽돌로 깔아 알아보기 쉽게 해놓았다. 우리는 언제나 이런 자전거 전용도로가 서울 전체에 깔릴 수 있을까. 우리 집에서 사무실까지 무조건 타고 다녀봐?

베를린 시내의 자전거 전용도로 표시

2. 전철 안의 자전거 전용실 자전거를 많이 이용하다보니 심지어 전철까지 갖고 오는 사람들이 많다. 그래서 전철에 자전거를 가지고 탈 수 있도록 전용실이 따로 있다. 물론 이것을 이용하려는 사람은 일반 차비 외에 조금 더 낸다고 한다.

전철안의 자전거 전용실

3. 예쁜 화장실 도심의 화장실을 하도 예쁘게 만들어놓아 사진을 찍었더니 지나가는 독일 여학생들이 킥킥 웃는다. 웬 아시아의 촌놈이 화장실인지도 모르고 뭘 찍고 있느냐고 생각했을지도 모르겠다. 그래도 예쁜 걸 어떡해. 우리 화장실 문화도 많이 달라지긴 했지만 아직 이렇게 예쁘다고는 할 수 없지 않은가.

4. 쓰레기통 집 앞의 쓰레기통이 다양하다. 수박통을 반으로 잘라서 엎어놓은 것 같은 큰 쓰레기통도 있고 그냥 네모난 것도 있다. 모두 색깔이 달라 재활용가능용품과 음식쓰레기, 가연성쓰레기 등이 엄격히 구별되어 있다. 흔히 자기 집 앞에 쓰레기를 가져 나와 일일이 확인하면서 버리는 장면을 목격할 수 있었다.

독일 적십자사가 설치한 수거함
독일 어디를 가더라도 헌 물건의 수거함이 길가에 놓여 있다.

5. 헌 물건수거함 뭐 눈에는 뭐만 보인다고 도시 곳곳에 헌 물건을 담아두는 수거함이 있었다. 적십자사 것이 많았고 옥스팜이나 후마나의 것도 적지 않았다. 별로 모양은 없다. 아름다운가게의 수거함 디자인을 배워 가시라!

6. 지하철 사용의 명예제도 지하철 타는 데 아무런 통제가 없다. 누가 서 있는 것도 아니고 검색대도 없다. 실제 공짜로 타려면 얼마든지 탈 수 있다. 시민들의 명예와 자존심으로 꾸려지는 제도이다. 그런데 어느 날 갑자기 역무원이 차량을 돌면서 검사하는 때가 있다. 이때 걸리면

60유로의 벌금을 물어야 한다. 나도 그런 검사 장면을 여러 차례 보았다. 그러니 심리적으로 불안하게 가느니 차라리 제대로 차표를 끊고 다닌다고 한다. 인간의 심리를 잘 파악한 기초 위에 만들어진 합리적이고 경제적인 제도이다.

 ## 어느 일본인의 '베를린 미션'

쵸 역 2층 카페에서 우리는 마주 앉았다. 일요일 오후인데도 역은 바쁘다. 다이이치로 가지무라(梶村太一朗), 1974년 독일로 공부하러 왔다가 눌러 앉은 지 30년. 왜 돌아가지 않는지 물었더니 "여기가 고향 같아서"라고 말끝을 흐린다. 언뜻 보면 그는 룸펜이다. 《세카이(世界)》지에 글도 쓰고 시민단체의 회보에 글을 쓴다. 번역도 하고 가이드도 한다. TV나 주요 신문, 영화제작자 등이 독일을 취재하거나 촬영하는 경우 코디네이터 역할을 해서 돈을 번다. 변호사회에서 원전(原電)문제 조사단이 나왔을 때도 그는 단골로 통역을 한다. 아니, 그가 아니면 그 일을 할 수 있는 사람이 없다. 젊은이들이 단순 통역을 할 수는 있지만, 제대로 하려면 독일의 역사와 문화와 정치를 알아야 하기 때문이다. 그가 독일에 관해 여기저기 쓴 글을 모아 책도 냈다. 그는 분명 독일사회의 선진적 문화를 일본에 끊임없이 전달하는 가교이다.

일독평화단체의 이사 일을 맡고 있기도 하다. 베를린에 히로시마라는 이름의 길도 생겼다. 그는 오래전부터 독일의 병역거부자들을 일본에 보내서 공익근무를 시키는 데도 관여하였다. 독일에서는 종교나 양심에 기초하여 병역을 거부하고 대신 11개월간 공익근무요원으로 일해야 한다.4 그런데 독일 청년들은 일본을 좋아해서 연간 5~10명으로 제한하는 일본행 공익근무 경쟁은 치열하다. 그는 양심적으로 병역을 거부할 정도의 정치적 인식이 있는 청년들이 일본에 와서 1년 여를 지내면서 일본사회를 경험한다는 것은 참으로 중요한 일이라고 생각한다. 그는 이미 눈에 보이지 않는 훌륭한 친선사절이다. 외교는 외교관만이 하는 것이 아니다. 한국도 반전평화단체를 만들어 독일정부와 교섭한다면 독일청년들을 한국의 장애인센터, 병원 등에서 근무하게 할 수 있을 텐데 한국정부가 비자를 줄 것인가가 문제라고 말한다.5 그러나 이 일에 우리 정부가 초청장을 보내도 좋은 일인데 비자를 거부할 리가 있겠는가.

그는 현재의 일본사회에 대해 대단히 비판적이다. 슈뢰더를 포함하여 독일의 사민당과 녹색당 의원들의 80퍼센트는 68세대다. 과거의 운동권이 권력을 가진 것이다. 그런 점에서 한국은 독일과 닮았다. 그러나 일본은 다르다. 독일은 일본과 함께 지독한 파시즘을 경험했지만 종전 후 철저한 정치교육과 민주적 제도의 정착을 통해 최고의 민주주의 사회를 이루었다. 그는 각 정당들이 벌이고 있는 정치교육의 중요성을 새삼 강조한다. 독일은 그동안 줄기차게 독일이 가해자라는 교육을 해왔다. 그러나 일본은 자신이 피해자라고 가르친다. 그러니 고이즈미 총리가 전범을 모신 야스쿠니 신사를 참배하는 상황이 되고 만 것이다. 그의 부인도 한국 교민들과 함께 정신대문제에 관한 국제적 운동에 참여했다고 한다.

나치와 동독의 유적을 찾아서

오전에 내리던 비가 어느 새 개고 햇빛이 나왔다. 원고를 쓰느라 시간이 없다던 가지무라 선생은 날이 개었으니 잠깐만 나치 관련 유적을 소개하겠다고 자리를 떨치고 나섰다. 다른 여행안내서에는 나오지 않는 귀한 유적을 세 군데 안내하였다. 그는 역시 진짜 전문 가이드였다.

1. 스톨펜 스테인(Stolpen Stein) 아무 관심 없이 지나가면 놓치기 십상이다. 그러나 자세히 보면 골목길 보도 위의 작은 돌들에 글이 새겨져 있다. 지나가다 거치적거려 그냥 지나칠 수 없는 돌을 바로 독일말로 'Stolpen Stein' 이라고 한다. 쿡하베네르 거리(Kuxhavener Str.)[6]의 한 모퉁이에 있는 작은 돌 위에 이렇게 써 있다.

[6] 이 좁은 작은 골목에서 로자 룩셈부르크가 살았다고 한다. 이 골목 입구에 지금까지도 남아 있는 3층짜리 주택에 유태인들이 집단적으로 감금되었다가 수용소로 보내졌다.

스톨펜 스테인
나치 희생자들이 살았던 집 앞에는 어디에나 이들을 기념하는 작은 표지석이 설치되어 있다. '발부리에 넘어지는 돌' 이라는 뜻의 이 스톨펜 스테인에는 누가 언제 태어나 사망했는지를 기록해 두고 있다.

하인리히 베달(Heinrich Wedal), 1874년 태어나서 이곳에서 살았다.
1942년 테레지엔스타트(Theresienstadt) 수용소로 송환되어 죽었다.

베르타 츠라로비즈(Berta Tsralowitz),
1892년 태어나 1943년 아우슈비츠로 송환.

이들은 묘지가 없으므로 이름과 묘지를 돌려달라는 소송이 제기되곤 한다. 구청과 시민단체들이 조사해서 이런 작은 묘비명을 보도의 작은 돌 위에 새겨놓은 것이다. 600만이 죽었다는 사실이 바로 이러한 작은 일들로 실증될 수 있다고 그는 주장한다.

2. 레베트조 스트라세(Levetzow strasse)의 시나고그(Synagogue. 유태인 성당) 갑자기 비가 후둑후둑 떨어진다. 베를린의 날씨는 종잡을 수 없어 우산을 반드시 가지고 다녀야 한다. 이미 나왔으니 나치시대로의 여행을 계속하지 않을 수 없다. 다음으로 찾아간 곳은 유태인의 시나고그. 그러나 그곳은 불타 없어지고 단지 아이들의 놀이터가 되어 있다. 수천 명이 드나들었다는 ㄱ 교회당은 흔적조차 없이 불타버린 것이다. 바닥에는 당시 베를린에서 불타 없어진 수십 개의 시나고그를 하나하나 조각해두었다. 놀이터를 향해 높이 새겨진 사각의 금속에는 언제 몇 명의 유태인들이 어디로 끌려갔는지 하나하나 천공되어 있었다. 길 쪽으로는 묶인 육중한 돌들, 녹슨 기차, 아직도 선명히 남아 있는 철로가 보였다. 1948년 이탈리아의 한 조각가의 작품이라고 한다.

3. 푸트리츠 브뤼크(Putlitz Brücke) 베스타펜(Westhafen) S-Bahn에서 얼마 떨어져 있지 않은 곳에 있는 푸트리츠 다리 한가운데 조각된 상징물. 과거 이곳에는 기차역이 있어서 베를린의 유태인들이 여러 수용소로 멀리 실려 갔다고 한다. 네오 나치들이 와서 조각상을 불에 태우고 페인트칠을 해 놓은 흔적이 여전히 남아있다. 죽어서도 여전히 조용히 잠들지 못한다.

쓰던 원고를 마무리해야 한다면서 가지무라 선생은 집으로 돌아갔다. 아직도 해가 지려면 상당한 시간이 남아 있어 최영숙 씨 차를 타고 우리는 베르나우어 스트라세(Bernauer Strasse) 방향으로 갔다. 거기에는 아주 특별한 세 가지 볼거리가 기다리고 있었다.

1. **화해의 교회(Chapel of Reconciliation)** 원래 이곳에는 고딕 양식의 성당이 하나 서 있었다. 그러나 1961년 이후 장벽이 바로 그 앞에 쳐지고 성당은 허물어졌다. 통일 후 동독의 '주인 없는 땅' 이 원래의 주인에게 돌아갈 때 이 교회는 다시 지어질 수 있었다. 그러나 그것은 단순한 재건축이 아니었다. 바깥 판자로 둘러싸인 원형과 안쪽으로 또다시 둘러쳐진 흙벽 안에 예배실이 있다. 거기에는 아무런 치장도 없다. 예배실 안에는 단지 이 비극적인 땅과 사람들에 대한 추모의 느낌을 받을 뿐이다. 바깥에 피어 있는 양귀비의 빨간 꽃이 새로운 생명과 희망의 부활을 보여주었다.

2. **장벽의 희생자에게 바치는 기념물** 여전히 남겨둔 100여 미터의 장벽, 그리고 그것과 90도의 경사를 만들며 세워져 있는 높은 철재가 또 하나의 인공 장벽을 만들고 있다. 빨갛게 녹슨 이 철재7의 바깥쪽 벽에는 1961년 8월 13일부터 1989년 11월 9일까지 이 장벽으로 인해 희생된 사람들을 추모하는 글이 작게 써 있다. 빨간 담장과 초록의 잔디가 대비를 이룬다. 이 철재 벽 안쪽으로는 들어갈 수 없다. "No-man's land remains no-man's land." 이것이 이 새로운 장벽을 만든 작가의 의도이다.

7 몇 년 전 건축가 승효상 씨와 이곳을 찾은 적이 있다. 승효상 씨가 좋아하는 건축자재인 코르텐이 바로 이것이다. 이 철재는 3년 동안 녹이 슬어 빨갛게 되면 더 이상 녹슬지 않는다고 한다.

3. 동베를린장벽기념관(Mauer Documentation Center) 그 맞은편에는 이곳 교구에서 장벽보존단체에 기념관을 설립하도록 허락해주어 현재 4층짜리의 특별한 건물이 들어서 있다. 1층에는 다양한 자료 전시와 작은 가게가 들어서 있고 2층에는 '베를린 1961년 8월 13일(Berlin 13. August 1961)' 이라는 주제의 전시가 이루어지고 있었다. 한 도시에서 서로 출퇴근하다가 어느 날 갑자기 콘크리트 장벽이 들어서면서 이 도시에 공포와 긴장과 분열이 내려앉았다. 그날의 다양한 모습들이 기록으로 남아 있다. 아! 우리는 언제 통일이 되어 분단의 모습을 보여주는 기념관 하나가 서울 또는 휴전선 철조망 있던 그곳에 서게 될까?

 ## 완전한 설득은 없다?

5월 24일 10시 30분. 쵸(Zoo) 역에서 그냥 전철로 갈아탔으면 아무런 문제가 없었으련만 이번에는 지상의 버스를 타보자고 100번 버스를 탄 게 잘못이었다. 시내를 관통하는 버스인지라 짧은 거리인데도 여기 저기 들리면서 신호등에도 걸리고 타고 내리는 사람도 많아 결국 10여 분 지각하고 말았다. 10시 반 약속인데 다음 약속이 베를린 교외에서 12시 반이다. 언제나 과욕이 화근이다.

허겁지겁 베를린 시청 광장을 뛰어 들어가는데 광장 한가운데에서 데모가 한참이다. 무슨 데모인지 파악할 시간도 없어 일단 사진만 한 장 찍고 광장을 가로질러 '붉은 시청(Rotes Rathous)' 으로 들어섰다. 아주 오래된 건물이었다. 안내를 맞고 있는 두 중년 부인은 영어를 못했다. 이 건물에 딱 맞는 '안내원' 들이었다. 그들이 손짓으로 말해주는

붉은 벽돌로 만들어진 베를린 시청사
그 앞에 대학 등록금 부과를 반대하
는 농성이 벌어지고 있다.

곳을 따라 엘리베이터를 찾는데도 조금 시간이 걸렸다. 2층으로 올라
가서 약속한 사람의 방을 찾을 때까지 한 사람도 만나지 못했다. 시청
이 이렇게 조용하다니……

　방을 들어서자 세 사람—국제도시관계 및 아시아태평양주간 책
임자인 라이너 자이더(Rainer Seider) 박사, 국제도시관계 담당인 요옥
트람(Jorg Tramm), 아시아태평양주간 담당인 에스터 켈러(Esther
Keller)—이 기다리고 있었다.

　먼저 내가 건물 앞의 데모 이야기를 꺼내니까 자이더 씨가 아마
도 학생들의 학비 지원 경감에 대한 항의 데모일 것이라고 했다. 자유
롭게 데모할 수 있지만 지나가는 사람이나 다른 집회까지 방해할 수 없
다고 말했다. 사실 그랬다. 아예 장기농성을 기획하고 있는지 집기가
많고 면적을 많이 차지하고 있었지만 우리처럼 요란하게 확성기를 틀
어놓거나 떠들지는 않았다. 하기는 여기가 관광지역이어서 그렇게 있
는 것만으로도 큰 주목을 끌 수 있었다.

　어쨌든 통일 후에 베를린은 전체가 공사장이라는 말이 있을 정도
로 큰 공사를 많이 진행했다고 한다. '베를린은 공사 중'이라는 말이
맞는 듯하다. 그러나 결국 그것 때문에 지금 거의 '파산 중'이라는 말

이 나올 법도 하다. 오늘 데모도 결국은 그 여파로 교육재정을 줄이다가 생긴 일이 아닐까 싶다.

"서울시청 앞에도 저런 데모가 있다", "이명박 시장의 청계천 복원 계획에 대해서도 원칙엔 지지하면서도 절차에 반대하는 사람들이 많이 있다"고 했더니 트람 씨가 모든 사람을 완전히 만족시키는 일은 없다고 단언했다. 완전한 설득은 없다는 것이다. 자신들도 재개발계획에 대해 전체 위원회, 개별 프로젝트에 대해 평의회가 있지만 어떤 사람들은 회의하다 말고 나가버리는 경우도 있다고 한다. 그래도 마지막 한 사람까지 설득해야 하지 않느냐는 말에는 별로 말이 없다. 너무 이상적인 말일까? 아니면 공무원은 어디나 같은 것일까?

원래 다른 곳에 있던 시청 청사를 통일 뒤 동베를린 지역에 있던 이 옛날의 청사로 다시 옮겼다. 불편하지 않느냐니까 여기가 19세기 이래 역사적 장소이며 시내 한가운데에 있어 교통도 편리하고 안락하다고 했다. 현재 시장실과 관련 8개 부처가 들어와 있고 나머지 부처 수천 명의 직원들은 다른 건물에 근무하고 있다고 한다. 주요 간부들은 매주 화요일 정기적으로 만나 시정을 처리한다. 영상회의 그런 것 아직 안 한단다.

현재 17개의 공식 자매도시가 있는데 아시아에서는 도쿄, 베이징, 자카르타 세 도시뿐이다. 서울은 코펜하겐·요하네스버그·시드니 등과 함께 협력도시라고 한다. 무슨 차이가 있느냐니까 사인하는 문서의 차이밖에 없다고 한다. 내가 서울에서 왔으니까 애써 차이가 없다고 강조하는 것 같다. 그러나 나중에 공식문건을 보니 자매도시가 되기 위해서는 정보와 경험의 교환에서 상호 벤치마킹과 좋은 선례들이 얼마나 있는지, 전략적 관련성과 지속적 교류 가능성, 기업 활동과 고용의 관련

성, 민간단체와 개인의 참여 정도, 지출하는 비용과 얻게 되는 이익의 비율 등의 기준들을 충족시켜야 했다. 그러나 무엇보다도 모든 수도를 다 자매도시로 할 수는 없으니까 아시아에서 고르라면 결국 베이징과 도쿄를 고를 수밖에 없지 않았겠는가. 아무래도 서운한 노릇이다.

2005년 9월 19일부터 10월 2일까지 2주간 열리는 아시아태평양주간에서는 한국이 중심 국가라고 한다. 아시아태평양주간은 2년에 한번씩 열린다. 베를린 시청이 주관하지만 기업과 민간단체도 함께하는 행사라고 한다. 세미나, 강연회, 문화행사 등 250여 개의 이벤트가 동시에 진행되는 메머드 행사이다. 이런 행사를 통해 지역적으로 먼 아시아지역 국가들을 베를린 시민들에게 소개하고 동시에 관계를 돈독히 맺는 역할을 하기 위해서란다. 서울과는 내년에 이 행사를 통해 다양한 프로그램을 준비하고 있다고 한다. 특히 베를린에 한국 정원을 만드는 일도 한 프로젝트이다. 그래서 자이더 씨는 바로 지난 주 서울을 다녀왔다고 한다. 내년은 프랑크푸르트 도서전시회에서도 한국이 주빈국으로 정해졌다고 하는데 이런저런 행사를 통해서 한국이 이곳에서 크게 부각될 좋은 기회인 것 같다.

 철학이 있는 개발

베를린 시의 발전과 개발에 관해서는 무엇보다 철학이 있다. 이 세 사람의 이야기를 종합해보면 이렇다.

첫째, 베를린은 작은 도시를 지향한다. 베를린은 특수한 경우를 빼고는 5층 이상 건물을 짓지 못한다. 42퍼센트의 녹지공간을 확보하고 유지하고 있다. 개발과정이 너무 더디다. 공무원으로서는 엄격한 법 절차 때문에 힘들지만 그래도 그게 실수를 없애는 길이다. 340만 명이 사는 메트로폴리스이면서도 이러한 철학 때문에 베를린은 지금도 쾌적하고 상쾌하다. 처음 왔을 때 베를린 시내에서도 어디 산에 온 것같이 공기가 좋았다. 그런데도 이들은 통일 후 너무 사무실을 많이 늘리고 새 건물을 많이 지어 현재 공실률이 너무 높게 된 게 걱정이란다. 자신들의 실수라고 인정한다.

둘째는 자동차와 도로의 문제이다. 길을 많이 만들면 자동차가 늘어날 것이 분명하다. 베를린에도 발전의 붐이 일었던 시기도 있지만 전쟁과 분단 때문에 길을 만들고 확장하는 것이 저지되었다. 한때 독일 경제는 지나치게 자동차산업에 의존하였다. 그러나 이제는 자동차의 크기나 엔진의 크기가 더 이상 사회적 신분을 표시하는 시대는 지났다. A에서 B까지 이동하는데 자동차로 움직인다는 것은 '어리석은 일'이다. 차를 가질수록 차가 커질수록 어려움도 커지게 만들어야 한다. 주차장 찾기가 어려워지고 세금이 많아지고 휘발유에 환경세가 붙고 속도를 제한해야 하는 것이다. 그러기 위해서는 자동차가 다닐 수 있는 길을 자꾸 줄여야 한다.

셋째, 베를린은 외곽에 큰 쇼핑몰을 짓는 것을 반대한다. 도심의 카페, 식당, 조그마한 가게들이 모두 힘들어진다. 시로서는 물론 세금이 준다. 더구나 도심은 밤낮으로 '주요한 공간'으로 남아 있게 한다는 것이 베를린 시의 전략이다. 대부분의 도시는 낮에는 시끌벅적하고 사람들로 붐비다가 저녁만 되면 죽은 듯이 조용해진다. 런던이 대표적이다. 그러나 베를린 시에는 밤에도 사람들로 시끌벅적하고 사무실과 오락시설과 주거시설이 함께 하는 그런 도시로 남게 하고 싶다는 것이다.

　베를린 시의 아름다운 건축물들과 녹지들이 부럽다고 했더니 자기들은 서울시가 상당히 괜찮은 도시로 알고 있다고 정색을 하고 나섰다. 심지어 최근 물러난 도심개발장관(서울시로서는 국장급)도 서울이 굉장히 아름다운 도시라고 말했다고 한다. 자이더 씨에게 최근 다녀온 인상을 물었더니 지하철에 영어로 방송이 되어 길 잃을 염려가 없어 좋았다고 말했다. 그렇지만 심한 교통정체나 천편일률적인 아파트 건축물, 복잡한 도심은 사람들에게 스트레스를 줄 가능성이 있다고 말했다. 베를린은 100년 이상 발전해왔는데 서울은 몇 십 년 만에 근대화되는 과정에 있으니 그런 문제는 당연하지 않겠느냐고 반문한다.

베를린 시청 고위직에 동베를린 사람은 없다

　다음으로 통일의 여파에 대해 질문해보았다. 특히 동베를린 사람들은 어떤 위치에 있는지 궁금하였다. 우선 동베를린 시에 대해 전체적으로 재점검해서 공안기관은 많이 폐지하거나 축소하고 나머지 기관은 모두 그대로 두었다고 한다. 그러나 동서독 모두 인력이 많았기 때문에 1990년 당시의 70퍼센트 수준으로 인원이 줄었다. 그러나 인위적으로 해고하거나 하지 않고 자연스럽게 줄여나갔다고 한다. 65세가 되면 정년이 되어 그만두게 되는 것이다.

　동독 사람들을 균등하게 대하는 것은 좋은데 그것은 지나치게 업무의 효율성이나 생산성을 떨어뜨리는 게 아니냐고 짓궂게 물어보았다. 당연히 동베를린 출신은 많은 점에서 차이가 있었으나 다양한 교육의 기회를 통해 지금은 많이 달라졌다고 한다. 그래도 마지막으로 물어보았다. 그러면 고위직에 몇 명이 있느냐고. 그랬더니 대답이 참 충격적이었다. 한 명도 없다는 것이다.

한반도에서 벌어질 끔찍한 상상

1982년 독일연방(서독) 내독부 근무, 1990년 동독 정부 및 인민의회 고문, 2000년까지 연방 내무부 통일분석과 과장. 이런 경력을 가진 한스 유르겐 카아크(Hans-Jurgen Kaack) 씨, 오늘 오후 2시에 만나기로 한 분이다. 앞의 약속이 어그러지니까 나중의 약속도 마찬가지로 늦게 되었다. 베를린 도심에서는 제법 떨어져 있는 쥰트가우어 슈트라세 역까지 가서 또 한참을 걸어야 했다. 그야말로 전원 도시였다. 풀냄새가 풀풀 났다. 집 안으로 들어가니 자그마하고 예쁜 뒤 정원이 보였다. 거기로 나가 커피 한 잔을 놓고 이야기를 시작했다.

그는 2년 전에 퇴직하여 이곳에서 은퇴생활을 즐기고 있다. 통일이 된 후 내독부에서 근무하던 모든 사람들이 내무부로 이동했다고 한다. 거기서 통독 후의 재정·구조·행정·교육 등의 문제를 분석하고 정책을 세우는 파트의 책임자로 일했다. 먼저 통일 이후 오늘의 결과와 상황에 만족하느냐고 물었다. 작은 문제들은 많이 있지만 전체적으로는 만족한다고 말했다. 의외의 대답이었다. 왜냐하면 곳곳에서 볼멘소리들을 많이 들었기 때문이다. 그러나 각론으로 들어가면서 그는 여러 가지 실수도 있었고 불만도 있다고 털어놓았다. 무엇보다 동독인들이 무슨 생각을 하는지, 통합의 과정과 절차를 어떻게 마련해야 하는지, 비용이 얼마나 들어가는지에 대해 충분하게 예측하고 준비하지 못한 것을 인정했다.

그러나 통일된 독일 사회에 두 계층이 생겼고 그 가운데 동독인이 하층계급이 되었다는 이야기는 지나치다고 했다. 그렇게 느낄 뿐이라는 것이다. 동독인의 연금이 서독인의 절반밖에 안 되지 않느냐고 하니까 70퍼센트라고 시정해준다. 월급도 처음에 70퍼센트를 주다가 나중에는 점차 높아져 지금은 85퍼센트까지 지급하고 있다고 한다. 많은 불만이 통독의 결과라기보다는 오늘의 독일 경제의 어려움 때문이라는 게 카아크 씨의 견해다.

독일 경제가 어려워진 게 바로 통일 때문인지는 정확히 알 수 없다. 어느 자료에 보니까 서독 연방정부와 주정부가 각각 50:50으로 마련하여 통일 원년인 1990년부터 1994년까지 4년 동안 동독 지역의 각 주정부에 지원한 통일기금이 총 1,600억 7천만 마르크(약 86조 원)에 이른다. 그러니 아무리 부자나라 독일도 이 정도의 통일비용을 부담하고서 그 경제가 흔들리지 않을 수 없었을 듯하다. 하물며 그 외에도 얼마나 많은 돈이 들어갔을 것이며 지금까지도 여전히 들어가고 있을 것인가. 내가 돌아본 동베를린 지역만 해도 서베를린과는 확연히 차이가 나고 있었다. 그런데 우리의 경우는 오죽할 것인가. 우리는 얼마나 준비되어 있는가.

카아크 씨는 한국이 독일을 모방하면 절대로 안 되는 것이 또 있다고 한다. 그는 이런 예를 들었다. 독일의 유명한 자동차 회사 OPEL이 동독 지역이었던 라이프치히 부근의 작은 도시에 완전히 새로운 자동차 생산라인을 만들면서 그 이전 동독 자동차회사의 종업원 1만 명 가운데 1천 명만 고용했다. 나머지 9천만 명의 노동자는 하루아침에 실업자가 되었다. 카아크 씨의 말로는 이렇게 새로운 생산라인을 만들면 안된다는 것이다. 그러나 언제까지 생산성도 없는 고물 생산라인을 내버려두란 말인가. 이게 고민이다. 상당 기간 동독의 체제 그대로 두면서 서서히 통합의 과정을 밟아가면 좋긴 할 텐데 이미 통일이 되었는데 어떻게 두 체제로 갈 수 있다는 것인가. 하기야 독일의 통일은 어느 날 아침에 갑자기 온 것이 아니던가.

수십만의 경찰·군인·보안요원들은 어떻게 할 것인가. 그런 사람들조차 그대로 보장해줄 수는 없었다. 다른 새로운 직업을 가질 수 있도록 알선하려고 노력했다고 한다. 세미나를 열고 컴퓨터 교육을 시켰다. 그러나 이미 나이가 든 이들이 새로운 환경과 변화에 적응하기란 쉽지 않을 듯하다. 동독 주민을 위해 정부뿐만 아니라 기업이나 NGO, 정치적 재단에 의해 많은 강좌와 교육이 실시되었다. 아예 서독 지역의 주들이 동독 지역의 주들과 서로 파트너십을 맺어 서독의 관리들이 동독 지역에 파견되어 근무하기도 했다고 한다. 예컨대 작센 주에는 바덴-뷔템베르크 주 간에 교환 근무를 하는 것이다. 이 경우 서독 지역 관리들에게는 원래의 월급보다 조금 더 준다고 한다.

그러나 아무래도 나이가 40대 이상된 사람들은 적응하기 어려웠다. 나치 시절에서부터 동독 치하에 이르기까지 이들의 생활방식은 일방적인 지시에 따라 움직이는 것이어서 자유분방한 자본주의사회에 적응하기란 참으로 어려웠다는 것이다. 하지만 젊은이들은 이전에 가져보지 못했던 기회를 얻게 됐다. 직업을 바꾸고 생활을 바꾸는 것이다. 그래서 젊은이들에 비해 상대적으로 서독 지역으로 이주한 40대 이상은 적다고 한다.

다음으로 흔히 지적하는 잘못, 즉 마르크와 동독 화폐를 1:1로 교환한 문제에 대해 물어보았다. 그러나 지금은 누구나 잘못을 지적하지만 당시는 경제적 이유뿐만 아니라 심리적 이유가 더 컸다고 한다. 1990년 7월 동독 정부는 공식 화폐를 마르크로 정하는 조치를 실행했다. 그런 상황에서 그나마 혼란이 줄어들었다는 것이다. 독일 통일과정과 그 이후의 상황에서 가장 이상한 것은 어떻게 동독 사람들이 물밀 듯이 서독 지역으로 몰려들지 않았느냐 하는 것이다. 독일에서는 전통적으로 이동이 별로 없는데다가 서독 지역으로 간다고 해서 별다른 직장과 기회가 생길 가능성이 없는데 그렇게 쉽게 이동하기는 어렵다는 것이다. 집과 가족, 그 모든 것을 두고 어떻게 옮길 수 있냐고 반문한다. 그러나 우리의 경우 북한에서 아무런 직장도 없거나 남쪽에서 안정적인 지원을 못해줄 경우 수백만 명이 남행하지 않으리라는 보장이 없다. 그 모든 것을 생각하면 할수록 모골이 송연해진다. 더 이상 묻지 말기로 하자.

 이 땅에 유태인이 돌아오는 것이 고맙다

카아크 씨는 베를린 시민재단의 이사이기도 하다. '재단' 이름만 들어도 솔깃한데 더군다나 '시민재단' 이라니! 실상은 굉장히 작은 NGO의 하나인데 구소련으로부터 독일로 이주해오는 독일어를 모르는 유태인 청소년 교육을 지원하는 재단이라고 한다. 그러니까 독일어 교육과 사회 적응훈련을 돕는다. 구소련지역에는 요즘음 반유태주의가 팽배해 있다고 한다. 그래서 유태인이 다시 독일을 찾는 사례가 많아지고 있다는 것이다.

유태인과 특별한 관계가 있는지, 혹시 유태인 출신 아닌지 물어보았다. 전혀 그런 게 아니라고 한다. 자신은 유태인과 아무런 관계가 없지만 60년 전에 그렇게 참혹한 고통을 당했는데 다시 이 땅을 찾아온다는 게 얼마나 고마운 노릇이냐는 것이다. 그것을 그는 '기적'이라고 부른다. 하긴 그렇다. 유태인으로서는 저주받은 땅, 곳곳에 참혹한 고난의 현장이 발견되는 이 땅에 다시 살러 온다는 것은 참으로 힘든 일이 아닐 수 없다. 나치 독일을 해방시킨 소련의 땅에서는 다시 반유태주의가 발흥하고 있다니, 참으로 세상은 돌고 도는 것이다.

 ## 다시 움페어타일룽 재단에서

5월 25일 12시, 움페어타일룽 재단을 찾았다. 스벤 한젠 씨로부터 이야기를 듣긴 했지만 꼭 현장을 와보고 싶었다. 일하는 직원이 한 사람밖에 없다. 그가 나를 맞았다. 내가 명함을 주는데 자신은 받기만 한다. 명함 하나 달랬더니 그런 것 없단다. 다른 사람과 접촉할 일이 없기 때문이란다. 아니 이렇게 고고할 수가! 사람을 부지런히 만나야지 왜 사무실 안에만 있단 말인가? 나중에서야 궁금증이 풀렸다. 토어스텐 다메라(Torsten Dameraa)라고 내 노트에 자신의 이름을 적어주었다. 그는 이 재단의 특징을 이렇게 설명했다.

첫째, 어떤 출연자가 자신의 재산을 온전히 내어놓은 유일한 재단이다. 이미 한젠 씨가 이야기한 전설의 울프 씨가 그 주인공이다. 이런 사례는 독일 내에서도 찾아보기 어려운 일이다.

둘째, 움페어타일룽 재단은 이름 그대로 나누기 위한 재단이므로 행정경비를 최소한으로 쓴다. 매우 작은 사무실과 적은 행정인원(자신과 또 한 여성이 전부다)으로 다 해결한다. 이사들이나 워킹 그룹의 멤버들도 모두 자원활동이다. 프로젝트의 심사와 집행, 그 모든 것을 워킹 멤버 한 사람씩 프로젝트마다 책임을 진다. 이사회는 전체적인 자금 사용계획을 세우면 나머지 워킹 그룹에서 거의 모든 자율성을 가지고 결정한다. 자신과 같은 행정요원은 신청서가 들어오면 그대로 워킹 그룹의 함에 넣어주고 지원하기로 결정하면 돈 건네주고 나중에 보고서만 받아 그걸 전체적으로 정리만 하면 된다고 한다. 자신이 보기에도 너무나 사무적이다.

셋째, 프로젝트에 대한 감사나 실사가 없다. 모두 이메일로 교신하고 다른 재단처럼 누가 그 멀리 제3세계까지 날아가 구체적으로 따져 물어보고 확인하지 않는다.

넷째, 하나하나의 프로젝트가 작다. 건당 5천 내지 1만 유로 정도다. 오히려 너무 작기 때문에 다른 재단들은 지원하지 않는 프로젝트를 지원한다. 그러나 자신들은 그게 소중하다고 생각한다. 풀뿌리단체들과 바로 연결되기 때문이다.

다섯째, 다른 곳에서 별도로 모금을 하지 않고 정부로부터도 일체 지원도 받지 않는다. 단지 1,700만 유로, 당초의 그 기금가지고만 활동한다. 정부로부터는 비영리공익재단으로서의 지위를 받았고 그래서 1년에 한 번씩 국세청과 베를린 시청 내무국의 재단감독과에 공식 재정 보고서를 낸다. 그 지위 때문에 일체의 활동이나 임대수입 등에 관해 세금을 내지 않아도 된다.

여섯째, 이 재단은 자본주의적 방식으로 돈을 벌지 않는다. 다시 말하면 기금을 주식이나 부동산에 투자하여 부당한 수익을 얻지 않는다는 것이다. 이사회에서 그런 원칙을 결정했다고 한다. 이사장은 하이케 브란트(Heike Brandt)라는 사람이다. 울프 씨와 친한 사람이다. 다 그렇고 그런 사람이다. 그래서 기금은 20세기에 설립된 작은 복지은행 조찌알 방크(Sozial Bank)에 넣어둔다. 이자는 적지만 그것이 그 은행이나 그 은행으로부터 도움을 받는 사람들을 돕는 길이기도 하다.

일곱째, 이 재단은 제3세계의 사회운동을 지원하는 재단이다. 그래서 워킹 그룹이 아시아·아프리카·남아메리카 등 지역별로 그리고 여성 등의 이슈에도 조직되어 있다. 제3세계를 지원하는 기관과 단체는 많지만 사회운동·저항운동을 지원하는 단체는 적다.

다음으로 이 재단에 모든 재산을 출연한 문제의 울프 씨에 대해 물었다. 베를린에 살기는 하지만 자신도 거의 못 만난다고 한다. 재단에 아무런 직책이 없으므로 공식적으로 만날 일도 없다. 보고하지도 않는다. 자신이 알기로는 울프 씨는 체제에 저항하여 싸우는 사람이란다. 특별한 직업도 없다. 언젠가 크로이츠베르크에서 우연히 만난 적이 있는데, 잠깐 안부만 물었지 재단사업에 대한 관심도 없었단다. 전형적으로 노동자계급에 맞는 낡은 옷을 입고 있었다. 그는 결혼도 하지 않았다. 꼭 원하면 편지를 쓸 수는 있지만 지금까지 그가 인터뷰에 응한 적은 없었다고 한다. "이상하지만 참 좋은 사람"이라는 게 이 직원의 마지막 말이었다.

 녹색당은 녹색인가, 회색인가

오후 3시, 이번에는 하인리히 뵐 재단(Heinrich Böll Foundation)을 방문했다. 이 재단에서는 창립 때부터 일해온 안카트린 링크

(Annkathrin Linck) 씨를 만났다. 린크 씨는 먼저 몇 개 층에 걸쳐 있는 재단 사무실들과 거기에 걸린 역대 선거 포스터를 일일이 구경시켜주었다. 내가 본 독일의 어떤 기관이나 단체보다 우아하고 세련되게 인테리어가 되어 사람을 즐겁게 만들었다. 특히 옥상 꼭대기의 다락방 회의실은 저절로 회의가 잘 될 것 같았다. 옥상 밖으로 나가니 베를린의 시가지가 한눈에 다 보인다. 선거 포스터를 보는 것도 마치 과거의 치열한 논쟁과 이슈 속으로 들어가게 만들었다.

녹색당의 선거벽보
녹색당 재단인 하인리히 뵐 연구소의 벽에는 과거 녹색당이 사용한 각종 선거 포스터가 붙어 있다.

잘 알려져 있는 것처럼 이 재단은 녹색당의 정치교육재단으로서 1972년 노벨 문학상을 탄 하인리히 뵐의 이름을 따 지은 재단이다. 하인리히 뵐은 문학적 명성도 대단했지만, 정치 문제에도 깊이 관여했고 특히 평생 인권 문제에 대한 관심과 실천을 보였던 사람이었다. 이러한 점을 고려하여 녹색당은 자신의 재단에 그 가족의 동의를 얻어 하인리히 뵐 재단으로 이름을 붙인 것이다.

이 재단의 창립 멤버인 만큼 린크 씨도 녹녹한 사람이 아니다. 그 역시 젊은 시절에는 공산주의에도 관심이 많았다. 평소 환경에도 관심이 많았던 그녀는 녹색당이 창립되고 3년 후 이 재단이 생기면서 합류하였다. 원래 녹색당은 사민당의 프리드리히 에버트 재단, 기민당의 아데나워 재단 등에 대해 대단히 비판적이었다고 한다. 이러한 재단들이 너무 정당에 직접적으로 예속되어 정치적 영향을 받는다는 것이었다. 심지어 니카라과 콘트라 반군 사태 때 기민당은 자신의 소속 재단을 통해 간접적으로 지원했다는 비판도 있었다고 한다. 그리하여 의회에 진출한 녹색당은 이러한 정치 재단의 존재 자체를 부정한 것은 아니지만 직접적 관계를 부정하는 법률개정안을 내기도 했고, 지금은 사민당으로 옮겨가 내무부 장관이 된 오토 쉴리(Otto Schilly)가 법원에 소송을 내기도 했다.

이렇게 하여 녹색당 재단은 몇 가지 안을 제출했다. 첫째는 페미니즘의 실질적 보장이었다. 그때까지만 해도 여성은 정치와 사회에서 언제나 소외되었다. 이러한 노력에 따라 녹색당 내에서 여성의 비율은 높아졌으나 페미니즘의 관점에서 큰 정책이 없고 고위직 여성이 기의 없었다. 둘째, 지역마다 작은 교육센터를 건립한다는 것이었다. 셋째는 제3세계의 인권과 사회운동을 지원하는 것이었다. 특히 동유럽 여러 나라의 정치적 반대자에 대한 지원이 주요 활동의 하나였다. 넷째는 환경에 대한 강조였다. 환경정책은 녹색당의 요구와 압력 때문에 상당한 정도로 나아진 것은 사실이나 사민당과 연정을 이루면서 경제정책과 너무 '기술적으로' 결합됨으로써 원래의 철학과 이념을 잃고 있다는 비판을 면하지 못하고 있다고 한다.

더 나아가서 원래 녹색당과 이 재단은 다른 정당과는 달리 출발하면서 다른 사회운동과 파트너십을 맺고 이들을 지원하거나 다른 정치그룹을 지원하는 역할을 자임했었다. 사회운동이 공간을 확보하고 목소리를 낼 수 있도록 촉진자로서 역할하려고 했었다. 그런데 지금은 '정치적 역할자'로 전환하였고 심지어 코소보 사태 때 독일의 참전이 결정되면서 사회운동단체와는 심각한 갈등 관계를 빚었다고 한다. 이

때 '역전의 활동가들'은 모두 녹색당을 떠나고 말았다. 자기가 보기에는 독일 녹색당은 이미 '좌파'가 아니라 '중도 보수'로 변했다고 한다. 사민당과는 연정을 펴고 몇 자리의 장관 자리를 따냈으나 득표 비율이 35:8인 만큼 실질적인 파트너십이 이루어지기 어렵다. 지도자인 지금의 외무장관 요시카 피셔는 이미 20년 전의 그가 아니다. 그만큼 당의 정체성도 변했다.

지금 하인리히 뵐 재단의 이사회는 당의 주요 인사들이 다 차지하고 있다. 과거 녹색당이 비판했던 것이 이 재단에 그대로 재현되고 있는 것이다. 구조, 정체성, 사업영역 가운데 계층적 구조와 정체성은 거의 차이가 없어지고 다만 사업영역에서는 아직 확연한 차이를 가지고 있다. 사민당의 에버트 재단이 주로 각국의 사회민주당이나 그 계열의 단체들을 지원하고 기민당이 보수적 정당이나 조직, 기업들을 지원하는 것에 비해서 녹색당의 하인리히 뵐 재단은 환경단체, 인권·여성·민주주의 단체를 주로 돕고 있다는 것이다. 아무튼 그녀 역시 녹색당의 변화에 대해 기대보다는 실망이 더 커 보였다. 그녀의 실망을 보면서 우리나라의 민주노동당의 미래가 어떨지도 궁금해졌다.

제2장
환경과 개발의 현장으로

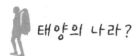

태양의 나라?

5월 27일 오늘은 아침 일찍 초 역에서 한국에서 온 이필렬 교수, 대안에너지센터 염광희 간사 일행과 더불어 남부 독일의 여러 지역으로 환경 기행을 떠날 예정이다. 이 교수는 대안에너지센터 대표이기도 하고 과학사 등을 가르치는 이름난 학자이기도 하다. 그는 독일에서 공부했고 또 환경운동을 하는 독일의 다양한 학자와 단체, 사람들을 잘 알고 있었다. 여러 가지로 기대가 되는 여행이다. 며칠간 이 교수 팀과 지낸 뒤 나는 본으로 가서 재생에너지회의에 참가하고 본에서 여러 기관을 방문할 예정이다.

본의 전 의회 본회의장에서 열린 재생에너지 국제회의 장면

초 역은 아침부터 여행을 떠나는 사람으로 북적댔다. 언제나 기차역은 새로운 세상에 대한 기대와 설렘으로 충만하다. 유명한 독일의 고속철도 이체(ICE)를 타고 남으로 향했다. 얼마 전 우리나라에서 타본 고속철 KTX와 당연히 비교되었다. 흔들림이 좀더 있었지만 소리는 덜했다. 우리는 완전히 새로운 노선과 새로운 공사를 했고, 이체는 기존 노선에 이미 오래된 기차라는 점도 달랐다. 그런데 이체 내부는 훨씬 여유 있고 다양한 서비스가 제공되

었다. 가족 칸이 따로 있고, 테이블이 제법 큰 좌석들이 있어 컴퓨터를 놓고 작업하는 사람들도 더러 있었다. 맥주 한 잔 하며 흡연할 수 있는 공간도 있고 당연히 식당 칸도 있었다. 여러 가지로 편리하다는 생각이 들었다.

이런저런 대화하는 사이에 남부 독일 만하임에 닿았다. 렌트카를 타고 20분도 채 안 되어 목적지 뷰어슈타트(Burstadt)에 닿았다. 거기에 세계 최대의 태양열 지붕이 있다는 것이다. 그날 휴가를 내서 회사에 안 가고 우리를 안내한다는 에하르트 렌쯔(Erhard Renz) 씨가 그 지붕으로 데리고 갔다. 커다란 물류회사의 창고 지붕에는 태양열을 전기로 전환하기 위한 모듈이 깔려 있어 장관을 이루고 있었다. 꼭 무슨 태양열 전기판의 바다 같기도 했다. 태양과 그 에너지가 원천이 되어 만들

어낸 푸른 녹색의 언덕들이 함께 보였다. 렌쯔 씨는 지붕을 여기저기로 옮겨 다니며 자세히 설명해주었다. 태양광 전지판의 설치과정, 이음새, 전기선에 대한 설명이 계속 이어졌다. 지붕 위를 건너다니며 한참을 설명을 듣다보니 마치 내가 태양에너지 전문가가 된 것 같았다.

평범한, 그러나 결코 평범하지 않은 에하르트 렌쯔 씨
자신의 태양열 에너지 운동을 설명하고 있다.

그는 다임러 크라이슬러 자동차회사 직원이란다. 33년이나 근속했다. 나이는 49살, 21살과 17살 난 아들과 딸이 있다. 자기가 사는 이 동네에서 8킬로미터 떨어진 비블리스라는 곳에 원전 2기가 있다. 1986

년 4월 체르노빌 사고가 일어났을 때 딸을 낳으면서 생각을 바꾸게 되었다. 자신은 만하임에 나가서 근무하는데 사고가 나면 가동되는 원전 사고 비상계획에 따라 사고지역으로부터 10킬로미터 이내에 들어갈 수도 나갈 수도 없도록 되어 있다. 따라서 사고가 나면 근무지에서 자신의 집에 들어갈 수가 없어 사고지역에 가족을 내버려두고 생이별해야 하는 상황이 되는 것이다. 더구나 평소에 요오드 알약을 계속 나누어주는데 사고 나기 전에 먹으라는 것이다. 요오드를 먹으면 방사능 오염에 내성이 생긴다는 것인데 그만큼 사고의 위험성과 가능성을 말해주는 증거가 아니고 무엇이겠는가.

그때부터 그는 원전 반대운동과 대안에너지 운동에 나섰다. 처음에는 풍력 에너지에 관심을 쏟았는데 풍력 에너지는 워낙 큰 돈이 들어 기업적 규모에서나 할 수 있는데 비해 태양열 에너지운동은 누구나 쉽게 참여할 수 있는 장점이 있어 이 운동으로 전환했다고 한다. 그는 '솔라안라겐페어아인(Solaranlagenverein)' 이라는 단체를 만들었다. 회원이 30여명 있는데 주로 자기가 끌어간다. 처음에는 자신의 집 지붕에 태양광 전지판을 올렸고 이어서 동네 보이스카우트 회관에 설치하게 된다. 그때 보이스카우트 회원들이 부모에게 태양열 에너지에 관한 그림을 40유로에 팔아 그 돈으로 설치비용을 마련했다고 한다. 그러던 중 물류센터 지붕을 발견하고 건물 소유주와 2년 이상 공사의 안전성 문제와 책임문제 등에 대해 협상에 협상을 거듭하다가 마침내 전기 판매액의 1퍼센트를 지붕 소유자에게 준다는 계약서를 작성했다고 한다. 그때 '타우버 솔라(Tauber Solar)' 라는 시민기업을 알게 되어 여기서 재정을 충당하고 '악티브 솔라(Active Solar)와 '라로스(Ralos)' 가 '베페 솔라(BP Solar)' 라고 하는 회사의 태양열 전지판을 사용하여 시공하는 역

할 분담을 했다고 한다.

이 물류회사의 15개 지붕에 모두 태양열 전지판을 설치하여 5메가와트의 전력을 산출한다. 이미 유명해져서 한 달에 한 번씩 개방해서 이곳을 찾아오는 사람들에게 안내하고 설명한다. 이 물류회사의 자그마한 공간으로 우리를 데리고 가서 계속 설명에 열을 올린다. 그곳에는 다양한 자료와 설명 도구를 설치해놓고 있다. 차와 과자까지 준비되어 있었다. 그는 왜 대체에너지, 특히 태양열에너지를 써야 하는지 다양한 도구와 자료를 가지고 설명했다. 석탄 · 석유 · 가스 · 우라늄 모두 오랜 인류의 역사에서 보면 아주 최근인 1860년 이후에 쓰기 시작한 것인데 700년이면 모두 동이 난다고 한다. 결국은 모든 것의 원천인 태양 에너지밖에 없다는 것이 그의 지론이다. 아마도 역사책은 우리 시대를 '낭비의 시대'로 기록할 것이라고 그는 믿는다. 이 작은 마을에 사는 그는 진정한 환경이론가이자 환경철학자이며 환경운동가이다.

또한 그는 60킬로미터 떨어진 '모스바하' 지역의 원전도 문을 닫는데 거기서 비블리스까지 태양열 전지판을 주택과 공장과 공공건물에 설치하여 일직선의 '태양의 다리'(Solarbrücke)를 만들겠다는 프로젝트를 계획했다. 모스바하의 단체와 더불어 그 두 도시 사이에 있는 동네마다 함께할 사람을 찾고 있단다. 이것은 비블리스에 있는 원전을 빨리 폐쇄하라는 압력도 된다. 부인과 가족이 불만을 가지고 있지 않느냐는 질문에 자신은 5살 때부터 유도를 한 아들을 위해 20번이나 시합에 같이 가주는 등 아빠 노릇을 충분히 했기 때문에 자신의 취미생활을 해도 괜찮다고 했다. 사실 처음에는 취미로 시작했다가 지금은 '두 번째 직업'이 되고 말았다고 한다. 그럴 바에는 완전히 직장을 그만두고 이 운동에 전념하지 않느냐는 짓궂은 질문까지 나오고 말았다. 그러나 자신은 직장으로부터도 인정받고 있고 그것은 자신과 가족의 안정된 생활의 기초라고 생각한다고 한다. 또한 명예직으로, 시민단체의 장으로서 운동하는 게 시장이나 다른 사람들에게 더욱 설득력이 있지 않겠느냐고 반문한다. 그는 1년간 32일을 휴가로 사용할 수 있는데, 하루에 2시간씩 단축근무를 신청할 수 있어 20일을 더 휴가로 낼 수 있고 결과적으로 1년에 총 52일을 쉴 수 있기 때문에 충분히 태양 에너지운동을 할 수 있다고 한다.

그는 자신이 직접 다른 지역까지 멀리 가서 활동하기보다 자신과 같은 사람이 다른 동네에서도 많이 나와 이 운동이 멀리 멀리 퍼져나가기를 바란다. 그렇게 눈덩이처럼 불어나다 보면 언젠가는 모든 집과 건물에서 태양 에너지를 생산하는 날이 오게 될 것이라고 믿는다. 그의 비전과 열정이 독일을 '태양 에너지의 나라'로 만들 것이라고 나도 믿게 되었다.

렌쯔 씨와의 대화 도중에 두 가지 재미있는 아이디어를 발견했다. 운동은 모름지기 재미있어야 하는데 이 운동방식이 재미있지 아니한가.

우선, '솔라 분데스 리그(Solar Bundes League)'라는 것이 있다. 태양열 에너지 생산량을 지역별로 등수 매기는 것이다. 500개 도시 가운데 뷰어슈타트는 300등에서 200등으로 올라섰고, 물류회사 지붕만 완성되면 일등이 되지 않을까 한다. 그런데 태양열 에너지 생산량을 전문기관이 조사하는 게 아니라 아이들이 온 동네를 다니면서 조사하게 한다고 한다. 이것은 아이들에게 더할 나위 없이 좋은 교육이 될 뿐만 아니라 그 도시에 사는 어른들을 창피하게 만드는 효과를 지닌다. 축구의 분데스리그에서 환경의 분데스리그가 된 것이다.

그리고 '크리마 슈타펠 2004(Klima Staffel 2004)'라는 것이 있다. 2004년 5월 10일에서부터 6월 1일까지 벌어지는 '환경의 릴레이'이다. 키일에서 출발하여 주요한 대도시를 다 거쳐 본까지 간다. 마치 올림픽이나 전국체전의 성화 봉송과 같은 방식이다. 단지 사람이 달리기만 하는 것이 아니고 때로는 기차로, 자전거로 전달된다. 그런데 이 바턴을 가지고 환경적으로 유명한 곳을 들러 격려·지지하기도 하고 어느 지역의 시장을 만나서는 친환경 약속과 서명을 받아내기도 한다. 벌써 독일에서는 유명한 행사가 되었고 언론에서도 많이 보도하기 때문에 환경 개선에 큰 계기를 만들어내고 있다.

우리는 자동차로 뷰어슈타트 옆 동네인 로슈(Lorsch)를 찾았다. 이미 5시가 넘어 문을 닫았을지도 모르지만, 잠깐 구경이나 하자고 이 동네의 한 가게를 찾아갔다. '태양과 모빌(Solar und Mobil)'이라는 가게였다. 의외로 가게 문은 열려 있는데 주인이 없었다. 아무리 두리번거려도 없어서 처음에는 머뭇거렸지만 곧 우리는 가게 밖과 안에 있는 모든 전시물의 구경에 빠져들었다.

여기에는 다양한 이동수단이 전시되어 있었다. 두 사람이 운전하는 자전거(Twike), 사람의 다리 힘으로 가다가 태양전지로 가기도 하는 양수겸장 자전거, 태양전지 자동차, 누워서 발로 운전하는 자전거 등 인간이 상상할 수 있는 모든 수단의 운송시설이 다 전시되어 있었다. 한쪽에는 전기충전기로 자동차충전이 이루어지고 있었다.

왜 우리는 이런 상상을 못하는가. 자전거는 두 발로만 가야 하는가. 왜 자전거는 두 사람이 운전하는 네 발짜리로 갈 수 없는가. 자전거 위에 지붕을 씌울 수도 있지 않은가. 자전거를 사람이 발로 달리다가 힘이 부치거나 오르막이 되면 전지로 운전할 수도 있지 않은가. 우리는 고정관념에 사로잡혀 있는 경우가 많다. 거기에서 해방이 되면 새로운 사물과 세상이 보이는 법이다. 이 가게를 보면서 나는 상상력이 만들어내는 유쾌한 세상을 경험했다. 즐거운 저녁이다.

 ## 시민이 만든 환경연구소, 외케 인스티튜트

5월 28일 아침, 북쪽의 다름슈타트(Darmstadt)로 향했다. 그곳에 있는 환경연구소인 외케-인스티튜트(Oke Institut)에서 약속이 있었기 때문이다. 사무실의 이곳저곳을 구경시켜주었다. 사실 사무실 투어는 언제나 작은 흥분과 재미를 불러일으킨다. 어떻게 일하고 있는지 한눈에 알 수 있다. 환경연구소답게 책상도 책꽂이도 모두 나무로 만들었다. 소박하면서도 일하는 분위기가 확연하다. 책상과 책꽂이마다 여유 있는 공간 어디에나 잔뜩 자료들이 꽂혀 있다. 벽에는 철은 지났지만 여러 가지 환경 포스터들이 걸려 있었다. 회의실 안에도 문건들이 놓여 있었다. 첫 번째 문건에 독일과 한국의 국기가 나란히 인쇄되어 있었고 "Welcome at Oke-Institute e.V. -Environmental Research, Policy & Industry Consultancy, Darmstadt Office, 28.05.2004"라고 씌어 있다. 태극기를 미국 CIA 웹사이트에서 따왔다고 한다. 낯선 외국인을 위한 세심한 준비에 놀랄 뿐이다.

이 연구소는 1977년 프라이부르크에서 창립되었다. 당시 프라이부르크 부근의 윌(Wyhl)이라는 곳에 진행되던 원전 건설에 대한 시민들의 반대가 이어지면서 정부나 기업으로부터 독립된 과학적이고 시민적인 입장에서 연구를 진행하는 연구소가 필요하다는 네 공감이 이루어졌다. 시민의 자발적인 참여와 후원으로 시민환경연구소로서 탄생한 것이다. 그러나 26년이 지난 지금, 그 수준을 훨씬 넘어섰다. 다름슈타트와 베를린에 사무실을 별도로 열었고 100명가량이 일하고 있으며 1년 예산만 해도 6,400만 유로 정도를 쓴다. 연간 100개의 프로젝트, 150건의 발표, 120개의 출판물이 생산된다. 에너지와 기후보호, 지속 가능한 생산물과 물류, 화학, 유전 엔지니어링, 핵과학과 핵발전소 안전, 환경법, 수송 등 모두 7개 연구 분과가 설치되어 있다. 대학이나 시민단체가 연구소를 만들기는 하지만 대체로 한정된 주제만 다루고 인원도 10명을 벗어나는 경우는 없다고 한다. 그런 의미에서 이 연구소가 얼마나 방대한지를 알 수가 있다.

시작 때부터 연구소는 회원 제도를 운영했는데, 현재 3,500명의 회원과 65명의 지자체 회원을 가지고 있다. 일반회원은 연간 80유로, 지자체는 2만 명 이하인 경우 260유로, 그 이상인 경우 520유로를 회비로 내고 있다. 그러나 회비와 후원금의 비율은 5퍼센트에 그치고 있고 나머지는 프로젝트 수입이라고 한다. 프로젝트는 정부와 지방자치체, 기업, 외국 등 다양한 기관으로부터 수임한다. 그러나 그 프로젝트 수입을 지나치게 정부와 기업에 의존하다 보면 그 영향을 결과적으로 받는 것이 아니냐고 물으니까 다양성을 확보하기 때문에 그런 일은 없다고 한다. 그러나 이미 이만한 규모를 운영하다 보면 정말 추호의 눈치도 안 볼 수 있을지 걱정이 된다. 시민의 주도로 이 정도의 연구소를 만드는 것은 부러운데 너무 키우는 것도 어떤지 잘 모르겠다. 시민단체의 용역은 조금 싸게 받는다고 한다.

우리를 위해 주로 설명하고 있는 미하엘 자일러(Michael Sailer) 부소장은 연방핵안전위원장으로 활동하고 있다. 배석한 게어하르트 슈미트(Gerhard Schumidt) 씨는 바깥에서 비판하던 상황에서 이제는 안에서 대안을 만드는 것으로 연구소의 역할이 바뀌었다고 말한다. 말하자면 제도권으로 들어온 것이다. 세 개의 사무실로 흩어져 있고 당초의 이념과 배치된다는 비판이 없느냐니까 어느 조직에나 문제는 있지만 결정적으로 문제된 적은 없다고 한다.

슈미트는 이렇게 재미있게 말한다. "프라이부르크 사무소는 이데올로기를 생산하고 다름슈타트 사무소는 결과를 생산한다." 말하자면 프라이부르크 사무소는 말로 떠들고 일은 자신들이 한다는 말도 되겠고, 프라이부르크 사무소는 생태주의적 원칙을 견지하고 자신들은 보다 구체적인 리서치에 매달리면서 상호 보완적인 역할을 한다는 뜻도 되겠다. 노동조합도 있어 견제의 역할을 한다. 서로 다른 역할을 인정하는 아름다운 모습이다.

연구원들 중 녹색당원이 많지 않느냐고 하니까 녹색당의 정책은 대부분 지지하지만 녹색당원이 되는 것은 별개라고 한다. 모범답안이다. 오직 과학적이고 기술적인 연구만이 자신들의 목표라는 것이다. 독일에서 생산된 방사성 폐기물을 프랑스로 이동하려 할 때, 자신들은 이것을 반대하면서 가동 중인 원전 안에 임시저장소를 설치하라고 권고했다고 한다. 그랬더니 환경단체들이 시민환경연구소가 어떻게 방사성 폐기장을 만들자고 하느냐고 비판했다고 한다. 그러나 그것은 과학적으로 가장 안전한 방법이라고 믿었기 때문에 주장한 것이고 지금은 자기들 권고대로 이행하고 있고 아무도 문제 삼지 않는다고 말한다.

이들이 한국의 영광원자력발전소의 방사능 유출사고의 조사를 맡았었다고 한다. 개선권고를 냈고 그것을 이행하는 것은 전적으로 한국측의 문제라고 했다. 한국의 경우 원자력발전소 운영자(한국수력원자력주식회사), 감독자인 정부와 원자력안전위원회, 자문기관(원자력안전기술원)이 모두 사실상 정부기관이라는 점에 문제가 있다고 한다. 전부 분리 독립시키는 것이 바람직하다는 것이다.

독일의 경우에는 원전은 전적으로 사기업이 운영하고 있고 일상적 감독은 지방정부가, 특별한 경우에는 연방정부가 하고 있으며 독립된 연방원자력안전위원회에서 자문하기 때문에 상대적으로 상호 견제와 점검이 철저하다. 뿐만 아니라 전력 배급시장에도 국영이나 지방자치단체와 일반기업 등 다양한 주체들이 참여하고 있다. 한국은 한전이 독점하고 있기 때문에 진정한 의미에서 '시장은 없다'는 게 이들의 생각이다.

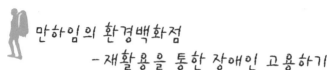

만하임의 환경백화점
─재활용을 통한 장애인 고용하기

오후 3시, 여기저기를 잠깐 헤매다가 간신히 찾았는데 이사를 갔단다. 다행히 이사 간 곳이 먼 곳은 아니다. 이미 아름다운가게 간사들이 다녀와 어느 정도 알고 있어서 그런지 친숙하게 느껴졌다. 이렇게 구석까지 우리 간사들이 어떻게 찾아냈는지 모르겠다. 만하임에서도 제일 외진 곳이었다.

하인츠 슈나이더(Heinz Schneider), 우리를 기다리고 있던 친구였다. 깨알같이 종이에 적은 것을 꺼내놓고 우리에게 환경 백화점에 관한 소개를 시작했다. 그는 조금 언어장애가 있는 듯했다. 자신은 영어를 잘 못한다면서 떠듬떠듬 설명을 해나갔다. 1997년에 생겼으니까 올해로 7년째, 현재 39명이 일하고 있는데 그 가운데 21명이 장애인이란다. 누가 사망하여 필요 없게 된 헌 물건들을 기증하겠다고 전화가 오면 가지러 간다. 이렇게 모으는 것이 헌 물건 수집의 주요 수단이다. 아름다운가게처럼 다양한 수집 경로가 없다. 그래도 현재 세 대의 차량이 있는데 곧 네 번째 차량이 생긴다고 슈나이더는 자랑한다. 나중에 보니까 한 대는 그냥 흰색이고 나머지 두 대는 이곳의 이름이 예쁘게 적힌 그림이 그려져 있다. 판매는 이 매장을 통해서 이루어지는데 책·옷·잡화 등이 무게로 달아서 팔린다. 귀중한 책과 가구는 따로 전시되어 있다. 옷은 새 옷도 파는데 모두 천연재료로 만든 의류들이다. 식품도 판매하는데 물론 모두 새 것이고 유기농 제품이다. 다만 채식주의자들을 위해 우유는 안 팔고 두유만 판다. 화학제품인 설탕은 안 판다.

하루에 몇 명이 오는지 체크하는 기계는 갖추어놓았다는데 정확한 통계자료는 없다. 하루 전체 매장 수입은 1,500에서 2,000유로. 이렇게 큰 공간과 인원이 일하는데 수입이 그 정도는 되어야 하겠다. 물론 이것 가지고 직원 모두에게 월급을 제대로 주기도 힘든 상황이다. 그래서 만하임 시에서 보조금이 나온다. 보조금은 장애인에 한해 사용될 수 있단다. 2층 사무실에서 일하는 숙련 노동자는 약 2,500유로, 1층에서 일하는 비숙련노동자는 1,500유로를 받는다. 장애인이나 실업자를 채용하는 경우 직무훈련을 실시하고 적응과정을 거친다고 한다.

환경 백화점이라고 해서 뭔가 기대를 했는데 여러 가지로 엉성하다. 우리 아름다운가게에 비하면 느슨하고 비체계적이고 손님도 없다. 인터넷 판매도 한다는데 60대 할아버지 두 분이 컴퓨터 앞에 앉아 계신다. 그렇지만 장애인들이 운영하고 이들이 일자리를 가진다는 점에서 그 모든 부족함을 메우기에 충분하지 않겠는가.

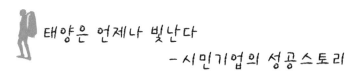

태양은 언제나 빛난다
- 시민기업의 성공스토리

예정에 없던 만하임 환경 백화점에 들리는 바람에 타우버비숍하임(Tauberbishopsheim)이라는 도시에 있는 시민기업 타우버 솔라(Tauber- Solar)의 방문도 조금 늦어졌다. 이 시민기업의 홍보를 담당하는 레오나르드 하프(Leonard Haaf) 씨는 의사다. 소아과 의사인 그는 아이들에게는 환경이 중요하다고 생각하고 녹색당원이 되었다. 그러다가 태양열 에너지 운동을 알게 되었고 우선 자신의 집에서부터 설치하였다. 그리고 그 성과를 이웃에게 설명하면서 주변의 지붕에도 태양광 전지판을 계속 설치했다고 한다. 그렇게 계속 사람들이 모여들었고 그중에 네 사람이 작은 시민기업을 만들기로 합의했다.

클라우스-브루노 플렉(Klaus-Bruno Fleck, 물류·회계 담당), 체노 플렉(Zeno Fleck, 금융·재정 담당), 토마스 슈미델(Thomas Schmiedel, 기술·엔지니어 담당), 레오나르드 하프(홍보.기획 담당)가 각자의 역할을 맡았다. 이들은 전문직 종사자로서 각자의 직업을 가지면서 이 일을 처리하고 있었다. 한 번은 은행에 근무하는 체노 플렉이 기막힌 아이디어를 내놓았다. 자산이 좀 있는 시민이 은행으로부터 5만 유로를 융자받아 태양광 에너지 사업에 투자하면 거기에서 생산되는 전기 판매대금으로 13년이면 은행 융자금을 다 갚고 나머지 전지판 가동 연한 7년 동안 생기는 수입이 3만 5천 유로나 된다는 것이다. 말하자면 은행에서 융자받기만 하고 실질적으로는 아무런 하는 일도 없이 3만 5천 유로를 벌 수 있다는 이야기였다. 대동강 물 팔아먹기에 다름 아니었다. 이 아이디어를 좀더 진전시켜 5만 유로를 융자받는 사람 250명을 모집하여 하나의 출자 단위를 만들고 독립된 작은 시민기업으로 출범시켰다. 이미 세 번 성사되었고 지금은 네 번째 기업이 만들어지고 있는 중이라고 한다.

독일에서 이 사업이 가능한 근거는, 우선 여러 전력회사가 법8에 따라 킬로와트당 50센트에 그 전기를 사 준다는 점이다. 미래의 대안에너지를 위해서 사회가 부담하는 것이다. 다음으로 전지판의 성능이 20년은 보증된다는 점이다. 타우버-솔라는 가장 좋은

8 이른바 재생가능에너지법(EEG, The Renewable Energy Sources Act)이다. 2000년 4월 1일 발효된 이 법은 에너지 사업자가 고정된 가격으로 재생가능에너지를 매수할 의무를 지움으로써 최소 가격을 보장해주고 있다.

베페 솔라(BP Solar)의 제품을 사용하여 시공한다. 또한 은행의 이자율이 4퍼센트밖에 안 된다는 점이다. 거기에다가 타우버-솔라의 경우 행정경비가 최소화되기 때문에 투자자들에게 그만큼 많은 지분을 돌려준다. 회사를 경영하는 네 명은 시민기업 하나당 500유로씩, 지금은 네 개가 되었으니까 2,000유로를 받을 뿐이다. 다들 전문직을 가지고 큰 돈을 벌고 있기 때문에 이 정도밖에 안 받는다.

이런 방식으로 자금의 여력이 생기니까 하프 씨의 눈에는 좋은 지붕밖에 안 보이게 되었다. 태양광 전지판을 놓을 만한 곳이 없는지 눈여겨보게 된 것이다. 이미 이 동네의 공장 건물, 시장 건물, 학교 등의 지붕에는 모두 태양 전지판이 놓였다. 앞에서 언급한 뷰어슈타트의 렌즈 씨에게도 연락이 와서 그곳의 물류회사 지붕에도 태양 전지판을 얹게 된 것이다. 하프 씨 사무실에는 타우버-솔라의 태양 전지판이 놓인 지역을 표시해놓은 독일 지도가 걸려 있는데, 레오나르드 다 빈치의 말이 씌어 있다.

"Die Sonne hat noch nie im Schatten gestanden(태양은 한 번도 그림자 속에 들어간 적이 없다)."

 ## 사무실 앞에 보리밭?

며칠째 계속 작은 도시들을 오간다. 소도시의 집들과 시장과 가게들과 공공시설들을 돌아보면 대도시보다 하나도 모자랄 것이 없다. 로슈의 역에 붙어 있는 가게에는 이른 아침인데도 조간신문들이 다 와 있다. 오히려 공기가 훨씬 좋고 교통은 편리하고 소득도 별 차이가 없으니 대도시에 살 이유가 없다.

인구가 1만 3천 명인 타우버비숍하임에는 '파우에스'라고 하는 엄청나게 큰 가구회사와 바이니히(WEINIG)라고 하는 기계회사가 있다. 후자의 경우에는 약 1천여 명을 고용한다. 파우에스는 훨씬 더 큰 회사니까 적어도 2~3천 명은 고용하고 있을 것 같다. 몇 년 전 회의에 참여하기 위해 갔던 괴테슬로라는 인구 10만 명의 도시에는 세계적으로 유명한 미디어 재벌인 베텔스만과 세계적 주방기구 기업인 밀레(MIELE)가 있었다. 이렇게 독일의 지방분권은 실질화되어 있다. 우리나라에서 단지 수도 이전만 한다고 될 일은 아니다. 교육·소득·문화 등 본질적 고민이 필요하다. 지방 균형발전에 관한 그랜드 디자인, 혁명적 발상의 전환이 필요한 게 아닌가 싶다.

어느 작은 도시에도 전통과 현대가 잘 어우러져 있다. 옛날 벽돌한 조각도 소중히 다루어지고 광장이나 시청에는 오래 산 사람들의 향기가 묻어나고 주변의 카페나 식당 앞에는 햇빛을 즐기면서 식사를 하고 커피를 마시는 사람들로 가득하다. 공기는 마치 산속에 들어온 것같이 신선하다. 도심을 흐르는 개울물은 마치 어린시절 물장구치고 미꾸라지 잡던 그 개울물 그대로다. 주변은 이름모를 꽃들로 가득하다. 동네 가게들의 간판과 쇼윈도에 진열된 물건들은 결코 촌스럽지 않다. 도대체 도시와 농촌의 구별이 없다. 아니 오히려 번잡한 대도시보다 농촌 도시가 훨씬 낫다. 레오나르드 하프 씨의 사무실 앞에는 보리밭이 끝없이 펼쳐져 있다. 사무실 앞이 바로 들판이라니? 삶의 질은 단지 GNP만으로 측정되기 어렵다.

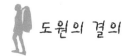 도원의 결의

5월 29일 토요일, 아침에 일어나 식사를 마치자마자 다시 남쪽으로 향했다. 오랜 시간이 걸린 끝에 이번에는 독일의 최남단 징엔(Singen) 시에 도착했다. 보덴제(Bodensee)라고 하는 큰 호숫가의 작은 도시에 화가에서 태양광 에너지 전문가로 변신했다는 사람이 살고 있었다. 그러나 그는 '변신'이라는 말에 반대했다. 15년 동안 그림을 그렸지만 자신의 그림은 언제나 생태적 관점에 서 있다는 것이다. 현대 미술은 사회적 문제를 어떻게 해석하고 번역하느냐의 문제라고 생각한다. 예컨대 CO_2 문제만 히더리도 온 지구 땅덩어리에 엄청 증가하고 있는데도 사람들은 보지 못한다. 보지 못한다고 없는 것은 아니다. 그것을 화가는 번역해주어야 한다는 것이다. 그러므로 지금 하는 일과 미술은 단절이 아니라고 주장한다. 그러나 그것은 그의 '해석'일 뿐 며칠 전 전시회를 하면서 그림을 몽땅 다 팔았다. 화가라는 직업을 그만둔 것이다.

바로 이 '징엔'에서 '솔라 콤플렉스(Solar Complex)'를 운영하고 있는 베네 뮐러(Bene Muller)라는 사람의 이야기다. 그는 화가로서 생태적 그림을 그렸다. 그러다 동네를 위해 뭔가 해야겠다고 결심했다. 새로운 밀레니엄이 다가오고 있었다. 그는 동네사람들에게 일단 모여서 동네를 완전히 친생태적이고 대안적인 사회로 만들어보는 것을 논의해보자고 설득했다. 많은 사람들이 지지해주었다. 용기를 얻은 그는 날짜를 잡고 독일의 유명한 환경 전문 교수와 학자, 언론인을 초청하고 주변 동네사람들에게 참가할 것을 권고하는 포스터를 만들어 온 동네

에 붙였다. 언론이 관심을 갖고 보도해주
었다. 바로 2000년 5월 31일 이 동네의 작
은 공원 '가르텐 데스 페르베-테아터스
(Garten des Farbe-Theaters)'에서였다.

독일 최남단 징엔 마을에서 친환경에너지 운동
을 벌이고 있는 뮐러씨의 책장
온갖 자료와 정보로 가득차 있다.

이곳에서 장장 닷새 동안 강연과 토
론이 이어졌다. 오가는 사람들이 있기는
했지만 언제나 300명에서 500명 가량은 참여했고 전국 각지에서 온 유
명한 환경학자·환경운동가들이 함께 해주었다. 자신이 사는 징엔 말고
도 인근의 여러 동네 사람들도 참가했다. 이곳에서 드디어 원대한 결정
이 이루어졌다. 장장 2,500평방제곱킬로미터에 이르고 60만 명이 모여
사는 보덴제 인근의 모든 지역(Bodenseeraum)을 2030년까지 완전히 태
양열 등의 대안에너지로 대체한다는 것이었다. 이 모든 논의와 회의의
과정과 결과는 『구체적 유토피아를 위한 요구』(Forderung nach der
konkreten Utopia. 구체적이지 않은 유토피아적 주장은 공염불이라는 뜻
에서 '구체적'이라는 접두사를 '유토피아 앞에 붙였다고 한다)라고 책
으로 정리했다. '도원의 결의'가 이루어진 것이다.

독일 남단의 거대한 호수 보덴제 주변지역
을 2030년까지는 태양열 에너지 지역으로
완전히 바꾸겠다는 지역민들의 결의가 이
루어진 공원
가운데가 그 견인차 역할을 했던 화가 출
신의 환경운동가 뮐러씨.

대체에너지에 인생을 건 사람

자신이 운영하는 '솔라 콤플렉스'는 바로 그 결의의 소산이다. 2000년에 설립된 이 시민기업은 15명의 주주로 시작하여 지금은 107명으로 늘어났다. 여기에는 보덴제 건너 스위스 사람도 있다. 2003년부터 결과가 나오기 시작했다. 이 해에 350만 유로의 매출이 있었고 10만 7,000유로의 수익도 생겼다. 2005년에는 500만~700만 유로의 매출과 20만 유로 가량의 수익을 낼 계획이다. 2004년 가을까지 6킬로와트짜리 태양열 전지판 50개를 설치할 예정이다.

이 모든 사업의 주인은 주주이다. 그들은 이 사업이 가능하도록 재정을 충당하고 있기 때문이다. 주주는 돈도 번다. 한 시민이 1천 유로를 투자하면 은행 이자 2~3퍼센트보다 더 많은 4퍼센트의 이자를 받는다. 이미 독일에서는 환경 투자상품이 은행에서도 인기를 끌고 있다. 뉘른베르크의 환경은행(Umwelt Bank)에서는 5퍼센트까지 보장하고 있다. 솔라 콤플렉스의 주주는 6년 만에 원금을 모두 돌려받을 수 있게 됐다. 그 이후에는 다른 사람에게 주주의 지위를 팔 수도 있다. 그러나 대부분 수익을 찾아가기보다 재투자하고 있다. 돈을 벌려는 목적을 가진 이들이 아니라 사회적 참여를 원하는 사람들이기 때문이다. 2004년 2월부터 14만 유로를 모금했는데, 연말까지 50만 유로는 충분히 모금할 것으로 자신한다.

이 모든 것의 핵심은 이 태양열 전기를 정부가 비싸게 사주도록 규정한 연방법에 있다. 그래서 그는 정치가 중요하다고 믿는다. 그래서 한때는 녹색당에 몸담았다. 그런데 몇 시간 동안 회의만 하고 결론은 아무것도 없고 다음에 또 똑같은 회의를 하는 것이었다. 그래서 녹색당을 그만두었다. 그는 언젠가 구체적으로 뭔가가 일어나기를 바란다. 그래서 '유토피아'라는 말 앞에 '구체적'이라는 말을 붙이는 것을 좋아한다. '유토피아'는 추상적인 아이디어와 선언으로 이루어지지는 않는다는 게 그의 신념이다. 그는 녹색당의 이념과 정책을 지지한다. 그러나 이 지역에서 보면 꼭 그렇지는 않다. 사람마다 다르다는 것이다. 인근 콘스탄츠 시의 시장은 녹색당 출신인데 현재 15만 명 인구에 태양열 전지는 겨우 70킬로와트에 불과하다. 그에 비해 보수 정당인 '기독교 민주연합' 출신이 시장인 징엔은 인구는 3천 명뿐인데 태양열 전지로 150킬로와트를 생산하고 있다고 한다. 징엔 시의 시장은 밀러 씨보다 먼저 집에 태양열 전지판을 설치했고 모든 학교 지붕에도 설치하도록 결정했다. 그는 10년 전에 처음 시장이 되었고 2년 전에 재선되었다. 이제 나이 45살인데 기독교 민주연합 중앙집행위원이다. 그는 시대와 역사의 방향을 아는 사람이라는 게 밀러 씨의 생각이다.

 ## 함께 꾸는 꿈은 현실이 된다

밀러 씨는 교사인 부인과 함께 살고 있다. 아이는 없다. 자신의 아들은 솔라 콤플렉스라고 했다가 곧바로 수정했다. 그렇게 되면 솔라 콤플렉스가 개인의 사유물로 전락하기 쉬운데, 솔라 콤플렉스는 이 도시에 사는 모든 사람의 '자식'이며 지역 사회의 '자산'이라고 강조했다. 자식은 자신과 미래를 이어주는 존재인데 그런 관점에서 보면 솔라 콤플렉스 역시 현재와 미래를 이어주는 존재에는 틀림없다.

사실 이 운동은 혼자서 할 수 있는 게 아니다. 우선 태양광 전지판을 만드는 회사, 그것을 설계하고 시공하는 회사, 전기 생산을 모니터하는 전문회사 등이 줄줄이 엮여 있다. 솔라 테크닉(Solartechnik), 서니웨이즈(Sunnyways)—이런 이름의 회사들이 밀러 씨의 사무실 여기저기에 보인다—가 없다면, 이들이 함께 발전해가지 않는다면 태양열 에너지의 미래는 없다. 그리고 솔라 콤플렉스는 바로 이들을 위해서도 일한다. 이들을 위해 재생에너지를 널리 홍보하고 로비 활동을 벌이기도 한다.

뿐만 아니라 아무런 득이 없지만 함께 해주는 기업들도 많다. 밀러 씨가 우리에게 건네준 음료수병에는 음료회사 사장이 무료로 솔라 콤플렉스를 선전해주는 디자인이 크게 붙어 있었다. 이런 식으로 많은 기업들이 파트너로 참여한다. 유명한 독일 환경과 자연보호 연맹(BUND), 나부(NABU)와 같은 환경단체들도 솔라 콤플렉스의 뜻을 회원들에게 널리 알리며 참여를 권유한다. 또한 은행이나 재단들도 참여한다. 전국적인 세계자연재단(Global Nature Fund) 같은 곳도 있고 이 지역에 있는 보덴제 재단(Bodensee Stiftung), 독일 환경지원재단(Deutsche Umwelthilfe) 같은 곳이 바로 그런 곳들이다. 폴크스방크(Volksbank)는 시민들이 어느 정도 모금을 하면 거기에 매칭하여 융자를 해주고, 보험 관련 일은 알리안츠에서 모두 해준다.

여기에 전국적인 명성을 가진 학자들도 함께 해주어 큰 힘이 된다. 하르트무트 그라셀(Hartmut Grassel) 박사는 막스플랑크연구소의 소장이며 기상학자인데 이 단체의 고문이다. 그는 '도원의 결의'에 참여하여 이 모임의 결성을 후원하고 정신적으로 지원했다. 이런 유명한 학자가 이 작은 지방의 한 단체를 위해 닷새 동안이나 시간을 몽땅 낸다는 것을 상상할 수 있겠는가.

물론 밀러 씨는 시민기업 솔라 콤플렉스가 생긴 첫해는 월급을 한푼도 받지 못했다. 2년차에는 매달 800유로를, 3년차에는 1,400유로를 받았다. 지금은 월 3천 유로 정도를 받고 있으며, 고생한 대가로 2만 5천 유로 상당의 주식도 받았다. 물론 솔라 콤플렉스의 기업 가치가 아직은 별로이지만 그는 개의치 않는다. 밀러 씨는 사회연금은 받지만 일년에 겨우 몇 천 유로밖에 안 된다. 그러나 여러 태양열 전지사업에 투자하고 있기 때문에 거기서 수익이 나올 것을 믿는다. 더구나 스마트(smart)라고 하는 2인승 차를 몰고 다니고 태양열과 파시브(passive) 난방9이 되는 집에서 검소하게 생활하고 있다. 그는 석기시대로 돌아갈 수는 없지만 조금씩 노력하면 사회를 바꿀 수 있다고 믿는다.

9 햇빛을 잘 받으면서도 열이 나가지 않도록 특별히 설계된 주택을 말한다. 이런 주택에서는 난방을 따로 하지 않아도 된다고 한다.

그의 눈은 이렇게 언제나 미래를 향해 열려 있다. 아주 오래전에 문 닫은 동네의 작은 수력발전소도 재개할 예정이고 10여 명의 농부들과 바이오 가스(Biogas) 프로젝트도 추진하고 있다. 여러 곳에서 강의하지만 그곳 사람들이 그 일을 해야 한다고 생각한다. 자신은 이 동네를 잘 알고 있고 이 동네사람들과 함께 일하는 것이 좋단다. 자신이 어떻게 아무도 모르는 슈투트가르트에 가서 일할 수 있겠냐고 묻는다. 특히 남부 독일은 일조량이 좋기 때문에 태양열 에너지 생산에 지극히 유리하다. 재생에너지 시장은 무한하다고 그는 믿는다. 이렇게 평범한 시민이 비전과 열정을 가지고 일하는 모습이 부럽다.

독일 정치교육의 현장을 가다

독일 남부의 환경기행을 마치고 5월 31일 본으로 왔다. 한국인이 운영하는 민박집에서 짐을 풀었다. 나를 초청해준 프리드리히 에버트 재단은 의외로 내가 머물고 있는 민박집과 가까운 곳에 있었다. 엄청 큰 건물이었다. 그것도 전부 세 동으로 되어 있으니 그 규모를 짐작할 수 있을 것이다. 동남아시아 책임자이며 내 초청의 주관자인 파시 (Pasch) 박사는 아직 출근하지 않은 모양이다. 자료를 읽고 있는데 땀을 삘삘 흘리며 헐레벌떡 뛰어왔다.

책상 위에는 온통 북한에서 간행된 책이나 달력과 여러 물건들이 잔뜩 있길래 뭐냐고 물었다. 바로 2~3주 전에 에버트 재단으로서는 처음 사민당 국회의원 두 사람과 함께 공식적으로 북한을 방문했다고 한다. 북한 노동조합이 국제적으로 인정받을 수 있도록 하겠다는 취지

본에 위치한 프리드리히 에버트 재단 본부 건물의 정문

를 전달했으나 아무런 관심도 없었다고 한다. 도우려 해도 도울 길이 없다는 것이다. 이번 방문을 통해 오히려 북한에 대해 큰 실망을 하고 돌아왔다고 한다. 묘향산에 있는 친선박물관에 갔는데 거기 있는 김일성 동상에 경배를 요청하더라는 것이다. 물론 자신은 하지 않았다. 그러나 수백 명의 북한인들이 보는 앞에서 그런 행동이 어떻게 이해될 것

인가를 생각했다. 북한 언론은 독일 집권당인 사민당 의원들이 와서 자신의 체제를 지지하고 찬사를 보낸 것으로 대대적으로 보도했다. 완전히 이용해 먹었다고 불쾌감을 감추지 않았다.

과거 우리나라의 일부 학자들이 독일식 정치교육체제를 도입하려는 시도한 적이 있다. 잘 알려진 것 같이 독일은 정당별로 큰 재단을 가지고 있고 여기서 정치교육을 전문적으로 수행한다. 2003년도 예산을 보았더니 총수입이 1억 유로에 달한다. 대부분 정부 지원금이고 프로그램에 따라 기업의 협찬도 있고 회원제도도 있다. 국내 활동은 대부분 정부 지원에 의해 이루어지고 국제 지원활동은 프로젝트 차원에서 이루어지고 있는데 14퍼센트의 행정경비를 인정해 준다고 한다.

그런데 이러한 제도를 우리나라에도 도입하려는 시도에 대해 시민단체들은 반대했다. 국가 이데올로기의 주입 통로가 되지 않을까 하는 우려에서였다. 그러나 이번 여행을 통해 나는 생각을 바꾸었다. 독일이 가장 극악한 나치 시대를 경험하였지만 지금은 어느 나라 못지않게 민주주의 사회를 이루고 그 근간에 건강한 시민의식이 자리하고 있는 것을 보면 이러한 정치교육이 우리에게도 필요한 것이 아닌가 생각되었기 때문이다. 이 재단 안에 정치교육원이 따로 있어 교육의 내용을 살펴보았다.

1. 국제정치 포럼
- 국제적 협력 - 국제사회와 안보의 정치
- 유럽 -민주화와 유럽연합의 확대
- 새로운 세계질서 아래에서의 유럽과 미국
- 세계화 - 발전의 정치학

2. 정치이념, 사회와 민주주의의 문화

- 사회민주주의의 미래
- 기본적 인권. 기본적 가치 그리고 민주주의 사회
- 종교와 문화의 대화
- 안보와 자유
- 극단주의
- 여성정치 -젠더와 정치

3. 경제와 사회정치

- 세계화와 노동의 변화
- 이민자와 사회통합
- 지속가능한 경제 그리고 복지

프리드리히 에버트 재단이 제공하는 시민정치교육 강좌 안내 책자

이런 내용의 세미나가 수시로 벌어지고 언론아카데미, 지역사회 아카데미, 시민참여아카데미, 경영·정치아카데미 등 보다 전문적인 강좌와 세미나를 열어 시민, 언론인, 지방정부 관리, 시의회 의원, 기업인의 민주주의적 역량강화와 의식의 변화를 유도한다. 이틀짜리 일주 일짜리 강의나 훈련프로그램도 많다. 그런데 대부분 유료 강좌다. 2박3 일짜리가 대체로 50유로가 넘는다. 그냥 공짜로 오라고 해도 잘 안 모일 텐데 이렇게 큰 돈까지 받아가면서 강의를 하다니! 그러나 이러한 강좌와 훈련에 강제는 없다. 모두가 자발적이다.

또 한 가지 놀라운 것은 이 강좌 프로그램에서 자신들의 현대사 를 솔직히 다루고 있다는 점이다. 파시 박사는 그것이 바로 독일인이라 는 아이덴티티의 일부를 구성하고 있기 때문이라고 한다. 현대사 부분 의 강의 제목을 눈여겨보았다.

- 현대사에 있어서의 개인과 정치
- 나치와 저항
- DDR(동독)은 어떠한 나라였나
- 나치와 극단주의
- '1968년의 신화' —좌파란 무엇인가
- 나치 생존자들 없이 어떻게 나치를 기억할 것인가
- 콘라드 아데나워와 빌리 브란트—1945년 이후의 독일
- 냉전과 그것이 남긴 것
- 대결—역사에 대한 교육학적 접근과 홀로코스트의 기억
- 20세기의 정치적 음모
- 15년 후—베를린 장벽 붕괴 후 동독 지역에서의 개혁

자신의 가장 아픈 부분을, 그것도 큰 돈을 들여가며(100유로가 넘는 강좌도 있다) 강의를 듣고 토론에 참여하는 시민정신이 정말 부럽다. 파시 박사의 말대로 제2차 세계대전이 끝난 뒤 젊은이들은 자신의 역사에서 무엇이 일어났는지 잘 모른다. 그러나 그것을 정확히 알아야 다시는 그런 잘못이 반복되지 않는다.

에버트 재단은 독일의 풍광 좋은 몇몇 곳에 시설 좋은 연수원을 만들어 시민들에게 교육과 훈련을 제공하고 있다. 다행히 열린우리당과 민주노동당에서 관심이 많다고 한다. 한나라당도 아데나워 재단에 자료를 요청하였다고 한다. 우리 현실에 맞고 공정하게 운영될 수 있는 정치교육제도를 만들어볼 때가 되었다.

지역에서 대안무역을 꾸리는 사람

이번에는 대안무역을 하는 조그마한 가게를 찾았다. 이름이 '세계 가게(Welt Laden)'이다. 안으로 들어서니까 밖에서 보는 것보다는 훨씬 많은 물건들이 체계적으로 잘 분류되어 전시되어 있다. 악기, 의류, 목공예품, 종이, 장난감, 식품 등이다. 한쪽 구석에는 유전자조작식품반대 서명대가 있고 유기농 식품, 대안무역 소개 팸플릿, 각종 행사 소식들이 모여 있다.

마틴 클룹치(Martin Klupsch), 엘머 슐체 메싱 (Elmer Schulze Messing), 이 두 청년과 한 여성이 이 가게를 처음 창업하고 꾸려 간다고 한다. 가톨릭교회에서 세 사람이 함께 일하면서 친해져서 대안무역을 해보자고 뜻을 모아 창업하게 되었다고 한다. 그런데 막

본에서 대안무역 가게를 꾸리는 두 친구 클룹치와 메싱

상 돈이 없어 주변의 지인들에게서 빌려서 시작했는데 이자 갚고 자신들의 월급을 받고, 그럭저럭 채산을 맞추고 있는 상태란다. 2003년 한 해 약 85만 유로의 매상을 올렸다. 1991년 문을 열었으니까 13년째가 되고 그만큼 잘 알려져 손님이 계속 늘고 있다고 한다. 1명의 풀타임 직원, 2명의 파트타임 직원, 몇 명의 자원활동가와 함께 꾸려가고 있다.

자기들은 월급(2천 유로)만 받고 수익은 사회복지단체들에게 기부한다. 그러고 보면 비영리단체인 셈이다.

이곳은 소매점 역할뿐만 아니라 본 · 쾰른 · 코블렌츠의 일부까지 관할하는 총판 역할도 한다. 게파(GEPPA), 엘 푸엔테(EL PUENTE) 등 큰 대안무역기관에서 물건을 대량으로 사와서 이 일대의 작은 가게, 슈퍼마켓, 식품점 등에 배포하는 것이다. 이 가게 뒤편에 제법 큰 창고가 있다. 가게인지 창고인지 구분이 안 될 정도로 잘 정돈되어 있다. 게파, 엘 푸엔테 같은 곳과는 총판계약을 맺고 있는데 안 팔린다고 반품되지 않는다고 한다. 따라서 한꺼번에 많이 사 두기보다는 일주일에 한두 번씩만 주문한다.

물건만 파는 것이 아니라 좋은 뜻을 함께 나누는 것이 이들의 또 다른 목적이라고 설명한다. 이곳에서 다양한 정치적 캠페인과 정보를 함께 나누고 있다는 것이다. 서울의 아름다운가게보다 활력은 떨어졌지만 그래도 독일의 대안무역은 이미 전국 방방곡곡에 이런 청년들에 의해 보편화되고 있는 것 같다. 특히 남미에서 수입한 원두를 가지고 자체 제조한 '본 커피(Bonn Cafe)'는 공정무역의 대의를 독일 국민의 생활 깊숙이 심고 있다. 이 커피는 사람들에게 호소한다. "한 봉지 사시면 당신은 단지 좋은 품질의 커피를 사는 것이 아니다. 당신은 환경과 사회정의를 위해 투자하는 것이다. 생활 속에서 이루어지는 대안무역, 대안상품의 사용이야말로 아름다운 세상을 향한 지름길이다."

세상을 뒤덮는 그물 - 독일의 협동조합운동

독일의 협동조합에 대해서 아무것도 몰랐던 나를 잡고 이 조직의 국제팀장인 암부스터 씨가 후덕한 얼굴로 설명을 시작했다. 설명을 들을수록 그 방대한 규모에 놀라고 또 놀랐다. 우리가 알고 있는 생협과는 차원이 달랐다. 내가 방문한 곳은 독일의 최대 협동조합조직 DGRV였다. 그 산하에 있는 전국적 조직으로는 다음과 같은 것이 있다.

BVR	독일 폴크스방크와 라이프아이젠방크(Raiffeisenbank)가 소속되어 있다. 이 두 은행에서 17만 1천 명이 종업원으로 일하고 있고 고객은 3천만 명이다. 점포수가 1만 7천 개이고 수신고는 총 4,230억 유로에 달한다.
DRV	독일 라이프아이젠 연합이다. 독일의 협동조합의 선구자라고 할 라이프아이젠의 이름을 따 만든 이 협동조합에는 독일의 거의 모든 농부, 원예업자, 와인 제조업자가 가입하고 있다고 보아도 과언이 아니다. 공동구매협동조합, 판매협동조합, 낙농협동조합, 포도재배협동조합, 과일·야채·원예농협, 정육협동조합 등으로 구성되어 있다. 총 3,632개의 협동조합이 있으며 거래물량은 398억 6천만 유로에 달한다.
ZGV	중소 상공업 및 서비스업 협동조합들의 연합이다. 식품 및 소매점협동조합이 포함되어 있다. 그 외에도 구두업자, 도축업자, 미장공, 택시기사, 방직업자, 목수, 화원운영업자 등이 직역별로 협동조합을 구성하고 공동구매와 공동판매를 실행하고 있다. 이런 협동조합이 1,050개 있고 총 거래량은 890억 유로이다.

이렇게 BVR, DRV, ZGV 등 세 전국조직이 다시 DGRV를 구성한다. DGRV의 중요한 기능은 회계감사 기능이다. 원래 처음 협동조합이

독일에 생겨날 때만 해도 이런 기능은 없었다. 그러다보니 사고도 빈발했다. 외부적 통제가 없었던 것이다. 최고의 중앙조직인 DGRV는 산하조직에 대한 감사를 그 존재근거로 한다. 이러한 견제감시 기능과 더불어 고객보호원칙이 있다. 은행협동조합에만 적용되는 이 원칙은 고객의 예금을 보호하기 위한 것이다. 이것 때문에 1932년 이래 아직 한 번도 부도난 적이 없으며 공공기관의 경우와 다를 바가 없다고 한다. 독일의 협동조합법은 조합의 조직적인 근거를 마련해줄 뿐이고 업무상의 감독은 개별법에 따른다. 예를 들어 은행협동조합은 이 법에 따라 만들어지지만 별도의 은행법에 따른 업무처리와 감독을 받아야 한다.

조합원들은 서로 업무에서 경쟁관계일 경우도 많지만 구매와 판매에서 서로 이익을 얻는다. 작은 기업들이나 자영업자들은 상호 결합에 의해 경비를 줄이고 경쟁력을 강화함으로써 서로 이익을 본다. 이러한 상황을 가장 잘 설명하는 말이 예일대학 경영학 교수인 나벨부프(Nalebuff)가 사용한 Coopetition(Cooperaton+Competition의 합성어)이라고 암부스터 씨는 설명한다. 그야말로 협동조합의 원리인 것이다. 독일은 중소기업이 강하다고 하는데 그 근저에 이런 협동조합의 힘이 자리하고 있는 게 아닌가 싶다.

지역조합에서 대표를 뽑고 이들이 주 대표, 더 나아가 전국 대표를 뽑는다. 모든 의사결정은 협동조합의 원칙 그대로 민주적이다. 아래에서부터 결정하고 상의하달은 없다. DGRV는 회계감사 기능과 국제업무, 세금관계 외에는 하는 일이 없다. 각 조직에서 스스로 결정하는 것이다.

동독 지역의 경우 과거 협동조합은 강제적·국가적 조직이어서 자율적인 새로운 조직에 적응하기가 어렵다고 한다. 그래도 이미 800개의 농업협동조합이 생겨났다. 통일될 때 사람들은 통독은 두 회사를 합병하는 정도이며 그래서 5년 이내에 완전히 통합될 것으로 생각했다. 그러나 오산이었던 것이 금방 밝혀졌다. 대체로 남부 지역의 조합은 적고 북부 지역의 조합은 크다. 지금은 경제가 어려운 상태이다. 그렇지만 경제위기의 희생자는 중소 상공인. 자영업자이고 큰 기업은 오히려 이 기회에 확대를 꾀한다. 아무래도 새로운 기술 도입이 쉽고 국제적인 활동에도 강하기 때문이다.

독일의 협동조합은 19세기에 당시 작은 도시의 시장이었던 라이프아이젠과 치안판사였던 헤르만 슐츠(Hermann Schulz)의 아이디어에 의해 시작되었다. 두 사람은 농부와 장인 스스로 협동조합을 구성하고 결정하도록 독려했다. 아마 그들이 처음 협동조합 운동을 시작할 때 오늘과 같은 결과를 예상하지 못했을 것이다. 그러나 작은 씨앗을 하나 심으면 그것이 건강한 씨앗이라면 썩지 않고 자라서 무성한 나무가 되는 법이다.

 ## 제3세계 지원단체는 다 모여라

5월 3일 오전 11시. 쾨니히 박물관(Konig Museum) 역에서 얼마 떨어져 있지 않은 곳에 특별한 건물이 하나 있다. 제3세계 지원단체들이 주로 모여 있는 곳이다.[10] 원래는 시청 소유의 건물이었는데 이런 단체들에게 매우 싼 임대료만 받고 빌려주고 있다고 한다. 본 시는 베를린으로 수도가 옮겨간 뒤 국제도시로서 위상을 세우기 위해 유엔을 비롯한 국제기구의 유치에 열을 올리고 있다.

10 베르노(VENRO), 저먼 워치(German Watch) 외에도 Eine Welt(하나의 세계), ActionCourage(차별반대단체), Ibero-Club(토론클럽), Latin American Center, Stiftung fur Zunkuntsfahigkeit(지속가능한미래를 위한 재단) 등의 단체가 세 들어 있다.

이러한 시민단체들이 본을 국제도시로 만드는데 큰 기여를 하고 있으니 누이 좋고 매부 좋은 일이 아닌가.

2001년 베르너-슈스터-페이히하이트(Werner-Shuster-Fahigheit)라는 사민당 출신의 국회의원이 사망했다. 그는 아프리카에서 태어났고, 특히 12년의 국회의원 임기 동안에 제3세계 지원에 많은 관심을 쏟았으며 개발 관련 NGO들의 활동에도 깊이 관여하였다. 이런 이유로 NGO들은 이 건물에 그의 이름을 붙일 것을 권고하였고 시 정부도 기꺼이 받아들여 이 집은 베르너-슈스터-페이히하이트 하우스라고 불린다. 우리도 이렇게 NGO들이 그 이름을 붙여주고 싶은 정치인이 나왔으면 좋겠다.

이 건물에서 만난 사람들을 소개해보겠다.

독일의 대표적 반세계화 단체 ‘German Watch’ 상근자 브리지타 헤르만 박사

브리지타 헤르만(Brigitta Hermann) 나를 맞은 브리지타는 대학에서 경제학을 전공하고 처음에는 가톨릭 정의평화위원회에서 식품 문제와 세계화 문제를 다루었다. 그러다가 지금 저먼 워치(German Watch)로 옮겨 공정무역 분야의 일을 하고 있다. 저먼 워치는 기후변화 문제를 다루는 부서와 무역 문제를 다루는 부서가 있다. 브리지타는 후자 중에서 주로 농업 문제에 집중하고 있다.

독일은 물론이고 미국이나 유럽에서 문제가 되는 것은 자국의 농민에게 집중적인 보조금을 지급함으로써 제3세계의 농업을 붕괴시키고 있다는 것이다. 그럼으로써 개발도상국들의 농업을 해치고 공정한 경쟁의 기회를 박탈하고 있는 것이 아닌가 하는 논쟁을 벌이기도 했다.

이러한 문제점에 대해 연구하고 자료집을 내고, 정치인이나 정부인사들 만나 요구조건을 전달하고, 국내외의 국제회의에 참석하여 공동의 대책을 모색한다. 다양한 캠페인을 벌이기도 한다.

"주의. 제3세계의 소작농이 기아로 고통받고 있습니다. 보조금을 받는 EU 농산물이 바로 이들의 시장을 파괴하고 있습니다"라고 씌어 있는 컵 받침을 나누어주고 있는 그녀는 고등학교 시절 경제학을 공부해서 제3세계 지원활동에 헌신할 것을 결심하였고 실제로 대학에서 식품권(right to food)에 대해 공부를 했다고 한다. 조숙했다고 밖에 볼 수 없다. 그는 대학 동창들이 받는 월급의 3분의 1밖에 안되지만 어릴 때의 꿈이 실현되어 기쁘다고 말한다. 돈버는 것보다는 올바른 세상을 위해 일하는 것이 더 가치 있는 것이라고 믿고 있다.

루거 로이케(Ludger Reuke) 루거 로이케 박사는 DED(German Develop-ment Service. 민간기관이지만 정부재정에 전적으로 의존한다)에 근무하다가 정년퇴임한 분이다. 그는 35년간의 개발정책에 종사한 경험과 정부의 주요 인사들과의 교유를 기초로 저먼 워치의 일을 돕는다. 그는 저먼 워치의 창립 회원이기도 하다. 이 단체는 리우환경회의 이전인 1991년에 창립되었다. 자신은 현재 독

정부기관에서 정년 퇴임한 후 'German Watch'에서 상징적으로 1유로만 받고 일하는 자원활동가 루거 로이케씨
그의 책상 위에는 복잡한 통계자료들이 놓여 있다.

일 정부가 내놓은 해외원조자금(ODA)을 누가, 어디에, 어떻게 쓰는지를 꼼꼼하게 추적해서 분석하는 일을 맡고 있다. 이 분의 컴퓨터 앞의 종이에는 항목별로 숫자들이 채워지고 있다. 이 감시 결과는 나중에 자

료로 묶여져 연방의회 선거 직전에 배포된다. 일반시민들에 대한 홍보
와 더불어 새로운 정부와 국회의원들이 취해야 할 조치가 무엇인지 알
려주기 위해서다.

　그는 독일의 제3세계 지원에 대해 통렬히 비판한다. 2003년의 지
원 금액은 53조 590억 달러로 세계 3위를 차지했지만 1인당 국민소득으
로 따져보면 0.27퍼센트로서 14번째가 된다는 것이다. 여전히 적다는
이야기다. 이런 식으로 여러 측면에서의 분석이 바로 이 분에 의해 이
루어진다. 자원활동가로서 일하는데 상징적으로 1유로를 받는다고 한
다. 그래서 자신은 '1유로 맨(man)' 이라고 부른다. 자신은 연금을 충분
히 받고 있고 과거의 사람들과 계속 관계를 맺으며 특히 젊은이를 만나
신선한 아이디어를 공급받을 수 있으니 그보다 더 좋은 일이 어디 있는
가라고 되묻는다.

　VENRO는 제3세계 지원과 세계화 관련 활동(그들은 development
관련 단체라고 한다)을 전문으로 하는 단체들의 전국적 연합 조직이다.
현재는 103개 단체가 가입해 있다. 이 단체는 다시 유럽 전체의 관련 단
체들을 모아 CONCORD를 조직하였다. 25개 국가가 참여하고 있다고
한다. ATTAC은 조직 자체가 자발적인 개인들의 엉성한 조직으로서 독
일 자선법에 따른 조직의 형태를 갖추지 못하고 있고 VENRO에는 참여
하고 있지 않다고 한다. 나를 안내해준 페터 룽에(Peter Runge)는 이 단
체의 부회장을 맡고 있다. 상근자는 6명밖에 되지 않는다. 연합단체로
서 VENRO는 세계화, 빈곤퇴치, 인도적 지원, 경제적 협력 등의 문제와
관련하여 정부 정책에 개입하는 기능과 각 회원 단체들 사이의 업무를
조정하는 기능, 그리고 개별 단체가 할 수 없는 홍보·교육 등의 기능
을 맡고 있다. 특히 VENRO는 2000년 유엔이 주최한 밀레니엄 서미트

(Millenium Summit)와 독일 정부의 프로그램 오브 액션 2015(Program of Action 2015)와 연관하여 독자적으로 '퍼스펙티브 2015(Perspective 2015)' 라는 캠페인을 전개하고 있다. 이것은 빈곤과의 투쟁에서 가장 중요한 것은 시민들의 상황인식이라는 관점에서 마련된 것이다.

기업의 사회적 책임

기업 책임(Corporate Accountability)이라는 이름만 보고 이 단체를 찾았다. 옌스 마텐스(Jens Martens) 씨는 그것은 자신들이 하는 일 중의 하나일 뿐이라고 한다. 그것도 참여연대처럼 소액주주운동을 벌여서 재벌을 개혁하는 수준도 아니고 기업의 투명성이나 노동조합과의 관계, 탈세 등에 대한 정보를 모아 정리하고 자료를 내고 세미나를 하는 정도이다. 물론 뮌헨이나 쾰른에는 직접 주주총회에 참석해서 따지는 단체들이 있다고 한다. 특정 기업을 상대로 하는 이러한 운동을 비판적 주주운동단체라고 부른다. 현재 스위스의 네슬레가 생산하는 분유에 대해서, 그리고 BP가 바쿠에 건설하고 있는 송유관 등에 대해서 반대하는 운동이 벌어지고 있다. 이들은 OECD가 제시하고 있는 기업의 윤리와 책임에 관한 가이드라인을 활용하여 운동한다. 그러나 현재 독일 기업 중에서 크게 스캔들이 있거나 소비자 권익을 침해해서 문제가 된 곳은 없다고 한다. 이 사람이 활동을 덜하고 있거나 독일 기업들이 비교적 도덕적이거나 둘 중에 하나이리라.

옌스 마텐스 씨가 사실상 책임자로 있는 WEED(World Economy, Ecology & Development)라는 단체는, 국제경제적 이슈를 중심으로 세계은행의 개혁과 무역 문제 등을 다룬다. 세계은행이 매년 내는 보고서에 대비하여 반박 보고서를 내기도 한다. 이를 새도 리포트(shadow report)라고 부르는 것이 재미있다. 또 하나 재미있는 것은 WEED도 회원단체로 들어가 있는 소시얼 워치(Social Watch)가 매년 발행하는 『소시얼 워치 리포트Social Watch Report』이다. 일반적으로 많은 국제 NGO들은 서방 국가들이 주도해서 만들어진 것임에 비해 이 소시얼 워치는 남미의 사회단체가 주도하고 서방 국가의 NGO가 지원하는 수준이어서 의미가 깊다는 것이다. 본부는 우루과이에 있고 전 세계 400여 개의 사회단체들이 망라되어 있다. 2003년에 발행된 『소시얼 워치 리포트』에는 사회발전의 여러 지표들을 분석하여 도표로 제시하고 있을 뿐만 아니라 민영화의 문제를 빈곤계층과 여성의 관점에서 다루는 등 수준 높은 논문들이 포함되어 있다.

WEED는 300여 명의 회원이 내는 회비와 정부나 EU로부터 받는 프로젝트가 수입원이다. 옌스 마텐스 씨는 명목상 정기적으로 월급을 받지만 실제는 어렵다. 부인이 유네스코에 근무하고 있기 때문에 이 일을 계속할 수 있다고 한다. 지금의 사무실을 몇몇 단체와 공유하고 있어, 사실상 방 하나만이 WEED의 몫이다. 그 안에 옌스 마텐스 씨와 인턴의 책상이 놓여 있다. 20~30명이 인턴을 지망하지만 한 명밖에 채용하지 못한다고 한다.

 노드라인-베스트팔렌 주의 환경산업

지난 며칠 동안 본에서 열린 세계에너지재생회의에 참석했다. 재생에너지는 21세기의 화두이다. 지구촌의 여러 나라 관료와 환경단체들이 모여들어 열기를 뿜어낸 이 며칠의 회의에서 그것을 확인할 수 있었다. 6월 5일 토요일, 재생에너지 회의는 끝났건만 이 회의를 주최한 노드라인-베스트팔렌 주는 여러 가지 행사를 준비하고 있었다. 그중 하나로 노드라인-베스트팔렌 주에서 진행되고 있는 다양한 친환경적 산업과 실험들을 둘러볼 수 있도록 시찰 프로그램을 제공했다. 어차피 토요일은 휴일이니까 나도 그중의 하나를 선택하여 참여하기로 하였다. 바이오매스(Biomass. 우리말로 번역하기가 어렵다고 전문가들이 말한다. 곡물, 낙엽, 쓰레기 등 온갖 자원으로부터 나오는 에너지라는 의미다) 쪽을 선택하였다. 오늘 하루 종일 방문한 곳은 네 군데였다.

우선 쾰른 막스플랑크 연구소의 기름생산 실험실을 방문했다. 막스플랑크 연구소의 쟁쟁한 이름 때문에 무슨 큰 시설을 연상하고 갔는데 막상 가보니 큰 헛간 같은 곳이었다. 하기는 막스플랑크 연구소는 산하에 80개의 기초과학연구소와 연구시설이 있다고 하니 어마어마한 연구기관이다. 이 시설은 식물배양 연구소의 한 작은 실험실에 불과한 곳이다. 유자 씨에서 만든 유자 기름이 실제 자동차에 쉽게 사용될 수 있도록 하는 전 과정을 보여주고 있다. 일반 휘발유와는 달리 친환경적이지만 휘발유만큼 편리하게 사용되려면 적지 않은 기술적 문제가 있는데 이를 해결하기 위한 연구를 계속하고 있다. 이 실험실에서는 한 시간에 15킬로그램의 유자 기름을 생산하여 실험에 필요한 양을 제외하고는 시판한다.

그리고 찾아간 곳은 도어스텐(Dorsten) 지역에 있는 바이오가스 공장이었다. 후버트 로익(Hubert Loick)이라는 농민이 7년 전에 만든 공장이다. 바이오가스와 연간 200만 킬로와트의 전기를 생산한다. 음식쓰레기와 옥수수를 재료로 쓰며, 부산물로 장난감과 포장재 등을 생산한다. 관리하는 사람이 한 명뿐이다. 모두 자동화되어 있고 컴퓨터화되어 있다. 집에서도 인터넷만 켜면 모든 상황을 점검할 수 있고 큰 문제가 있으면 휴대폰으로 연락이 오게 되어 있다. 이러한 공장을 만드는 아이디어 단계에서부터 시공과정, 작동과 사후관리까지 전문적으로 처리해주는 회사가 있다. 이런 유능한 회사 때문에 좋은 아이디어만 있으면 생산까지 해낼 수 있다.

다텔른(Datteln) 지역에 있는 하우스 포겔장(Haus Vogelsang) 회사의 바이오디젤을 구경했다. 이 회사는 아무 쓸모없는 나무 조각과 나무 쓰레기들을 태워 열과 215킬로와트의 전기를 얻어 900평방미터의 사무실 공간과 100명의 직원들에게 따뜻한 물과 난방을 제공한다. 뿐만 아니라 조경 · 삼림 · 환경 컨설팅을 하고 있는 이 회사의 자동차 · 트랙터 등 130대에 모두 바이오디젤만 쓰게 하고 있다.

헤르텐(Herten) 지역에 있는 블루 타워(Blue Tower)는 산업 폐기물들을 태워 단계별 공정을 거쳐 바로 전기와 열을 생산하는 시설이다. 그러나 실험용 타워일 뿐 실제 생산되고 있지는 않아 좀 싱거웠다. 이 지역은 원래 석탄이 많이 생산되는 곳인데 이제 다 철수했다고 한다. 그런데 저 멀리 산에는 아직 석탄이 그대로 쌓여 있다. 한때 성시를 이루었던 이곳에서 다시 재생에너지 생산의 맥박이 들리고 있다.

제3장
빙켈만 목사님과의 하루

구 동독지역으로의 긴 여행

6월 7일 오전 11시 30분 베를린을 떠나 동독 지역으로 여행을 갔다. 라이프치히 부근인 할레(Halle)까지 가는 데만 IC(ICE보다는 한 등급 아래인 열차)로 두 시간이 걸렸다. 거기에서 다시 튀빙겐 쪽으로 방향을 틀어 레지오 익스프레스(Regio Express. IC보다 한 등급 아래인 열차)로 또 두 시간, 드디어 목적지인 라인펠트(Leinfeld) 역에 도착했다. 자그마한 시골 역이었다. 중간에 기다리는 시간까지 치면 다섯 시간이 더 걸렸다. 과거 서독 지역이었지만 거리가 훨씬 먼 프랑크푸르트나 본까지 가는 것보다 오히려 시간은 더 걸렸다.

언뜻 보면 열차를 타고 스쳐 지나갔던 자연 풍광은 서독 지역과 다르지 않다. 울창한 숲과 푸른 들판, 그리고 이어지는 단독주택들. 그러나 자세히 보면 분명히 다르다. 무엇보다 동독 지역은 아직 경제회복이 덜 된 게 분명하다. 중간에 들린 할레의 중앙교차로는 대규모 공사 중이었다. 새롭게 꾸민 역 안의 식당을 이용하지 않으면 먹을 곳도 없다. 기다리는 시간 동안 시내 구경도 하고 밥도 먹을 곳을 찾다가 그냥 포기하고 역사로 되돌아오고 말았다.

공사는 활발하게 진행 중이었지만 어딘가에 서독 지역의 잘 정비된 도시와는 달랐다. 서지도 않고 지나가는 작은 역사(驛舍)들은 과거의 때가 그대로 묻어나 허름하기 짝이 없다. 그래서 오히려 우리 시골역의 향수가 남아 있어 좋다. 곳곳에는 거의 무너져가는 건물들이 방치되어 있기도 하다. 그 어딘가에서 옛날 동독의 공안요원이 검문하러 나올 것 같은 느낌이다. 새롭게 단장한 건물들마저 주변의 것과 그리 어울리지 않아 어색하다. 역에서 우리를 기다리고 있는 분은 베른트 빙켈만(Bernd Winkelmann) 목사다. 그의 이력을 잠깐 살펴보자.(⬇)

우리를 안내한 것은 그의 고물차였다. 그래도 쏜살같이 달려 작은 읍내를 벗어나 20여 분 만에 너무도 한적한 농가주택으로 데리고 갔다. 뒤에는 작은 숲이, 앞에는 널따란 밭들이 보였다. 큰 집을 다 살 수 없어 쪼개서 반만 사서 직접 고쳤다고 한다. 아들과 함께 거의 무너지다시피 한 집을 고치는 장면을 담은 사진을 우리에게 보여주었다. 뒤의 정원에는 온갖 꽃과 나무들이 흐드러지게 피어 있다.

베른트 빙켈만 목사의 이력
✚ 1942년 생
✚ 방송엔지니어로 활동
✚ 1962~1967년 할레에서 신학 공부
✚ 동독 지역인 에르푸르트(Erfurt), 빈트진게로드(Wintzingerode) 등의 교회에서 담임목사
✚ 1981년 생태주의와 삶의 양식을 위한 교회운동 기독교단체인 비스코포트(Bischofrod)의 창립에 참여
✚ 1989년 베지르크 슐(Bezirk Suhl)에서 신포럼 공동 창립
✚ 1993년 '정의, 평화, 창조성을 위한 이니셔티브' 진행자
✚ 1991년 이래 부르크 보덴스타인(Burg Bodenstein) '기독교 가족과 만남의 장소' 책임자

허브와 약초들을 많이 심어 직접 재배하고 따서 차로 다려 마신다고 한다. 낙원이 따로 없다. 구 동독지역의 이렇게 버려진 집 하나 주워서 살고 싶다는 생각이 저절로 든다. 잠깐 정원을 구경하고 곧바로 바깥의 의자에 차를 한잔 놓고 이야기꽃을 피우기 시작했다.

독재치하의 동독지역에서 민주화 평화운동을 벌였던 베른트 빙켈만 목사 부부

그것과 더불어 이 땅의 피조물이
새롭게 되도록

역시 독일 사람들은 정확한 것을 좋아한다. 내가 무엇을 듣고 싶은지 물어보더니 일단 일 나간 부인이 돌아오는 여덟 시까지 이야기하자고 한다. 그 이후에는 자신이 차로 역에 나가 부인을 데려와야 하고, 저녁을 준비해서 저녁을 먹고 난 뒤 이야기를 계속하자고 한다. 이야기를 꺼내다 말고 책을 한 권 가지고 온다. 자신이 쓴 책이라고 한다. 제목이 성경 구절의 하나인 '그것과 더불어 이 땅의 창조물이 새롭게 되도록(Damit neu werde die Gestalt dieser Erde)' 이라고 붙어 있다. 부제는 '현대사 속에서의 정치적 영성' 이다. '정치' 와 '영성' - 별로 어울리지 않는 두 단어를 연결한 이유를 잘 모르겠다. 더군다나 그 황량한 지성의 동독 시절을 보낸 분이 이런 것을 생각했다니!

자신은 학문적이고 논리적인 글보다는 동독의 경험에 기초하여 독일인 자신들의 미래지향의 목표가 무엇인지 실존적 고민의 과정을 글로 써보고 싶었다고 했다. 이 책 속의 키워드는 생태주의와 정치라는 어쩌면 모두에게 생소한 단어들을 의사소통의 방법, 명상, 자연치료 등과 연결해서 어떻게 우리 생활 속에서 실현할 수 있는지 그 윤곽을 그려내고자 한 것이다. 나는 그의 이야기를 들으면서 동독의 어려운 시절을 겪어온 한 지성인의 고뇌와 투쟁, 통일의 급박한 과정 속에서 바람직한 통일의 모습을 그려보고자 한 노력, 불완전한 통일에 대한 성찰과 새로운 통일독일 그리고 미래사회에 대한 그의 끝없는 탐구와 실천에 점점 더 빠져 들게 되었다.

독일 통일을 이룬 풀뿌리 운동들

우리는 흔히 독일 통일은 냉전이 무너지면서 어느 날 갑자기 이루어진 하나의 역사적 사건으로만 기억한다. 그러나 빙켈만 목사님의 이야기를 들으면서 그 속에서 얼마나 많은 사람들의 고뇌와 노력이 함께 했는지를 알게 되었다. 마치 일제로부터의 해방이 미군과 소련군의 진주에 의해서 갑자기 어느 날 아침에 온 것이 아니라 당시 우리 선조들의 국내외에 걸친 풍찬노숙의 투쟁이 직간접적으로 뒷받침되어 있었던 것이나 마찬가지로. 이분의 자세한 설명으로 나는 독일 통일에 대한 내재적 관점을 가지게 되었다.

1970년대 동독 교회는 중대한 결단을 했다. 동독 사회주의를 인정하면서 한편으로는 인간적이고 민주적인 사회를 주장하였다. 전제적 정부인 동독이었지만 사회안정 때문에 교회의 도움이 필요했다. 그는 이러한 정치 정세 속에서 1970년대 초반의 서독의 활발한 환경운동의 영향을 받게 된다. 자신은 서독에 있는 친구 목사들의 도움으로 많은 자료들을 수집했다고 한다. 게하르트 브라인덴스테이너(Gehard Breidensteiner) 목사 같은 사람은 한국도 다녀온 사람이어서 한국 상황도 이해할 수 있었다. 그는 환경문제가 결정적인 것이라고 생각했다. 인간이 자연을 파괴한다면 자본주의도 사회주의도 공멸할 것이기 때문이다.

동독은 이 주제마저 금기시했고 토의할 데가 없는 젊은이들이 교회로 왔다. 교회 내에서는 세미나나 강연을 통해 이 문제를 다루기 시작했고, 젊은이들은 자유로운 교회공간을 활용하기 시작했다. 대체로 당시 50퍼센트는 신자였지만 나머지는 일반인들이었다. 1981년 그는 남부 튀링겐 지방인 비스코포트 쪽으로 이사를 했고 여기서 교회 중심으로 환경과 삶의 양식을 결합시키는 방법을 고민했다. 담임목사로서 두세 가족과 생활공동체를 만들기도 했다. 1984년 주교회의에서 이러한 환경운동을 동독 교회의 중요한 교회운동으로 받아들이면서 서독 환경운동과 연결되어 위험하다는 생각을 불식시키는 데 성공했다. 1984년 6월 '환경일요일'(Umwelt Sonntag)이라는 행사를 개최해서 시장을 포함하여 500여 명이 참석했다. 그러나 당국은 여전히 불온하게 보고 있었고 도보나 자전거로 참여하는 시민들에게 불참을 권고하기도 했다.

이러한 환경그룹과 더불어 1970년대 말에서 1980년대 초반에 이르기까지 평화운동과 사회정의운동도 함께 싹트기 시작했다. 동독에서는 이미 사회의 군사화가 곳곳에서 이루어졌고 서독에서는 1981년 원자력발전문제가 크게 사회적 쟁점으로 부각되었다. 서독에서 문제가 되었던 여성주의, 제3세계지원 문제 등이 고스란히 몇 년 후에는 동독에서도 이슈화되어 새로운 사회정의를 고민하는 그룹도 생겨났다. 이렇게 서독에서 어떤 문제가 제기되면 2~3년 후에는 동독에서도 자연스럽게 따라가게 되었다고 한다. 이것은 그만큼 동서독의 교류가 빈번했고 양 독일 간의 관계가 유연했기 때문일 것이다. 북한사회의 시민사회 불모성이나 경직성을 따지기 위해서는 남한 쪽의 경직성도 함께 문제삼지 않을 수 없는 이유가 여기에 있다.

 구체적 평화

환경, 평화, 사회정의. 이 세 가지 흐름과 그룹이 1981년에는 비공식적인 네트워크를 탄생시킨다. 구체적 평화(Frieden Konkret)가 바로 그것이다. 1년에 한 번 100여 명의 대표단이 모여 회의를 하고 다음 회의를 위해 10명의 준비위원을 선출하였는데, 이들이 사실상 대표로 활동하였다. 동독 정부는 이것도 위험요소로 간주하여 나중에 공개된 동독의 비밀경찰 슈타지의 문서를 보면 저항반대세력으로 보고 없애버리라고 씌어 있다고 한다. 교회 행사라고 주장하기 위하여 이들의 행사에는 주교를 참석시키려고 노력하였다.

그러나 1984년 6월에는 경찰의 개입이 일어나 국가와의 갈등이 증폭되었다. 그때 '환경적 사회적 위기를 어떻게 극복할 것인가' 라는 성명서를 발표하였고 그해 8월에는 일부 교회를 폐쇄하고 체포를 시작하였다. 주교단에서 함께한 일이라고 우겨 자신을 포함하여 낳은 복사들의 체포는 면하였으나 그룹에서 활동했던 사람들의 직장으로 슈타지가 찾아와 활동중지를 요청하는 일이 빈번했다. 그러나 사태의 중요한 진전에 고르바초프의 페레스토이카가 작용하기 시작했다. 1984년 이미 그의 책이 출간되었고 1987년에는 동독에도 출간되었다. 호네커는 처음 멋도 모르고 출간하였다가 바로 압수하는 등 우왕좌왕하는 모습을 보이기도 했다.

1987년 고르바초프가 동독을 방문하였고 많은 동독의 지식인들이 동독에도 페레스토로이카가 필요하다고 주장하는 계기가 되었다. 서독에서 고르바초프의 책이 들어와 읽혔고 심지어 국가요원들조차 호기심을 표시하기도 했다. 그러나 동독 정부는 대내적으로는 억압정책을 강화했다. 1989년 2월 '구체적 평화' 조직은 두 가지를 결의했다. 하나는 시민불복종이고 두 번째는 그해 지자체 선거의 부정선거 감시운동을 펼치는 것이었다. 20퍼센트는 조작이었다고 보았다. 이러한 조사

결과를 신문에 발표하기도 했다. 빙켈만 목사님이 있던 교회에서도 어떤 신자가 '환경일요일'에 찾아와 쓰레기처리장 건설에 항의하는 민원을 제기했다. 자신은 관청에 항의공문을 보내고 환경보호 예배를 실시하였다. 그러자 정부는 헬리콥터를 하늘에 띄우고 경찰을 배치하는 등의 과잉반응을 보였다. 그해 8월이 되면서 변혁의 조짐이 더욱 뚜렷해졌고 국민들 사이에는 두 가지 반응이 있었다. 하나는 두려움이었고 또 하나는 뭔가 변화가 분명히 있어야 한다는 것이었다. 이때부터 교회 밖에서도 토론과 모임이 이루어졌고 교회 내에서는 고르바초프 관점에서 국가개혁을 요구하는 토론과 성명이 이어졌다. 서독의 미디어들도 구체적으로 보도하기 시작하였다. 이제 '구체적 평화'는 '구체적 변혁'으로 불타오르기 시작하였다.

 ## 총칼을 이긴 촛불

빙켈만 목사는 여러 지도자들과 함께 신 포럼을 결성하고 1989년 10월 15일 슐 지역에서 첫 번째 집회를 가졌다. 2천 명이 모였는데 사흘 후 집회에는 4천 명이 모였다고 한다. 자신이 살았던 비스코포트 지역에는 전체 주민이 230명인데 그중 100명이 참석했을 정도였다. 전국적으로 평화예배가 이루어졌다. 정보와 더불어 개인의 경험이 교환되었다. 기독교 신자 아닌 사람이 함께할 수 있도록 집회에서는 마틴 루터 킹이나 간디 같은 사람들의 사례가 많이 소개되었다. 또한 사람들이 마구 소리 지르고, 오르간 연주에 따라 신나게 노래 부르고, 때로는 침묵하게 하여 명상의 요소를 가미하였다. 이로써 집회에 평화가 유지되어

불필요한 폭력이 자제되도록 하였다. 밖에는 경찰이 대기 중이었고 군중들이 격앙된 상태로 길거리로 나가면 폭력이 일어나고 그러면 걷잡을 수 없는 유혈사태로 번질 수 있다고 판단하였기 때문이다.

이때 그는 평생의 꿈이 실현되는 것을 보고 감회를 느꼈다. 동독 주민들이 기회주의적이고 억압에 굴복하는 사람들이라고 모두들 생각했었다. 그러나 그 억압으로부터 깨어나는 주민들을, 그것을 극복하는 이웃들을 보면서 평생 그렇지 않다고 생각한 자신이 옳았음을 확인하였다. 그해 10월 말과 11월 초에는 모두가 거리로 몰려나갔다. 그때의 결의는 '폭력 없이' 그리고 '촛불만 가지고'였다. 국가는 이에 대응력을 잃었다. 촛불만 들고 나오리라고는 미처 생각을 못했던 것이다. 촛불이 총칼을 이겼다.

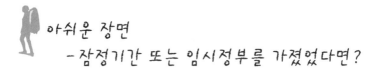

아쉬운 장면
- 잠정기간 또는 임시정부를 가졌었다면?

11월 4일. 50만 명이 모여 개혁요구를 했다. 다시 2주 후 집회가 예정되었으나 11월 9일 장벽이 무너졌다. 운동을 지도했던 사람들도 당황했다. 이들은 동독의 총체적 개혁을 위해 교육, 의료, 문화, 미디어, 경찰 등 다양한 분야별로 연구팀을 구성하고 여행의 자유화와 다당제 시스템의 도입 등을 고민했다. 그러나 신 포럼은 각 지역에서 자발적으로 이루어진 느슨한 조직이었고 일사불란하게 대중을 지휘할 수 없었다.

그 당시 장벽이 무너지고 서독을 다녀온 한 여성 신자는 빙켈만 목사에게 이런 말을 했다고 한다. "거기는 엄청 깨끗하고 누구나 잘 살고 무엇이든 살 수 있다. 내 딸을 위해 인형도 살 수 있다." 그러나 그것을 사기 위해서는 큰 돈을 내야 한다는 사실, 잘 사는 사람 외에도 못사는 사람도 많다는 사실을 그녀는 몰랐다. 자신을 포함하여 교회의 상당수 목사나 지식인들은 자본주의가 평화, 환경, 빈부격차를 해소할 수 없으며, 대안은 아니라고 생각하고 설득했지만 일반 국민들에게 통하지 않았다.

성탄절이 지나면서 통일은 기정사실로 다가왔다. 사실 이때까지 신 포럼을 이끌던 사람들은 동독의 국가개혁이 목표였지 통일이 목표는 아니었다. 그러나 많은 사람들은 이제 "맞아, 우리는 하나의 민족이야"라고 외쳤다. 잠정적인 두 개의 국가를 유지하자는 견해와 협력을 통한 공동발전의 방안, 유럽적 맥락에서의 통일(주변국의 일정한 보장이 전제된 통일) 이야기와 구상들도 나왔다. 서독의 CDU 등의 정당도 들어와 활동하면서 권력의 공백 현상을 접수할 수 있겠다고 판단했다. 콜 전 수상도 계속 동독 주민들에게 서독 수준을 보장하겠다고 허상을 심어주었다. 서독에 기대지 않고서는 안 된다는 생각, 서독은 좋고 동독은 모든 것이 나쁘다는 이분법적 사고가 지배하였다. 쿠데타의 우려도 제기되어 이때 통일하지 않으면 안 된다는 사람들이 계속 늘었다.

원탁회의가 열려 자신도 참석해서 동독 차원에서 별도의 헌법을 만들어 동서독의 기본법을 점차 만들어가자고 주장하였다. 서독의 기본법이 아니라 전독의 새로운 체계를 만들자는 것이었다. 새로운 독일 국기와 국가를 제정하자는 견해도 피력하였다. 그러나 이러한 주장이 먹혀들 수 없었다. 협상 테이블에서는 동독 과도정부도 논의협상을 가속화하였고 서독 정부는 흡수통일을 받아들이도록 노골적인 압력을 가했다. 자신은 점진적인 통일을 주장한 빌리 브란트 방식이 좋다고 생각했다. 동독 체제에 반대한 사람이지만 그렇다고 서독이 반드시 이상적인 체제가 아니라고 보았다. 그는 "주제넘게 충고하자면 서독은 사회민주적 자본주의, 동독은 인간적 사회주의가 된 다음 통일하는 게 좋겠다"고 하였다.

그러나 동독 국민은 4~5년의 과도기간이나 임시정부 제안을 받아들일 만큼 여유나 의식이 없는 듯 보였다. 그리하여 1990년 10월 전 독일 공동선거가 실시되고 말았다. 자신은 오랫동안 환경 문제를 중요하게 생각했던 만큼 녹색당을 지지하여 녹색당 집회에 나가면 사람들이 반가워하면서도 "너무 나이브하다", "권력을 모른다"는 말을 들어야 했다.

 ## 진정 무엇이 중요한가

두어 시간을 이야기했나 보다. 너무 진지하게 이야기하다 보니 시간가는 줄 몰랐다. 빙켈만 목사님은 잠깐 저녁식사 준비를 하고 부인을 데리러 가겠다고 했다. 우리는 그 사이에 동네 어귀를 한 바퀴 산책하기로 했다. 한적한 시골 마을이라 오가는 사람들도 없었다. 넓은 보리밭과 감자밭은 도대체 누가 심고 가꾸나 싶었다. 돌아올 때는 숲길로 걸었다. 대낮인데도 어두컴컴할 정도의 우거진 숲이 부러웠다. 우리가 산책하는 사이 사모님이 돌아와 정원에서 빨래를 걷고 있다.

식탁에 앉아서 사모님에게 여러 가지를 물어보았다. 한 여성으로서, 주부로서, 동독인으로서 어떤 생각을 하고 있는지 궁금했다. 사모님의 가족은 서독에서 살았다고 한다. 아버님의 생일과 동생 결혼식에 참석한 적이 있다고 한다. 라인 강을 보고는 가슴이 뭉클했다고 한다. 독일인에게 라인 강이 가지는 의미는 각별한 모양이다. 그리고 다시 동독으로 돌아올 때마다 기차를 갈아타고 검문소를 거치면서 마치 교도소로 돌아오는 기분 같아 슬펐다고 한다.

목사님과 함께 살면서 경제적으로나 사회적으로 힘들지 않느냐고 물었다. 당장 어떤 삶을 사느냐의 문제가 중요하지 물질은 중요하지 않다고 대답했다. 통일 후 실업이 많이 생겨나고 사회복지가 무너진 것이 제일 힘들다고 했다. 많은 동독 사람들이 DDR(동독) 시절이 좋다고 말한다. 그러나 돌아갈 수도 없고 돌아가서는 안 된다고 본다. 판사나 관리들이 서독에서도 왔지만 나름대로 잘해주고 또 그들과의 사이에 특별한 차이를 느낄 수 없었다고 한다. 오히려 대화가 더 수월해졌다는 것이다. 역시 그 목사님에 그 사모님이다. 우리가 인근 호텔에 묵으려 했더니 이 사모님은 왜 쓸데없는 곳에 돈을 쓸려고 하느냐고 했다. 아주 순박하고 훌륭한 분이다.

 ## 불만의 원천 - 서독이 잘못한 것

식사가 끝나고 작은 테이블로 옮겼다. 목사님은 작은 촛불을 켰다. 테이블보는 옛날 내가 어릴 때 시골에서 사용했던 것처럼 예쁘게 수놓은 것이었다. 모든 게 이렇게 소박하고 예쁘다. 통일이 된 후 동독 주민들이 가지는 불만이나 연방정부가 잘못한 게 뭔지 물으면서 다시 대화는 재개되었다.

기본적으로 동독 주민들은 환상을 가졌었다. 당시 서독 수상 콜이 그 환상을 부추겼다. 즉각적인 동독의 번영을 약속했던 것이다. 사민당 후보 라퐁텐은 이를 비판하였지만 설득력이 없었고 그는 패배했다. 그러나 그 당시 동독 사람들은 1마크를 투자하면 1.5마크를 회수해 가는 서방 자본주의의 속성을 몰랐다. 동독의 한 기계제작 전문가는 동독 정권 붕괴 직전 "40년 동안 동독 정권이 우리를 속였다"고 하더니 통일 1년 후 실업자가 되고서는 "자본주의가 우리를 속였다"고 했다.

빙켈만 목사님은 통일 전 서독은 과잉생산체제에 있었고 통일이 되면서 그것을 동독 시장에 처분하려는 의도가 분명히 있었다고 지적한다. 이웃 술(Suhl) 지역에 우유공장이 있었는데 바이에른 주의 한 기업인이 와서 인수하였다. 그런데 그가 내세운 조건이 "기존 노동자의 5퍼센트는 해고한다. 신규 채용은 모두 바이에른 주 사람을 쓴다. 치즈는 바이에른 것을 쓴다" 등이었다고 한다. 그 지역 사람들에게 "우리가 서독의 쓰레기 하치장이냐? 우리는 소비자일 뿐"이라는 항변과 자조감이 생겼을 것임은 당연하다. 1990년 여름 이미 서독 백화점이 동독 지역에 진출하기 시작했다. 이때도 서독 상품만 팔라고 요구했다고 한다. 동독 사람들도 당연히 서독 제품에 대한 선호가 높았지만 그렇다고 동독 제품에 대한 요구가 전혀 없었던 것은 아니다. 동독 제품이나 생산시설이 많이 뒤떨어진 것은 사실이지만 그렇다고 동독 경제를 완전히 죽였어야 하는지 의문을 제기한다.

현재 동독의 실업률은 심각하다. 20퍼센트가 공식적인 통계이지만 실제는 더하다고 한다. 더구나 실업자의 대부분은 고숙련노동자들이다. 또한 거기에는 차별이 존재한다. 외관상 평등한 것 같지만 내용을 들여다보면 그렇지 않다. 같은 실력을 가진 사람이라도 그것을 포장하는 것에 동독 사람들은 서툴기 때문이다. 동독 사람들은 게으르고 효율성이 없다고 낙인이 찍혀 있다. 빙켈만 목사님의 큰아들은 동독 시절 국가 압력으로 정상적으로 학교를 다닐 수 없어 고가구 수선공으로 자격도 많고 그 방면의 전문가로 일해왔지만 지금은 실업상태다. 둘째아들도 건설전문자격을 땄지만 1년 동안 실업상태에 있다가 최근 계약직으로 일하고 있다고 한다.

과거 동독 시절 어느 직장에서 80명밖에 필요하지 않은데 100명이 일하는 등 기업 또는 국가 전체로서 생산성의 문제는 있었다. 그러나 최소한 실업은 없었다. 동독 헌법에는 누구나 일할 수 있다고 규정되어 있었다. 직업을 못 가진다는 것은 단지 소득이 없다는 것만을 의미하지 않는다. 인격의 실현이 불가능해지는 것은 물론이고 주위로부터의 소외를 의미하며 존재의 의미를 상실하는 것이다. 그래서 동독 시절이 좋았다는 말이 나온다. 물론 연방정부가 최소한의 실업수당을 주고 재교육을 시키고 있기는 하다. 과거 동독 정권에 저항해온 사람으로서 다시 동독 시절로 되돌아가자는 말에 동의할 수는 없지만 민중의 소리에 사람들은 귀를 기울여야 한다고 빙켈만 목사는 말한다.

 고개 돌리는 새

이런 상황에서 과거 동독 시절의 공직자들의 행태를 보는 것은 못내 씁쓸한 일이라고 한다. 전직 공산당 관리들은 현재 다양한 모습으로 살고 있다. 어떤 사람은 길거리에서 빵을 팔고, 또 어떤 사람은 택시 운전을 한다. 변호사로 활동하고 있는 사람도 있고 심지어 CDU에서 정치경력을 쌓고 있는 사람도 있다. 실업자가 되어 새로운 직업을 찾아보려고 관청을 갔는데 담당자가 과거 동독에서 으스대던 관리였을 때 사람들은 제일 분노한다고 한다. 동독에서 나쁜 일을 하던 사람들이 다시 서독의 옷을 입고 다른 모습을 보이는 것이다. 이런 사람을 '고개 돌리는 새(Wende Hals)'라고 한다. 언제나 양지를 향해 움직이는 것을 비유한 말이다. 어느 사회나 이런 사람은 있게 마련이다.

빙켈만 목사는 2차 대전 후에도 이런 사람들이 많았다고 한다. PDS는 동독 시절에 잘못했다고 솔직히 반성하고 새롭게 하겠다니까 괜찮다. 그런데 아무 반성도 없이 다시 CDU에 들어가서 표 달라고 나오는 사람은 손가락질하지 않을 수 없다는 것이다. 특히 그 사람은 동독 공산당의 위성 정당(다당제가 있는 것처럼 위장하기 위해 있던 유령 정당)에서 활동하던 사람이었다. 1990년 통독 후 최초로 실시된 연방선거에서 그런 사람들이 대중 앞에 나와 "사회주의로는 이제 안 된다"고 말할 때 제일 분노했다고 한다.

 부적응증

이렇게 민중 위에 군림하던 자들이 잘도 변화하는 사이에 대중들은 변화에 적응하기 어려웠다. 빙켈만 목사 자신도 서독의 경쟁주의, 소비주의에 적응하기 어려웠다고 털어놓는다. 동독 주민들이 경험하는 이 새로운 현상을 서독 사람들이 이해하기는 어렵다. 동독 사람에게는 모든 일상이 낯설기만 하였다. 물건을 사고팔고 하는 자본주의 시장 메커니즘도 그렇거니와 교육 시스템, 심지어 쓰레기 치우는 방법조차 달라졌다. 모든 것은 새롭게 학습하지 않으면 안 되었다.

의사들이 돈을 번다는 것도 이해하기 어려웠다. 동독의 경우 의료의 질은 문제가 있었지만, 의사 숫자는 충분했고 하루에 몇 명 돌보느냐가 중요하지 않았기 때문에 충분한 진료와 상담을 할 수 있었다. 그러나 통일이 되면서 의사 숫자는 적어졌고 얼마나 많이 진료하느냐에 따라 월급이 달라지고 병원 수입이 달라지면서 의료는 장사가 되었다. 이들은 의료 활동이 이윤지향적이라는 사실 자체를 이해하기 어려웠다. 적어도 병을 치료하는 데 돈이 문제되지는 않았던 것이다. 돈이 없으면 병원에 갈 수 없다는 것을 깨닫는 데는 시간이 좀 걸렸다.

물론 빙켈만 목사는 동독 체제의 우수성을 강변하지 않았다. 그는 동독의 교육이 이데올로기화 되어 있었고 모든 것이 하향식으로 주입되는 것에 반발하였다. 아이들 때문에 학교의 부모 모임에 가 보면 토론은 전혀 없이 일방적으로 훈시를 듣고 오곤 하였다는 것이다.

 또 다른 세계는 가능하다

빙켈만 목사님은 통일 또는 재통일(Wiedervereingung)이라는 말을 쓰지 않았다. 그 대신 전환(wende)라는 말을 썼다. 그것은 동독인들의 새로운 사회를 향한 주체적 투쟁과 노력을 강조하는 의미였다. 통일의 과정에서 스스로 동독 사회를 개혁하고자 하는 뜻은 좌절되었지만 그의 꿈은 계속되고 있다.

그것은 기본적으로 서독의 자본주의, 현재의 민주주의가 완전하지 않다는 인식에 기초한다. 동독 체제에 저항했던 것과 마찬가지로 현재의 체제에서 그는 여전히 저항자로 남아 있다. 시장이 생산하는 위기, 즉 환경파괴, 빈부격차, 대량실업의 문제가 해결되지 않고 있을 뿐만 아니라 이라크·이스라엘에서의 군사주의는 평화에 대한 위기를 고

조시키고 있다는 것이다.

그는 이 상황에서 무엇을 할 수 있는가를 고민한다. 동독에서 그랬던 것처럼 작은 그룹들이 만들어지고 이들 간의 토론이 필요하다고 본다. 1991년 보덴슈타인에서 동서독 사람들이 함께 모여 논의하면서 새로운 사실을 깨달았다. 즉 동서독 비판세력의 비전과 인식이 너무 똑같았다는 것이었다. 지난해 베를린에서 '교회의 날' 때 여러 사회단체와 더불어 세미나를 열고 공동선언을 했다. 그때 만든 자료집의 제목이 『또 다른 세계는 가능하다(Eine andere Welt ist moglich)』였으며, 다른 그룹이 내세운 슬로건이 "일어나─또 다른 삶을 향하여(Aufbruch─Anders besser leben)"였다고 한다. 새로운 패러다임이 처음에는 허약하여 그 지지와 빈응이 직지만 결국은 낡은 패러다임을 뒤엎기 마련이다. 그것이 인간의 역사라고 빙켈만 목사님은 말한다.

기차역까지 바래다주고 다시 역 안으로 들어와 마지막 배웅까지 하는 그의 모습이 정겹다. 하룻밤을 같이 지낸 것뿐인데 깊게 정들었다. 신념을 가지고 그것을 실천하기 위해 생애를 바치는 사람은 아름답다.

제4장
베를린 사회운동의 기지 '메링호프'

네츠베르크, 작은 풀뿌리운동의 산실

오늘은 메링호프에 세 들어 있는 여러 단체들과 약속이 있다. 뒤에서 자세히 설명하겠지만 메링호프는 주택점거운동의 결과 생겨난 시민사회단체들의 요람이다. 한 시간 또는 한 시간 반을 단위로 해서 여기에 입주해 있는 사회단체들을 연속적으로 만나기로 되어 있다. 정말 뿌리를 뽑는 날이다.

가장 먼저 방문한 곳은 시민·사회단체의 활동을 지원하는 네츠베르크(Netzwerk)이다. 이곳에서 지원하고 있는 대표적인 단체는 대략 다음과 같다.

움브르흐 빌트아히브 협회(Umbruch-Bildarchive.V). 독일 사회운동 현장에 언제나 보이는 얼굴이 있다. 바로 움브르흐 빌트아히브 협회의 사진가들이다. 데모와 행사의 현장에는 어김없이 나타나 모든 장면들을 카메라에 담아둔다. 그리고 그 사진들을 모아 달력·포스터·플래카드 등을 만든다. 사회운동단체에게는 싸게, 그러나 일반 언론이나 기관들에게는 비싸게 판다.

인디메디안(Indymedian)은 신문에 나오지 않는 정보만 따로 모아 시민단체와 시민에게 제공하는 독립언론·대안언론이다. 그리고 정글우드(Junglewood)라는 또 다른 대안언론이 있다. 과거에는 네츠베르크가 이 단체를 도왔으나 이제는 오히려 네츠베르크를 돕고 있다.

리치아웃(ReachOut)은 과격파와 인종주의에 반대하는 단체이고, 액션레이 포 레퓨지 어겐스트 레지던스 로(Action day for Refugee against Residence Law)는 독일에 거주를 허용한 난민이라 하더라도 일정한 구역 내에만 살 수 있고 밖으로는 일체 못 나가도록 된 현재의 법을 바꾸기 위해 모이는 운동이다.

이니치아티브 안데르스 아르바이텐(Initiativ Anders Arbeiten)은 노동에 대한 새로운 관점의 운동이다. 돈을 위해 일하는 것이 아니라 인간을 위해 일하는 노동현장을 만들기 위한 운동이다. 이니치아티브 그루페 피퀘테로(Initiativgruppe Piquetero)는 아르헨티나 문제에 대해 관심이 있는 사람들이 매주 수요일 아침에 모여 토론하는 모임이다.

네츠베르크는 550명의 회원으로부터 약 30만 유로의 돈을 모아 작은 풀뿌리 단체나 활동을 지원한다. 한 단체에 지원할 수 있는 최대 금액은 1만 1천 유로이다. 아주 큰 돈은 아니지만 작은 풀뿌리 단체로서는 그나마 가뭄에 단비일 터이나. 앞에서 예를 들었지만 지원을 받는 단체들이 다양하다. 사회변화와 사회정의를 위해 좋은 아이디어와 훌륭한 활동을 하는 곳들이 있지만 그런 조직을 꾸려가는 게 쉬운 일은 아니다. 그런데 옆에서 누군가가 작은 재정 지원의 손길을 뻗친다면 그 것은 얼마나 대단한 일인가.

1980년에 만들어진 이 네트워크는 한때 40만 명의 회원을 거느리고 있었다. 당시는 그야말로 저항과 반역의 시대였다. 그러나 지금은 정치활동에 대해 사람들의 관심이 많이 줄었다. 이 단체의 창립을 주도한 5~6명 중 지금도 회원으로 활동하고 있는 사람도 있지만 어디 있는지 모르는 사람도 있다. 지금은 완전히 젊은 몇 사람이 꾸려간다. 2명은 이틀 근무, 1명은 주당 2시간 근무한다. 자원활동가들이 몇 사람 있고, 돈을 배분하기 위해 배분심사위원회가 있다. 물론 이 위원회는 모두 외부 인사들로 이루어져 있다.

인터뷰에 응해준 사람은 카차 그라베르트(Katja Grabert)라는 대학생이다. 사회복지를 전공하고 있고 현재 주당 이틀 근무하고 400유로를 받는다. 생활비로서는 조금 부족하지만 작은 아파트를 세 사람이 공동으로 얻어 생활하는 등 아껴 쓴다. 자신이 하는 일은 여러 사회단체와 활동에 관해 정보를 수집하는 일, 회원들에게 연락하고 모금하는 일, 배분을 위해 사회단체에게 홍보하는 일 등이다. 동베를린 출신의 이 여학생은 동독 시절에 러시아와 영어를 동시에 배웠다고 한다. 동독이 독재정권인 것은 사실이지만 사회주의 그 자체는 좋은 이념이라고 믿는다. 더구나 지금의 서독과 동독의 관계는 점령과 지배의 관계라고 본다. 자신은 한 지역 사회를 위하여 열심히 일할 것이고 우두머리가 되는 것을 원하지 않고 다만 같이 일하는 사람들과 같은 눈높이로 일하면 좋겠다고 한다. 그녀의 순진한 바람이 이루어지기를.

독일에도 정치범은 있다

그의 방을 들어서는 순간 변호사 사무실이 이렇게 허름할 수 있는가 놀라지 않을 수 없었다. 낡은 책상과 의자들이기는 하지만 소박하고 정갈하다. 접대용 테이블도 낡은 것이지만 품격이 있다. 옆에는 웬 오토바이가 놓여 있다. 언제나 이 오토바이를 타고 다닌다고 한다. 길게 기른 그의 머리가 속력을 내며 달려갈 때 더욱 멋있을 것 같다.

이쯤 되면 많은 사람들은 그가 20~30대의 젊은이로 생각할 것이다. 그러나 그는 회갑을 훨씬 넘긴 60대의 노인이다. 그러나 아직도 건장하다. 몸만 그럴 뿐만 아니라 마음도 그러하다. 바로 68세대 주역의 한 사람이다. 토마스 헤르초크(Thomas Herzog), 바로 그 사람이다.

이곳에 사무실 문을 연 것은 1989년이다. 여기 메링호프에 있는 사람들을 변론하고 이들과 함께 지내다 보니 사무실도 당연히 이곳에 두게 되었다고 한다. 이 건물의 역사와 사람들 모두 잘 안다. 그 과정을 모두 목격하고 함께했기 때문이다.

그는 형사 사건만 변론한다. 그것도 주로 정치적 사건이다. 시위하면서 경찰과 충돌하다가 구속된 사람, 주택 점거운동 당시의 점거자들이 그의 고객이다. 그러나 이제 세상이 많이 변하여 이러한 사건은 50퍼센트가 채 안 되고 나머지 사건들은 외국인 변호가 대부분이다. 차별받는 외국인을 위해 일하는 것도 또 다른 의미에서 정치적 사건들을 변론하는 것에 다름 아니다. 그러면 돈 언제 버냐고 했더니 자신은 부자가 되고 싶지 않다고 한마디로 말한다.

그는 68운동 당시 여러 차례 구속되었다. 오랜 기간은 아니었다고 덧붙인다. 독일에서 변호사가 되기 위해서는 1차 시험에 합격하고 2년간의 실습을 거쳐 2차 시험을 본다. 그는 2차 시험을 보고 변호사가 되는데 남보다 훨씬 더 오래 걸렸다. 변호사협회가 그의 경력을 못마땅해 했기 때문이다.

1980년 12월 12일 최초로 주택 점거자들에게 경찰이 들이닥쳤다.

전국에 200여 개의 점거주택들이 있었는데, 200여 명이 구속되었다. 이분을 비롯한 변호사들이 공동 변론에 나섰다. 언론도 호의적이었다. 사실 비어 있는 건물을 이들이 차지하여 온갖 대안적 세상을 만들어내고 있었으니 사회적으로도 유의미한 것이었다. 그와 함께 변론에 나선 사람 가운데 지금 내무부 장관을 하고 있는 오토 실리(Otto Schilly), 녹색당 국회의원 크리스티앙 슈트레벨레 변호사 등도 포함되어 있다. 이때 전국적 인권변호사그룹(Strafverteidiger vereinigung)이 조직되었다. 구성원이 300여 명 된다.

얼마 전 그가 맡은 니카라과에서 온 망명자에 대한 망명 신청이 거부된 적이 있었다. 판사는 이미 여러 차례 그런 일에서 인권보다는 국가편을 들어 미움을 산 사람이었다. 망명 거부된 사람이 돌아가면 그 사람의 운명은 뻔한 일이지 않은가. 그가 그 판사의 무릎에 총을 쏜 사건이 벌어졌다. 최근에 맡은 사건으로는 막데부르크에서 있었던 테러방지법 위반 사건이 있다. 그러나 요즘 젊은이들은 자신들이 68운동 당시에 보였던 새로운 세상을 향한 열정과 이상을 가지지 못한 것 같아 안타깝다고 한다.

많은 동료들이 녹색당은 만들고 장관이 되었지만 자신은 어떤 정당에도 관여하지 않는다. 권력을 가지면 누구나 마음이 변한다고 믿는다. 바로 녹색당이 그러하다는 것이다. 보건부 장관인가 하는 사람이 남미 순방을 가면서 2만 5천 유로의 비용을 추가로 써서 말썽이 나기도 했다고 한다. 정치인이 되면 돈을 탐하고 기회주의자가 되는 것을 어찌할 수 없다고 그는 생각한다. 언젠가 길을 가다보니 벽에 낙서한 글 중에 이런 게 있었다고 한다. "선거가 뭔가를 변화시킬 수 있다면 아마도 정부는 선거를 금지할 것이다." 어찌 보면 정치 불신이 너무 깊은 듯하다.

너무 열심히 일하다 보니 슬하에 자녀도 없다. 칠레 출신의 부인
은 건축가이다. 그녀는 공부하고 독일에서 오래 살았는데 당국에서는
공부가 끝나는 대로 돌아가라고 했다. 결혼함으로써 귀국이나 추방은
안 당했지만 황당한 경험이었다. 그에게는 평생 오직 한 길을 살아온
사람에게서 느껴지는 고집과 결벽이 있다. 기분 좋은 만남이었다.

커피와 차의 소량 생산 기지

외케토피아(Oketopia) 사무실을 들어서는 순간 분간하기 어려운
냄새가 진동하였다. 이곳은 원재료를 제3세계로부터 수입해서 직접 소
량 포장하여 상품으로 만들어 판매하는 곳이다. 커피, 홍차, 허브차 등
이다. 이윤은 별로 나지 않는 셈이다. 회사 규모에 비해 상대적으로 경
비가 많이 지출되기 때문이다. 생긴 지 22년 되었는데 매년 매출 규모가
조금씩 줄어들고 있다고 한다. 커피·차
의 시장 경쟁이 치열해졌기 때문이다.

원래 외케토피아는 대학의 한 프로
젝트에서 시작되었다. 처음에는 멕시코
나 니카라과의 혁명운동을 돕는다는 차
원에서 커피와 차를 수입하게 되었다.
세월이 지나면서 처음 시작했던 교수·

**제3세계를 돕기 위해 커피 원료를 수입·포장하여 판매하는
'외케토피아' 의 작업공간**

학생과 분리되어 독자적인 생협 조직으로 남았다. 더구나 그때 도왔던 산디니스타 등 반군조직은 이미 평화가 성립되어 변화하고 있는 상태여서 이들을 돕는다는 의미도 퇴색하였다. 그렇지만 지식인들의 작은 실천이 아름다워 보인다.

터키인들의 자유와 희망을 심는다

ATIF는 메링호프 입구 최고의 길목에 자리하고 있다. 마당을 모두 자기 정원으로 쓸 수 있다. 터키인은 독일에서 가장 큰 소수 인종집단이다. 베를린 시내에서 터키항공 광고를 보았다. 200여만 명이 터키에서 독일로 이주하였다. 배타적인 독일 사회에서 이들이 겪는 설움이 많을 것은 당연지사. 독일 거주 터키인의 권익을 보호하는 것이 이들의

터키인의 권리와 인권을 지키는 ATIF 사무실 앞에서

일차적 임무다. 독일에는 폴란드 · 체코 등 동구권 이주민들도 있지만 그들은 대체로 기독교 국가이기 때문에 터키 같은 이슬람권 국가의 이주민들과는 대우의 차원이 다르다. 이슬람 지도자로서 테러에 직접적 관련이 밝혀지지 않았음에도 추방 위기에 몰려 있는 카플란의 경우를

보면 잘 알 수 있다. 바이에른 주에서 차도르를 쓰고 학교에 출근하는 교사에게 착용금지명령을 한 사례도 이러한 차별에 속한다.

주된 것은 정치 활동이지만 아이들에게 터키어를 가르치고 내부에 무용단, 문화팀을 만들어 활동하는 것도 중요하게 생각한다. 나토의 터키 주둔에 반대하는 활동도 벌인다. 독일의 이라크 침공 반대를 포함한 독일 국내 정치활동에도 적극 참여한다. 이들이 여기서 사는 이상 그것은 당연한 일이다.

 ## 서점 '검은 틈새'

메링호프에 들어서서 맞은편을 보면 오른쪽으로는 자전거점이 있고 왼쪽으로는 책방이 있다. '검은 틈새(Schwarze Risse)'. 무슨 의미인지 잘 알 수 없다. 4명으로 구성된 조합이 운영하고 있다. 20년 전에 시작한 이 서점은 출판사도 함께 운영한다. 이 서점은 반세계화, 반자유주의, 페미니즘, 생태주의, 반자본주의 등 온갖 사회운동에 관련된 책들을 구비하고 있다. 책만이 아니다. 그림엽서, 포스터, 수첩은 말할 것도 없고 온갖 종류의 사회운동 관련 팸플릿과 전단들이 빼곡하다. 과거 우리나라 사회과학서점과 영락없이 닮았다. 우리 사회과학서점은 하나둘 모두 문을 닫았는데 여기 이렇게 버티고 선 서점을 보면서 독일 사회의 저력을 느낀다. 독일어를 모르니 모두가 그림의 떡이다. 두어 차례 방문하여 몇 권의 책을 샀지만 그 책을 읽기 위해서는 우리 유학생들의 머리를 빌릴 수밖에 없겠다.

대안운동의 본거지 메링호프

나중에 나는 이곳을 다시 찾았다. 그리고 이 건물의 관리자와 건물에 관련된 책들을 얻어 본격적으로 이 건물에 대한 연구를 했다. 이 건물은 보통 메링호프라고 불린다. 메링호프는 독일에서 대안운동이 꽃피던 1970년대 말 베를린의 대안공간으로 만들어진 프로젝트 센터이다. 이곳의 역사를 간단히 살펴보면 이 건물과 이들의 운동에 대한 이해에 도움이 될 것 같다.

메링호프의 역사

1858년 세계적인 활자형과 사진식자기구 생산회사인 베어톨드 아게 (Berthold AG) 입주.

1970년대 말 프로젝트 그룹인 에스에프에(SfE)가 이 건물을 소개받고 에스에프에, 네츠베르크, 게쥰트하이트라덴(Gesundheitladen), 스타트부크 (Statbuch), 스펙트룸(Spectrum), 출판사 '미학과 소통', 믹스드 미디어 (Mixed Media) 등의 단체가 공동으로 메링호프 토지관리사무소라는 유한회사를 설립.

1979년 정식으로 메링호프 매입. 당시의 구청이 골치 아픈 단체들이라고 해서 입주를 방해했으나 매매계약 성사로 입주.

1980년 12월 12일 '역사적인 주택점거운동의 날'에 3천여 명이 이곳에 모여 세미나를 개최.

1981년 경찰이 계속 메링호프 감시. 메링호프 프로젝트팀에서 "메링호프는 탈출자의 집합소가 아니라 하나의 열린 공간이며 동시에 위계적인 조직 중심이 없는 자율적 운동 공동체"라는 요지의 성명을 발표.

1982년 31개 프로젝트 실천.

1984년 메링호프 축제위원회 구성하여 지불능력이 없는 세입자를 돕기 위한 축제 개최. 메링호프 건물 내 주차 금지 결의.

1986년 자본 중립화를 위한 기부 조직화. 경찰의 핵 반대 데모 강경진압과 관련해 메링호프 활성화. 내무장관에 항의 운동.

메링호프 건물 입구의 작은 식당(좌)과 건물벽의 낙서(우)들
이 곳에는 수 많은 사회 운동 단체들이 세들어 있으며 건물의 벽에는 요란한 낙서들로 가득차 있다.

1987년 그동안 융자은행을 슈파카세에서 스티프퉁 움페어테일룽(Stiftung
　　　　Umverteilung)으로 전환.
1988년 베를린 시청 도시발전 및 자연보호국에서 메링호프에 감사 편지. 세계은행
　　　　IMF 총회 반대 투쟁의 본거지. 메링호프 세입자, 이용자 및 이웃 사이의 다과회.
　　　　메링호프에서 여성 동성애자 대회 개최. 베를린 여성보호를 위한 대책회의.
1989년 엘살바도르 사진전. 지역 단위 외국인 선거권 획득을 위한 데모 지원. 세입
　　　　자 자원봉사로 메링호프 지붕 보수. 메링호프 재단화에 대한 토론. 영화 상영.
　　　　동독 시민단체 메링호프 방문. 다른 건물에서 쫓겨난 주택점거운동의 점거자
　　　　들 메링호프 집회장 거주.
1991년 관리사무소 주요 인물 세대교체.
1992년 '걸프전에서의 전쟁과 의료' 전시회. 인종 차별주의자에 의한 외국인 테
　　　　러에 관한 토론과 집회.
1993년 시 지원에 의해 자체 지하 가스발전시설 및 빗물재활용시설 마련. 신체장
　　　　애 예술가 작품전. 연방의회의 망명권에 관한 결정 반대 투쟁.
1994년 부채청산을 위해 집세 인상. 여성동성애자 주간 행사.
1996년 무주택자를 위한 보호와 잠자리 지원 프로젝트. 메링호프 17주년 행사.
1998년 '어떤 인간도 불법일 수 없다(Kein Menschen ist illegal)' 라는 제목으로 난민
　　　　추방과 불법화에 대한 반대 행사.
1999년 20주년 기념 축제. 반인종주의 프로젝트 진행을 위한 기부 캠페인 진행.

이렇게 메링호프는 자신의 프로젝트를 알차게 추진하는 것을 우선 목표로 하고 있다. "동시대사에 대한 새로운 공론을 형성하기 위하여 자유로운 의사소통을 조직하고, 그와 관련된 자료 발간, 자료화 작업과 동시에 정치적·생태적·사회적 주제와 관련된 현상들, 풀뿌리민주주의를 실현하기 위한 대안들"이 이곳의 주된 테마로 등장한다. 이곳에 세든 수십 개의 단체와 작은 기업들은 자본주의적 사업경영에 희생되기를 거부하고 여전히 과거의 이상을 실현하려 한다. 그래서 그들은 아무도 부자가 되지 못했다.

이들은 민주적 자치행정, 대안적 노동과 삶의 방식을 실천하고 자본주의적 개별 이윤 추구를 포기하며 교회나 정당의 지원을 거부했다. 메링호프의 최고의 의사결정기관은 매달 14일에 열리는 세입자 총회이다. 여기서 중요한 결정들이 이루어진다. 총회 공간 블라우어 살롱(Blauer Salon)은 특별히 공적인 행사 공간으로 기능한다. 이곳은 외부의 정치적 시민단체의 행사공간으로 대여된다. 실제 그동안의 역사를 보더라도 메링호프는 외부 사회운동의 지원과 중심 센터로서의 기능을 다해왔다고 볼 수 있다. 자치행정을 위해 두 명의 공동사무국장(주 10시간 근무)과 두 명의 집 관리인(주 30시간 근무)이 있다. 많은 단체들이 점거운동에 의해 점거한 건물에서 쫓겨날 때 여러 단체들이 힘을 모아 합법적으로 매입한 이 건물은 지금도 안정적으로 사회운동의 중심이 되고 있다. 그러나 그 역할과 의미는 시대의 변화에 따라 달라지고 때로는 퇴색하기도 한다. 20주년 자료집에 나온 다음의 글은 이런 상황을 반영하고 있다.

모두가 함께 일하고 모두가 공동 책임을 진다는 원칙은 처음 프로젝트
에서 너무나 높은 요구라는 게 드러났다. 1년 예산이 60만 마르크이고
매일 800명의 사람이 일하고 있는 이 건물에서 이런 이상적인 원칙을
현실 속에서 실현하는 것이 어렵다. 그동안 자치행정은 한 달에 한 번씩
메링호프의 모든 세입자들이 모이는 총회, 그리고 건물의 청소. 공동 구
역에 대한 관리에의 참여로 축소되었다. 이러한 자치행정이라는 요구와
실천 사이에 내재한 모순은 어디에 있는 것일까. 이 건물 1층에 있는 관
리사무실에 4명이 일하고 있다. 아주 좁고 작은 식탁이 하나 놓여 있고
컴퓨터가 놓여진 작은 책상, 의자 하나, 엄청난 부피의 종이와 서류들이
쌓인 속에서 그 4명이 일하고 있다. 클라라 루크만, 올리비아 잔텐, 악셀
하욱, 페터 플라이네스가 바로 그들이다. 앞의 두 사람은 공동으로 사무
국장 일을 맡고 있고 뒤의 두 사람은 건물관리를 책임진다. 이 사무실이
바로 메링호프 전체에서 일어나는 너무나 많은 일들이 한꺼번에 벌어지
는 현장이다. 여기서 온갖 정보들이 쌓이고 분류된다. 정말 놀라운 것은
사람들이 서로에게 묻고 요청하는 온갖 질문과 요구에 친절하고 여유
있게 대응하고 있다는 사실이다.……과거에 우리는 하나의 프로젝트에
모든 사람들이 참가해서 공동으로 실행했는데 이제는 자기 일이 아니면
누구도 신경 쓰지 않는다. 그래서 나는 단지 집이나 관리하는 사람이 되
곤 한다고 악셀이 말한다.

 ## 문화와 예술의 해방촌, 슈바르첸베르크

메링호프가 재미있다고 이야기했더니 독일 유학생 이희영 씨가
또 다른 곳이 있다며 소개해주었다. 로젠탈 거리(Rosenthalerstrasse) 39
번지에 있는 슈바르첸베르크(Schwarzenberg)였다. 알고 보니 이미 내
가 방문했던 하인리히 뵐 재단 바로 옆이다. 안내를 맡은 김지은 양은

우리 동포 2세로서 지금은 변호사 시험에 합격하고도 재미가 없어 문화 예술 쪽에서 활동하고 있는 여성이다. 한국말은 어눌한데 너무 재미있게 말해 계속 웃음을 터뜨리지 않을 수 없다. 한국말과 영어, 때로는 독일어로 해서 이희영 씨가 통역했다. 김지은 양은 바로 이 슈바르첸베르크의 관리담당 총무이기도 하다.

이곳은 1995년부터 예술가들의 아틀리에, 예술극장, 기념관, 청소년 센터, 바, 그리고 예술적 기업 등 서로 다른 20여개 단체들이 모여 활동하고 있다. 8개의 예술가 아틀리에, 센트럴 극장과 시네마 카페를 포함한 17개의 소규모 자영업체들은 저마다 예술성을 기초로 한 활동을 해나간다. 동시에 이들은 자신의 예술적 활동을 영리행위와 결합하여 지속성을 담보해낸다. 비영리단체인 안네프랑크 센터와 박물관 오토바이트는 이 건물에서 특별한 존재이다. 맹인들을 고용한 맹인 작업장이자 나치 시대 많은 유태인들을 은닉시켜준 오토바이트를 기념하는 이 박물관은 그야말로 제2의 안네프랑크를 연상시키는 곳이다. 한쪽에 일본인 예술가들의 아틀리에도 보인다. 다른 곳에서는 찾을 수 없는 예술품들이 이곳저곳에 전시되어 있다. 특별한 기계부품으로 만들어진 모빌 작품들이 인상적이다. 어지럽고 혼란스럽지만 젊은이들에게 인기가 있을 수밖에 없는 예술의 생산기지이다.

공익 단체로 등록된 슈바르첸베르크 협회가 원래의 임차인이자 건물 전체의 관리인으로 되어 있다. 이 협회는 단지 건물의 관리만 책임지는 것이 아니라 다양한 예술활동의 컨셉과 실천 가능한 프로젝트를 구상하고 입주자 단체들과 함께 또는 독립적으로 실천한다. 그동안 이 단체는 외부의 지원이나 보조 없이 독립적이고 자율적인 운영을 실현해왔다. 그 근간이 되는 것이 바로 이 건물의 가게와 갤러리 노이로

티탄(Neurotitan)의 존재이다. 이곳은 주류 예술시장과는 거리를 두는 대안적 예술가 생산자들을 위한 예술·문화 시장의 기반이다. 이들의 다양하고 흥미 있는 작품들이 전시되고 팔리고 있다. 대부분의 수입은 작가에게로 가지만 일부는 이 건물의 운영과 관리를 위해 쓰이고 있다. 아름다운가게 홍대점과 비슷한 컨셉이며 전시물들이다. 정부나 기업의 보조가 끊김으로써 지원받는 단체들이 어려운 상황에 직면하고 있음에 비하여 이 단체와 건물들이 굳건히 살아남을 수 있음은 이런 자체 예술시장을 만들었기 때문이다. 지금 전시장에는 각종 아이디어가 번뜩이는 예술작품들이 전시 중이어서 내가 김지은 양에게 전시 교류회를 제안했다.

2003년 이 건물은 경매 매물로 나왔다. 건물 주인이 부도가 난 것이다. 당연히 슈바르첸베르크협회가 "슈바르첸베르크에 미래가 있다(Fur die Zukunft sehe ich Schwarzenberg!)"는 캐치프레이즈로 모금운

대안적 문화공간으로 자리잡은 슈바르첸베르크의 문구·서적 판매점

동에 나섰다. 역사 · 문화 · 예술센터로서의 슈바르첸베르크를 지키기 위해 예술가들은 작품을 내놓았고 음악가들은 자선공연에 나섰으며 베를린의 여러 클럽들이 행사를 위하여 공간을 제공했다. 베를린과 연방 정부의 정치인들도 이곳을 지키기 위해 일조하기를 다짐했으며 언론도 함께하였다. 약 1만여 명의 시민들이 서명에 참여하였고 이 지역의 자영업자도 지원을 약속하였다. 이런 캠페인의 결과 경매는 몇 차례 유찰되었고 2004년 7월 29일에 세 번째 경매가 있을 예정이다. 이 협회가 모은 돈으로 응찰함으로써 이곳을 영원히 예술인들의 보금자리로 만들려고 한다. 이 운동이 성공하기를 빈다.

 ## 주택점거운동의 한 사례

68운동의 거대 기획은 1970년대를 지나면서 각 지역 차원의 갈등과 투쟁으로 전환된다. 그것은 대부분 건설정책과 생활조건에 관련된 갈등이었다. 대도시에서는 기존의 주거문화가 파괴되고 지방에서는 환경파괴적 건설정책이 문제였다. 이후의 핵발전소 건설반대운동과 주택점거운동의 기반은 이를 문제 삼는 시민단체에 의해 발전되었다. 새로운 세대가 68운동 이후의 10년 전통을 새롭게 배우면서 자신의 삶을 현실의 출발점으로 하는 일, 토론과 투쟁을 통해 사회를 알아가는 것을 원칙으로 설정하였다. 과거의 삶과 현실이 대학과 대학정책에 집중되어 드러난 반면 이 시기에는 특히 대도시의 하위문화 속에서 '작은 좌파적 대안 세계들(Kleine linke Alternativ—Szene)'이 생겨나고 움직이고 발전하게 된다. 도시 신문, 음악과 노동 공동체들, 정치적 행사들이 세미나나 이론에서가 아니라 대안적 실천 속에서 어우러졌다. 여성·환경·동성애자 등이 주된 이슈로 등장하기 시작했다.

이러한 움직임 중 하나가 독일의 주택점거운동인데, 1980년에서 1984년까지 집중적으로 진행됐다. 1981년 한 해 전국적으로 700여 개 건물이 점거되었다. 베를린에서는 이미 1979년 말 크로이츠베르크(Kreuzberg) 지역에서 다수의 건물이 점거되었다. 첫 번째 대규모 주택점거는 1979~1980년 사이에 크로이츠베르크의 장벽 근처의 버려진 땅에서부터 이루어졌다. 여기서 점거란 무단으로 점유하고 정식으로 계약을 하지 않거나 집세를 내지 않고 버티며 사는 것을 의미한다. 10여 개 건물을 점령한 150여 명의 주거자들은 점거를 정치적 프로젝트로 공식화하였다. 주로 외국인, 학생 그리고 대안적 예술가들이 함께 모여 생활하였다. 이들은 '정상적 범죄자'라고 불렸다. 주택점거 그 자체는 불법이지만 그것은 하나의 정치적 데모였다.

드디어 경찰측에서 나섰다. 1980년 12월 12일은 경찰이 대규모 퇴거작전에 나선 날이다. 다수가 구속되자 12월 15일 구속자 석방을 위한 대규모 시위가 벌어졌고 그것 때문에 다시 수백 명이 다치고 28명이 구속되었다. 당시 사민당 정부의 과잉반응으로 비정치적 일상행위가 전 독일과 베를린의 핵심적 정치문제로 등장하였다. 그달 20일에는 1만 5천명이 데모에 참여하였다.

이런 험난한 과정을 거쳐 일부 건물들은 절반 가격에 매입되거나 시청의 배려 등으로 여전히 사회단체들이 사용하게 되었다. NGO센터 건립이 꿈인 한국의 시민단체들에게는 '그림의 떡'과 같은 이야기다.

제5장
베를린 탐색을 계속하다

독일 옥스팜에서 배운다

6월 9일 오전 10시, 독일 옥스팜(Oxfam. 공식 명칭은 Oxford Committee for Famine Relief)을 방문했다. 옥스팜은 세계적 구호기관이다. 옥스팜은 영국에서 탄생했고 영국 옥스팜이 어머니다. 그 자식 중의 하나인 독일 옥스팜은 어떤가. 독일 옥스팜 사무총장 파울 벤딕스 (Paul Bendix)는 유창한 영어로 독일 옥스팜의 상황을 설명한다.

전 세계 12개국 옥스팜의 전체 모금액은 매년 400만 유로에 달한다. 그중에 영국 옥스팜이 200만 유로쯤 모금하니까 반을 차지한다. 네덜란드 옥스팜도 규모가 크다. 그러나 독일이나 뉴질랜드 쪽은 약하다. 그래도 역사나 현실에 비추면 착실히 성장하고 있다. 독일 옥스팜이 운영하는 중고가게는 19개인데, 계속 늘어나고 있다. 1천여 명이 자원활동을 벌이고 있고 1년에 350만 유로의 수익을 내고 있다. 다른 조직과 마찬가지로 독일에서는 자선단체가 영리사업을 할 수 없도록 되어 있기 때문에 자선단체로서의 옥스팜과 사업체로서의 옥스팜을 따로 가지고 있다. 외부인은 하나로 보지만 내부 체계로서는 엄격하게 분리·독립해서 운영한다. 좋은 지점에 가게를 내려면 역시 돈이 많이 들어가기 때문에 고민이 많다. 총 매출액 중에서 세금 내고 확장투자비용을 빼고 나머지를 수익금으로 처리하여 자선단체 옥스팜에 전달한다.

동종업체인 후마나(Humana)는 쾰른이나 베를린에서 강하다. 그러나 도대체 어떤 단체인지, 어떤 일을 하는지 실상 분명하지 않다. 스텝들에게 월급을 주고 주로 의류를 수집하여 아프리카로 보내고 일부 독일 내에서 판매한다. 또 하나의 동종업체 적십자사는 시내 곳곳에 수거함을 두고 의류 등을 수집한다. 이에 비해 옥스팜은 수거함을 설치하지 않는다. 단지 가게로 물건을 직접 갖다 주는 것만 받는다. 이렇게 기증된 헌 물건 외에는 일체 다루지 않는다. 독일 옥스팜은 중고가게의 경우 자원봉사자들에게 직접 모든 운영을 맡긴다. 심지어 가게 매니저조차 자원활동가다. 그 대신 엄격한 규정과 훈련이 있다. 예컨대 전시된 물건은 주중 무슨 요일 몇 시에 판매해야 한다고 규정을 해놓고 엄격히 지키도록 한다.

독일 경제가 어렵지만 독일 옥스팜은 계속 성장하고 있다. 독일의 소매업이 어렵다지만 이와는 무관하다. 그냥 취미로 이런 데 들리는 사람이 많다. 매일 오는 사람도 적지 않다. 19개 가게를 운영하는데, 운영 인원은 프랑크푸르트에 2.5명, 베를린에 3.5명 모두 6명뿐이다. 이주민화가에 고급으로 차려놓은 가게도 있고 먼지 나고 우중충한 곳도 있다. 그러나 모델이 되는 중간 규모를 통해서 이미지를 가꾼다. 돈만 버는 것이 아니라 옥스팜의 거울이기 때문이다. 처음에는 영국에서 배웠지만 독일식 경영을 하고 있다. 영국에서도 중고가게의 경영에 어려움을 느껴 혁신도 했지만 독일에서는 무엇보다 경비를 줄였다고 한다. 그러나 독일은 어려운 상황이다. 우선 헌 것을 잘 안 사 입고 자원활동가도 구하기 어렵다. 아무튼 이런 상황에서 19개 매장 가지고 350만 유로의 수익을 올렸다니 잘 연구해보아야 할 대목이다.

12개국의 옥스팜은 각자 그리고 함께 수익금과 기부금으로 제3세계를 위한 프로젝트를 진행한다. 현재 독일 옥스팜에서 진행하는 것은 이라크 프로젝트가 유일하다. 여러 나라 옥스팜이 아프리카에서 사업을 벌이는 것과 비교하면 차별성이 있다. 1년에 10개 정도의 프로젝트만 한다. 그동안 동구권에 많이 힘을 기울였다. 벤딕스 사무총장을 통해 독일은 시민사업도 독일병정 식으로 철두철미하고 합리적으로 한다는 사실을 배운다.

 ## 동독인의 인권을 지키는 단체

나올 때 멀쩡했는데 전철에서 내리니 비가 마구 쏟아졌다. 독일에서는 우산을 갖고 다니는 것이 중요하다. 12시에 약속인데 조금 일찍 도착해서 사무실에 들어섰다. 노인 세 분이 자리를 지키고 있다. '시민권과 인간존엄을 위한 단체(Gesellschaft fur Burgerrecht und Menschen Wurde, GBM)'인데 노인권을 주장하는 단체인가 하는 생각이 들었다. 그러나 그게 아니라는 걸 금방 알아차렸다. 동독인의 인권을 위해 일하는 단체라는 것이다. 내가 '통일'이라는 말을 쓰자 즉각 제동을 걸었다. 그것은 흡수통합일 뿐이지 평등한 수준에서 통일된 게 아니라는 것이다. 이들은 지금도 '전 동독'이 아니라 '동독'이라는 말을 그대로 쓴다. 나를 맞은 세 분은 이런 생각을 하는 사람들이었다.

게르트 율리우스(Gert Julius) 씨는 서베를린 한 은행의 노조위원장 출신으로, SPD 당원이었으나 유고에 군대 보내는 것을 보고 탈당했다. 노조보다 지금 일이 더 능동적이고 보람 있다고 생각한다. 디터 베커(Dieter Becker) 씨는 GBM 등이 포함된 더 큰 연합조직 코라트리움의 사무총장으로, 동독 방송국 ADN에서 일했다. 1980년대에는 중국 특파원을 지내기도 했으며, 1992년 방송국에서 은퇴했다. 네스틀러(Nestler) 씨는 동독의 대외무역기관에서 일했다. 중국에서 무역대표부의 대표로 일하기도 했다.

GBM은 통일 후인 1991년에 동독 출신의 사회과학자, 지식인, 노동자, 예술가 등이 중심이 되어 창립했다. 이들은 연금이나 사회기금 등에서의 차별, 동독 산업시설의 약탈, 그 과정에서 발생한 직장에서의 축출과 대량실업 등이 모두 인권의 침해라고 한다. 95퍼센트의 지식인들이 쫓겨났다. 원래 동독의 여러 정부기관에서 200만 명이 일했는데 1991년에 이미 120만 명으로 줄어들었고 2004년 현재에는 군대 고위직, 판사 등 법관직은 0퍼센트, 경제 고위관료 0.4퍼센트, 행정 고위관리 2.5퍼센트, 과학 7.3퍼센트, 언론 11.8퍼센트, 노조 12.5퍼센트밖에 없다는 것이다.

월급은 85퍼센트까지 보장한다고 하지만 그것은 명목에 불과하다. 통상 임금은 노사합의 결과 보장되는 것인데 대기업을 제외한 중소기업에서 노조가 약하기 때문에 전혀 보장이 안 된다고 한다. 비슷한 직종에서 서독 사람은 1,163.70유로를 받는데 비해 동독인들은 1,021.05유로를 받는다. 동독 사람들에 대한 월급과 연금을 매년 0.5퍼센트씩 증가해가다가 그것마저도 이제는 완전히 중단해버렸다.

어느 샌가 이들의 설명에는 분노가 섞여 있다. 설명은 계속 이어진다. 동독 산업시설이나 부동산은 중앙정부로부터 사실상 지시를 받는 신탁회사에 의해 너무 값싸게 팔려나갔다. 심지어 1마르크에 팔린 곳도 있었다. 새로운 서독의 투자자들은 정부나 은행의 보조금까지 받아가며 이들을 싼값에 사들였다. 동독인들은 거지가 된 것이다.

여러 정당들과 접촉해보았지만 반기는 곳이 없다. CDU는 아예 아무런 응답이 없었다. SPD와 녹색당에도 공문을 보냈더니 자세한 자료를 보내라 해서 온갖 자료를 보냈는데 대답이 없다고 한다. PDS는 우호적이기는 하지만 사사건건 시비를 거니까 GBM을 좋아하지는 않는

다고 한다. 이제 이들은 국제기관에 눈을 돌렸다. 2004년 5월 유엔인권
이사회에서는 독일 인권에 관한 정부 보고서를 검토하였다. 이때 GBM
은 반대 보고서를 제출하였고 인권이사회는 독일 정부에 대해서 시정
을 요구하는 권고를 냈는데 독일 정부는 인정하고 있지 않다고 한다.
이들은 대중데모도 조직해 자신의 의사를 표출한다. 2003년 10월에는
약 5만 명이 모여 데모를 벌였다.

　　현재 4천 명의 회원이 있고 30개 지방 조직이 있다. 그러나 회원들
은 대부분 노인이다. 아무래도 연금 등에 불만이 많은 사람들이 모이다
보니 그렇게 되었다고 씁쓸하게 웃는다. GBM 안에는 예술가들도 많은
데 이들이 전시할 공간도 없다고 한다. 그래서 이곳에 전시해두었다면
서 벽을 가리킨다. 온통 부시와 이라크 전쟁을 비판하는 만화나 PDS의
당 선전물들이다. 통독 이후 퇴물이 된 과거 동독 지식인들의 넋두리는
끝없이 이어졌다. 다음 약속을 위해 빨리 나오는 수밖에 없었다.

 프로이덴베르크 집안 이야기

　　언젠가 윤이상 선생이 건강을 해쳐 프라이부르크 근교 별장에서
요양 중이라고 해서 서승 씨와 함께 방문한 적이 있다. 그 별장의 소유
주가 바로 프로이덴베르크 교수이다. 그때 그 부부와 함께 식사하면서
이런저런 이야기를 나눈 적이 있다. 그리고 한국에도 몇 차례 다녀간
적이 있다. 그는 한국의 민주화를 지원하며 특별히 애정을 표했던 사람
이다. 마침내 운명하면서 1백만 유로는 아시아 하우스(Asia House)에
소속되어 있는 코레아 페어반트(Korea Verband)에 내놓았다. 그리고

그 이전에 이미 1,200만 유로를 출연해서 프로이덴베르크 재단을 설립했다. 바로 그 아들을 만나고 있다.

그는 아버지가 참 현명한 사람이라고 생각한다. 이 재단의 설립 과정에서 자식들과 일일이 상의하고 함께 참여시킴으로써 모든 가족이 흔쾌히 동의하게 만들었다. 프로이덴베르크 가문이 운영하는 제법 규모가 있는 회사가 있었다. 자동차 부품과 가죽 등을 취급하는 곳이었다. 프로이덴베르크 교수는 경영에 일체 참여하지 않았다. 전문가에게 맡겨야 한다는 생각이었다. 그리고 자신은 학문의 길을 걸어 오스나부르크 대학 총장까지 지냈다. 그리고 그 재산은 몽땅 사회를 위해 내놓은 것이다.

아들 프로이덴베르크는 그게 가족의 선통이라고 말한다. 기업에서 만든 돈은 결코 가족의 돈이 아니며 사회와 세대에 속한다는 것이다. 따라서 자신과 가족의 이익을 위해서가 아니라 사회와 나눠 써야 하는 것이다. 프로이덴베르크 재단에서 이사는 8명인데 자신도 이사로 참여하고 있다고 한다. 그는 집시에 대한 연구로 학위까지 받았는데 이 재단이 다루는 이주민과 독일에서의 적응 분야에서 전문가로 인정받기 때문에 이사직을 수행하는 것이지 기부자의 가족이라서 하는 것은 아니다. 이 재단의 다수 이사는 모두 전문가들이고 그와 가족의 영향력이 미칠 수 없다. 기부자와 이사회는 별개이며 그것은 이 재단이 전문기관이 되기 위해서도 당연히 그러해야 한다고 말한다. 이사들은 외부의 사회과학자, 정치인, 언론인 등 다양한 분야의 전문가들이다. 그야말로 이름은 프로이덴베르크가 붙었지만 사실상 완전한 공공재단인 셈이다.

운영에서도 마찬가지다. 다른 재단이나 기관과 협력하는 것이 중요하다고 생각한다. 그것이 이 재단이 가진 한계를 극복하는 길이다.

이 재단은 이민자, 청년실업, 장애인 문제 등 세 가지에 집중하고 있다. 1년에 150만 유로 내지 200만 유로를 지원금액으로 쓰고 있는데 이마저 적어 현재는 장애인 문제에서는 철수하고 있다고 한다. 그런데 이민자 문제와 청년실업은 겹치는 문제이기도 하다. 왜냐하면 이민자들의 자제들이 대체로 직업을 얻기 어렵기 때문이다. 이민자 문제 쪽에서는 제일 탄탄하게 지원하는 재단으로 알려져 있지만 여전히 부족함을 많이 느낀다고 한다. 그래서 가족들이 매년 조금씩 더 재단에 출연하고 있다. 무슨 일을 하려면 어느 정도의 기금이 필요한데 아시아 하우스에는 조금밖에 못 냈기 때문에 미안할 따름이라고 한다. 이미 아버지가 프로이덴베르크 재단에 다 기부했기 때문이다. 부전자전이라더니 그 마음씨가 아버지 프로이덴베르크 교수에 못지않다.

 ## 소수민족을 위한 문화제작소

그는 현재 '문화제작소(Werkstatt der Kulturen)'의 소장직도 맡고 있다. 베를린 시청이 소수민족의 상호이해, 대화, 공연 등을 위해 운영하고 있는 문화센터이다. 그동안 독일 사람들은 소수민족을 단지 사회적 소수로는 이해해왔지만 문화적 소수자로 이해하지는 않았다. 사회교육의 대상으로 이해할 뿐 이들의 문화적 잠재성과 문화적 풍요에 대해서는 보지 못한 것이다. 그런 의미에서 이들의 문화는 억압되어왔다고 볼 수 있다. 문화는 바로 인권의 차원에서 이해되어야 한다는 게 프로이덴베르크 아들의 견해이다.

그는 베를린에 살고 있는 예술가 · 지식인들이 그들의 생각을 표현하고 나누는 플랫폼을 만들어주고 싶어 한다. "비록 이곳이 작은 공간이지만(실제로는 작지 않다) 서로 함께 섞이는 지성적 실험실"이 되고자 하는 것이다. 그는 예술이 굉장히 중요한 요소라고 본다. 서로 평화롭게 살기 위해서는 서로 존중하는 문화가 생겨나야 한다. 보다 나은 미디어나 교육적 프로그램을 통한 능력 강화, 그리고 무엇보다 자체적인 참여가 중요하다. 예술은 이 과정에서 중요한 역할을 담당할 수 있다. 특히 내부에 있는 역량을 불러일으킬 수 있는 것이다. 결과적으로 베를린 시민들도 풍요롭고 다양한 도시생활을 즐기게 된다. 엄격한 단일 문화가 아니라 다양한 다문화가 생겨나기 때문이다.

이슬람이든 아시아인이든 이미 독일에서 뿌리를 내려 독일 시민이 되었다. 특히 2세들의 경우 독일 학교에서 공부를 하고 직장을 잡아 세금을 내고 있는데도 외국인이라고 부르는 것은 어불성설이라고 강조한다. 미국이나 영국과는 달리 여전히 이들이 깊은 이질감을 느끼게 하는 것이 문제라는 것이다. 멀리서 비판만 할 게 아니라 안에 들어올 수 있게 해주어야 한다. 이것은 정치적 실수이며 독일 전체 사회에서 비전이 없기 때문이라고 본다. 독일 사회에 '하나의 혈통, 하나의 언어, 하나의 베토벤(one blood, one language, one Beethoven)'이라는 말이 있다. 그만큼 배타성이 강하다는 자기비판이다. 셰익스피어는 외국인 작가라는 의식이 깔려 있다. 아이덴티티라는 누구에 대한 것이 아니라 누구와 함께 하는 것이며 누구와 나누는 공개적인 컨셉이라고 말한다. '나는 여기 있고 당신은 거기에 있다'는 구별이 아니다.

독일인의 국수적이고 배타적인 의식은 강한 왕국, 단일 국가를 만들고자 하는 오랜 세월의 강력한 의지에서 비롯되었다. 프랑스나 영국 등과는 달리 독일은 오랜 세월동안 분열되어 있었다. 프로이센 이후 공통의 '통일국가 만들기' 노력이 이런 잘못된 의식을 심었고 그것이 나치로까지 이어진 것이라고 그는 분석한다. 명쾌하고 설득력이 있었다. 역시 그 아버지에 그 아들이다.

자전거 타는 사람

6월 8일 오후 7시, 오늘 저녁에는 진짜 특별한 사람을 만난다. 정말로 기인이다. 자전거만 타고 다닌다는 것이다. 내 일정에 여러 도움을 준 최영숙 씨와 안숙영 씨에게서 듣고는 곧바로 만나고 싶다고 했더니 일단 저녁에 집으로 오라고 한다. 스판다우(Spandau) 쪽에 집이 있었다. 부인이 김정숙 씨라는 한국 사람이어서 한국 음식을 잘 먹을 수 있었다.

주인공은 알리 마크그라프(Ali-Markgraf) 씨다. 그는 15년 전에 운전한 이래로 자동차를 운전하거나 타본 적이 없다. 먼 여행은 기차로 하고 일상생활은 오직 자전거를 이용한다. 15년 전에도 운전은 공무로만 했지 자신의 생활을 위해서는 언제나 자전거를 탔

어머니에게 물려 받았다는 60년된 자신의 자전거와 함께 선 알리 마크그라프씨
그는 평생 자전거만 타는 사람이다.

다. 불편하고 힘들고 시간 걸리지 않느냐고 물었더니 자전거 예찬론을 한참 늘어놓았다.

자전거는 무엇보다 건강에 좋다. 혈액 순환에 최고라는 것이다. 둘째는 오히려 자전거가 자동차나 다른 교통수단보다 빠르다고 한다. 의외의 이야기여서 도대체 무슨 소리냐고 물었더니 자동차의 경우 주차장 찾는데 얼마나 시간이 걸리느냐는 것이다. 듣고 보니 일리가 있다. 셋째는 환경을 위해서다. 자가용을 통한 공해가 기후환경에 최고로 나쁜데 공동 범죄자가 되기 싫다고 한다. 그리고 자동차는 너무 비싸고 자전거는 싸다는 것도 매력이라고 말했다. 그는 자전거를 다섯 대나 갖고 있다. 경주용도 있고 하나는 아버지로부터 물려받은 것인데 70년이 넘은 것이니 거의 골동품 수준이다. 그래도 그의 자전거를 다 합쳐도 자동차 값하고는 비교가 안 된다.

그가 사는 곳에서 베를린 시내까지는 20킬로미터 정도 되는데 자전거로 한 시간 정도 걸린다고 한다. 주차장 찾는데 30여 분 걸린다면 차와 다를 게 없단다. 기차나 트램, 버스 등을 이용해도 여러 번 갈아타야 하니까 마찬가지란다. 밤에 위험하지 않느냐고 했더니 자전거에 전등이 달려 있고 달리면 저절로 재충전되어 자전거 앞뒤에 등이 켜져 전혀 문제가 없다고 한다. 더구나 짐 자전거가 따로 있어 여기에 200킬로그램까지 싣는다고 한다. 주차장에 다른 사람들은 자동차를 주차시키지만 마크그라프 씨는 자전거를 주차시켜놓는다. 자전거 앞에 지붕이 덮인 화물칸이 하나 있다. 아이 둘은 실을 수 있고 그 안에 뭐든지 넣을 수 있다. 그가 일상적으로 타고 다니는 자전거에는 주머니가 뒤에 양쪽으로 달려 있는데 그 안에 자전거 수리도구, 비상의약품과 약간의 식량 등이 준비되어 있다.

자전거 타기를 주변에 많이 권유하고 다니느냐니까 말하고 설교하는 것이 아니라 단지 행동으로 일상생활 속에 실천할 뿐이라고 한다.

다만 자전거 클럽(Allgemeiner Deutscher Fahrrad Club, ADFC)의 회원으로 활동 중이라고 한다. ADFC는 여러 가지 자전거에 관련된 활동을 하는데 수선수리 교육, 자전거 관련 도구 판매, 정보제공 등이 그것이다. 그중에도 가장 중요한 것은 자전거 여행 프로그램을 제공하는 것이다. 특히 주말이나 휴일에 자전거를 타고 피크닉을 하거나 여행을 할 수 있는 다양한 프로그램을 제공한다. 일년 치의 스케줄이 다 나와 있다. 자전거 타기의 수준·기호·지역에 따라 몹시 다양하다. 중간에 식사를 하거나 수영을 하거나 캠핑을 할 수 있는 것도 있다. 작게는 수십 킬로미터에서 380킬로미터짜리 프로그램도 있다. 어떤 것은 '고난의 행군' 같은 지옥훈련 코스도 있고 또 어떤 것은 역사탐방 코스도 있다. 한 번 맛들이면 빠져들 것 같기도 하다.

이런 자전거 여행자들을 위해 편의도 제공된다. 자전거그룹이 지나갈 때는 주행중인 자동차가 멈춰야 한다. 그 대신 자전거가 16대 이상이어야 하고 선두는 특별한 옷을 입게 되어 있다. 자전거가 자동차보다 힘이 더 세다.

그래도 마크그라프 씨는 불만이 많다. 현재의 도로주행체계상 도로 중앙으로부터 자동차도로, 자동차 주차공간, 그리고 자전거도로, 인도가 배치되어 있다. 그런데 이 양반 주장으로는 자동차도로 바로 옆에 자전거 도로가 있어야 한다는 것이다. 주차공간이 그 사이에 있으니까 자전거가 안보여 베를린에서 자전거로 인한 중상의 75퍼센트는 이 때문에 난다고 한다. 또한 큰 화물차량의 경우 후사경에 사각지대가 있어 이것을 바꾸자는 제안을 하고 있다. 그리고 고속기차(ICE 등의 경우)에는 자전거전용비치공간이 없다는 게 불만이다. 우리가 보기에는 너무나 자전거천국처럼 보이는데 또 이렇게 주문사항이 많다. 나도 아름다운재단에서 아름다운가게 사무실을 오갈 때 주로 자전거를 이용하는데 10여 분밖에 안 되는 짧은 거리도 도로 상황이 좋지 않아 애를 먹는다. 우리 서울을 어떻게 자전거 천국으로 만들 것인가 참으로 고민이다.

온 세상 자전거 다 모여라

베를린에서 최대의 자전거 행사가 열렸다. 일년에 한 번씩 열리는 이들의 축제, 스테른파아트(Sternfahrt)가 열린 것이다. 스테른(Stern)은 별이라는 뜻이고 파아트(Fahrt)는 타는 것이다. 별처럼 사방에서 자전기를 다고 한 지점으로 노여드는 것을 의미한다. 베를린 시내의 운터 덴린덴 거리를 집결지로 해서 베를린과 인근 브란덴부르크의 각 동네의 자전거 클럽 사람들이 각기 다른 시간에 출발해서 6월 6일 오후 1시 50분에 모이는 것이다. 어떤 지역 사람은 5시간 걸려 도착하기도 했다. 모두 25만 명이 모였다. 매년 대회의 주제가 조금씩 다른데 대부분 자전거나 교통에 관한 것이다. 금년의 주제는 '자전거에게 존경을(Respekt für Radler)' 이었고, 작년에는 '어린이에게 조심을' 이었다. 이날은 주요 고속도로도 모두 봉쇄하고 자전거 타는 사람들에게 개방한다. 다른 도시에도 이런 행사가 열리니까 이날은 전국적 행사인 셈이다. 나도 미리 알았으면 자전거 한 대 얻어 타고 가 보았을 텐데 아쉽다.

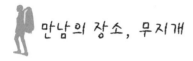 만남의 장소, 무지개

마크그라프 씨 직장은 가난한 사람을 위한 사회사업기관인데, 이름이 예쁘다. '만남의 장소—무지개(Treffpunkt Regenbogen).' 원래 이름은 아주 길다. '실업자·사회구제수급자·저연금자 지원과 자립 및 상담을 위한 기관(Verein zur Förderung von Arbeitslosen, Sozialhilfeempfanger und Kleinrentenern e.v, Selbshilfe und Bertung)' 이다. 이름에 이미 나와 있는 것처럼 카페를 운영해서 극빈자들에게 거의 무료로 식사를 제공하기도 하고, 사회복지나 연금을 청구하는 것을 도와주기도 하며, 알코올 중독자의 모임을 주선하거나 가족에게 상담을 하기도 한다. 패스트푸드 보다는 일반 음식을 먹어야 한다는 것을 가르치기 위해서도 식사를 준비해서 제공하는데 아주 공짜로 하지 않고 한 끼에 2.1유로 정도 받는다고 한다. 알코올 중독자 모임을 포함해서 이웃들이 모여 서로 대화하는 모임도 이끌고 있다. 이들과 함께 박물관 가기, 카드놀이, 자전거 타기 등을 즐기기도 한다. 재활과 심리치료에 이런 행사가 큰 도움이 된다. 마크그라프 씨 같은 사람에게 딱 맞는 일인 것 같다. 이 기관이 위치한 곳은 베를린의 스판다우구 안에서도 제일 가난한 곳이다. 그러다보니 잡다한 상담에 응해야 하는 것도 많다. 행정적 업무나 집 임대, 부채문제 등으로 서류를 작성해주거나 편지를 써야 하는 경우도 적지 않다. 독일에도 전 인구의 1퍼센트에 해당하는 80만여 명이 문맹이라고 하니 독일이라고 다 지식인만 사는 게 아니다.

구청에서 기본적으로 경비를 부담하지만 20퍼센트는 스스로 부담해야 한다. 일종의 매칭 방식으로 지원하는 것이다. 회원들의 회비나 성금도 있고 1년에 한 번 벼룩시장을 열어 비용을 마련한다. 마크그라프 씨는 타츠 신문의 주주이고 그린피스의 회원이기도 하다. 누가 이런 신문을 보는가 했더니 마크그라프 씨 같은 사람이 적지 않은 모양이다. 성실하고 자기철학을 가진 사람들이다.

 ## 작은 소비조합

간호사로 1970년대 독일에 와서 살고 있는 김정숙 씨는 이웃들과 함께 스판다우에서 작은 소비조합을 만들었다. 회원이 30여 명이고 회비가 22유로이다. 따로 직원이 없으니 한달에 한 번 각자가 세 시간씩 근무한다. 회원 가운데 회계와 주문자의 소임이 따로 있다. 회계는 이 소비조합의 전체 회계와 총무를 맡고, 주문자는 물건이 떨어지면 주문하는 것을 맡는다. 일주일에 한 번 정해진 시간에 와서 모두들 물건을 사 간다. 주로 유기농 농산품이지만 치약·비누 등 생활필수품도 있다. 그러나 꼭 필요하면 회계에게 열쇠를 받아 자신이 필요한 물건을 가져가고 회계장부에 적어두면 된다. 이 공간은 회원 중에 녹색당원이 있는데 동네의 할머니한데 너무 잘 대해주었더니 이 할머니가 돌아가시면서 큰 건물을 몽땅 이 사람에게 상속을 시켜주어 그 건물 중의 일부를 무료로 쓰고 있다. 밤늦은 시간에 일부러 소비조합 사무실까지 데려다주어 구경을 잘 했다. 치약·비누·샴푸 등 모두 천연재료와 유기농 생산품으로 만든 것이라면서 김정숙 씨가 선물했다.

농업의 미래를 개척한다

6월 9일 10시 미팅. 독일을 여행하다 보면 어디에서나 만나는 이름이 있다. 바로 비오란트(Bioland)이다. 그만큼 이 트래드 마크가 대중으로부터 신뢰받고 있다는 뜻이다. 1971년 창립된 독일 최대의 유기농 농업인의 조직이다. 2004년 2월 현재 독일과 이탈리아 북부 티롤 지역까지 합쳐 4,498명이 회원이고 이들이 경작하는 유기농 재배면적은 18만 헥타르에 이른다. 그뿐만 아니라 중간 유통상인이나 중소 판매조직까지 회원으로 들어와 있는데 빵집 304곳, 정육점 98곳, 목장 32곳, 맥주공장 18곳, 과일 주스 및 와인 공장 28곳 등 합쳐 691곳이 가입되어 있다. 마인츠에 연방조직이 있고 9개의 지역조직이 있다. 임원들은 모두 농민들로 구성되고 회장도 그중에서 선출된다.

비오란트의 이름값을 유지하려면 유기농의 생물학적인 농사방법과 유통과정에 대한 엄정한 규정과 점검이 필요하다. 이 조직의 웹사이트를 들어가 보니 그 규정이 수백 페이지에 이른다. 복사하려다가 포기했다. 양봉, 청정수 양어장, 장식용 화초 등 아주 전문적인 분야에도 별도로 자세한 가이드라인이 규정되어 있다. 이 가이드라인은 계속 보강되고 발전해가고 있다. 바로 농민들 스스로 만들고 지킨다.

베를린 지역사무소는 두 가지 일을 한다. 하나는 이 단체의 홍보업무를 담당하는 것이고 두 번째는 이 지역에서 새로운 회원, 특히 유통상인을 회원으로 가입시키는 일이다. 홍보라는 것은 텔레비전이나 잡지 등에 자신들이 만든 텍스트를 제공한다거나 큰 마켓이나 행사에서 자신들을 알리는 일이다. 일종의 이미지 광고를 하는 것이고 개별

상품들에 대해 홍보하는 것은 아니라고 한다. 과거 동독 지역의 대농장에도 회원 가입을 독려해보지만 아직 인식이 없어 애로가 많다고 한다. 비오란트 외에도 네이처 랜드(Nature Land), 게아(Gaa), 비오파크(Biopark), 데메터(Demeter) 등의 큰 유기농조직이 있고, 남부 지역으로 내려가서 외케란트(Okeland) 등 작은 조직이 있다고 한다.

실비아는 현재 이곳에 4일 나와서 30시간 일하는데, 같이 일하는 다른 직원은 반상근이다. 실비아의 월급은 199유로이다. 아이들이 있고 남편이 일하기 때문에 그만큼만 일한다. 독일에서 매번 느끼는 것이지만 스스로 일하는 시간을 정해서 사정이 되는 만큼만 일한다. 우리 같으면 전업적 근무만 있지 시간제로 일한다는 게 익숙하지 않다. 그만큼 다른 시간은 집안일이나 또 다른 일을 하게 된다. 또 하나는 단체에 상근자가 적다는 점이다. 그러니까 사무실로 전화를 해도 잘 받지 않고 연락이 잘 안 된다. 이메일로 해야 하는데 인터넷카페 같은 것도 적어 나 같은 뜨내기에게는 여간 어려운 게 아니다. 그래도 이렇게 열심히 사람들을 만나고 다닌다.

 ## 통일 후에도 살아남은 동독 공산당의 적자

점심시간을 이용해서 ARD(독일 제1라디오) 건물 카페에서 만나기로 한 사람이 20분이 지나도 오지 않는다. 휴대폰으로 전화를 했더니 막 바쁜 일을 끝내고 나가는 중이라고 한다. 꼭 선머슴 같은 여성이 들어오더니 아는 체를 한다. 행색도 목소리도 꼭 그렇다. 이 여성이 바로 민주사회당(PDS) 중앙위원이란다.

카티나 슈베르트(Katina Schubert). 42살인 그녀는 본 출신이다. 자신은 18살 때 정치를 시작했다고 한다. 대학 다닐 때 서클 활동을 하면서 원전 반대, 인종차별 철폐, 저렴한 주택공급 등을 위해 싸웠다. 1990년대까지 계속 이런저런 운동을 하면서 사회운동만으로는 무언가 뚜렷하게 이룰 수가 없었다고 한다. 대부분 의회 수준에서 할 수 있는 일이다. 그래서 그녀는 정당운동을 선택했다.

그런데 왜 하필이면 PDS인가. PDS는 동독 공산당을 이어받은 SED(독일사회주의통합당)의 후신이다. PDS가 유일한 좌파이기 때문이라고 한다. 녹색당은 좌파가 아니라고 결연히 말한다. 그녀 자신도 녹색당이 좋은 정책을 많이 가지고 있다고 생각하지만 사회정의나 사회복지 등 사회정책에 대해서는 비판적이다. 1970~1980년대는 자신도 녹색당을 지지했지만 녹색당이 중산층 중심의 신자유주의적 정책으로 전환하면서 마음이 떠났다. PDS는 과거 권위주의적 역사를 가지고 있지만 새로운 정당으로 전환했다. 과거의 범죄적 행동에 대해서는 깨끗이 사과를 했고 이제 더 이상 과거처럼 권위적이거나 독단적인 좌파가 아니라고 한다. 독일에는 마르크스-레닌당, 트로츠키파 공산당 등이 있지만 그들과는 다르다. PDS는 이미 한 정파나 분파의 수준을 넘어서서 의회에 진출한 원내정당인 것이다.

PDS는 구동독 지역에서 6만 명, 서독 지역에서 4천 명의 당원이 있다. 지난 총선에서 4퍼센트밖에 못 얻어 비례대표는 한 명도 못 냈지만 그 대신 2명의 지역구의원을 탄생시켰다. 그러나 지방정부 차원으로 가면 사정이 다르다. 베를린 시 정부와는 사민당과 연정을 펴고 있어 집권당인 셈이다. 이른바 적적(赤赤)연합이다. 튀링겐 주, 삭소니아 주, 브란덴부르크 주, 작센안할트 주에서는 제1야당이다. 문제는 서독 지역이다. 서독 지역에서는 한 명의 지방의회 의원도 당선시키지 못했다. 그래서 PDS는 두 가지 전략을 동시에 채택했다. 동독 지역에서는 현재의 위치를 사수하고 서독 지역에서 돌파구를 마련하는 전략이다. 구체적으로는 지방정부 차원에서는 당원을 확대하여 5퍼센트 이상 득표하여 비례대표를 진출시키는 전략을 세우고 있다. 동시에 대학에 역량을 집중하여 대학생들을 PDS 진출의 전진기지로 삼고 각 지역의 사회운동단체와 긴밀한 협력관계를 맺어 지역적 이슈를 선점한다는 전략이다.

PDS가 선전하고 있는 동독 지역의 주민들은 특히 어려운 상황에 있다. 실업률이 20퍼센트에 육박하고 있고 주요 산업이 붕괴되어 다시 복원되지 못하고 있다. 집권하기 전의 일이기는 하지만 베를린 시정부에는 부패의 네트워크가 있다. 막상 책임 있는 시정부의 여당이 되고 보니 문제가 여간 복잡하지 않다고 실토한다. 비판하기는 쉬워도 책임 있는 자리에서 일한다는 게 어려운 것은 동서고금이 같은 모양이다.

며칠 후에 실시되는 유럽의회 선거에서는 10퍼센트 득표를 목표로 하고 있다. 지난 선거에서 5.6퍼센트를 얻어 6명의 유럽의회 의원을 배출했다. 각 정당은 22명의 전국적 후보 리스트를 제출하고 득표에 따라 당선자수가 결정된다. 특정 지역을 대표하는 것이 아니라 전국적 리스트를 보고 특정 정당에 투표하는 것이다. PDS는 2004년 5월 유럽의회와 유럽 대륙 차원에서 '유럽 좌파(European Left)'를 결성했다. 이미 이탈리아, 스페인, 헝가리, 리투아니아, 체코 등에서 합류했다.

PDS의 중앙위원은 20명이다. 이야기하다 보니 카티나는 그냥 의회 직원이란다. 연방의회에서 의회 의원들이 요청하는 과학 분야의 자료를 조사해서 제공해주는 일을 하고 있다. 중앙위원 대부분이 다른 직업을 가지고 있다고 한다. 자기 월급 가운데 1.5퍼센트는 당에 기부하

도록 되어 있다. 참 신기하다. 동독은 이미 흡수되었는데 그래도 동독
공산당이 살아남아 이렇게 열심히 활동하고 있다는 사실이 신기하다.
언젠가 우리도 통일이 되면 북한 노동당이 살아남아 이렇게 활동할 수
있을까.

 ## 미래를 위해 씨 뿌리는 사람

6월 9일 오후 3시. 이름에 반했다. '미래재단(Zukunftsstiftung)'
어디에 우리의 미래가 있는가. 바로 씨앗을 유지하고 키워나가는 일이
다. 한때 유럽의회 의원이기도 했고 10여 년간을 그린피스에서도 일했
던 베네딕트 헤어린(Benedikt Haerlin) 씨는 바로 이 종자에 자신의 나
머지 인생을 투자해야겠다고 결심을 하고 이 재단을 만들었다. 이미 종
자의 대부분은 세계적 다국적기업 몇 개에 지배권이 넘어갔고 이들은
유기농에 의한 종자의 개량과
개발보다는 유전자조작 방법
에 의해 다량의 수확을 거두는
수익창출에 관심을 기울인다.
진겐다(Syngenda), 몬산토
(Monsanto), 바이엘(Bayer) 등
이 바로 그 거대기업이다. 그

**종자의 개발과 올바른 개발운동을 벌이고 있는
미래 재단의 베네딕트 헤어린씨**

러나 그는 이것을 용납하지 않으려 한다.

먼저 그는 농민단체와 환경단체 300개의 청원을 모아 독일 의회에 유전자조작에 의한 종자개발을 반대하는 결의안 초안을 냈다. 바로 일주일 전에 통과되었다. 축하한다고 했더니 아직 갈 길이 멀다고 한다. 유럽의회에서 정식으로 법률로 통과되어야 한다는 것이다. 그런데 유럽의회 의원들 상당수가 유전자조작 농산물(GMO)도 어느 정도 인정할 수밖에 없지 않느냐는 생각을 하고 있다고 한다. 이번 유럽의회 선거에서 의원들이 많이 갈리겠지만 이런 생각은 크게 바뀌지 않을 거란다.

그 외에도 농부들 스스로 GMO 종자를 쓰지 않겠다는 약속을 함으로써 'GMO 자유지역'을 만들기도 하고, GMO 식품을 거부하는 소비자운동과 유기농 종자의 개빌을 지원하는 일을 하고 있다. 이러한 종자 개발은 7년 내지 10년이 걸리고 유기농 시장은 아직도 적다. 장사가 안 되는 것이다. 그렇지만 해야 할 일이기 때문에 자신이 나섰다고 한다. 사실 그린피스는 악쓰고 데모하고 행동하지만 그것만으로는 부족하다. 이런 운동을 측면에서 지원하는 일도 필요하다고 생각했다. 작지만 전문적인 분야를 가진 아름다운 재단이다.

이 재단을 창립하면서 게엘에스 방크(GLS Bank)의 지원을 받았다. 투자자들의 돈을 모아 오직 공익적인 일에 투자하는 은행이란다. 참 좋은 은행이다. 책임자를 소개받았으니 다음에 방문해야 할 기관임에 틀림없다. 작은 기업들이 협찬하고 있고 회원은 70명쯤이다. 은행이 150만 유로를 출자했고 일상적인 운영경비 15만 유로는 회원과 일반인으로부터 모금해서 쓴다. 우리 한국에도 이런 작은 재단들이 많이 생겼으면 좋겠다.

독일에도 반부패운동이 필요하다

6월 9일 오늘의 마지막 일정이다. 그동안 제3세계 지원이나 환경 관련 운동단체들은 많이 접해봤으나, 이제 만날 단체는 은행의 스캔들을 따지는 일을 한다고 하니 신이 났다. 이런 단체는 눈을 씻고 봐도 별로 없다. 이니치아티베 베를린스-빙켄스칸달(Initiative Berlines-Bankenskandal)의 사무실은 제법 큰데 사람은 혼자뿐이다. 썰렁하기 그지없다. 자유대학 정치학 교수가 대표이고 2명이 파트타임으로 일하고 있을 뿐이다. 우리를 맞은 사람은 작년부터 자원활동을 하면서 이 단체를 돕고 있는 대학생이다. 자신을 포함하여 다섯 명이 자원활동하고 있다고 한다. 공식적 조직은 없는 셈이고 매주 공개모임을 하는데 20명 정도가 모여 활동의 방향을 결정한다.

이 대학생이 설명하는 '은행 스캔들' 의 요지는 이렇다. 베를린 시가 운영하는 베를린 공공은행과 두 사설은행(Berliner Bank, Hypo.thek Bank)이 통독 후 늘어난 건물 신축과 리노베이션 등에 투자하는 은행기금을 설립하였다. 그러다 신·개축한 건물들 가운데 투자한 원리금을 회수하기에 어려운 곳에 대해서는 부동산 회사에 이윤을 남기고 팔았다. 그런데 이 부동산 회사가 실제로는 그 은행들이 출자해서 만든 회사였다. 이 부동산 회사는 다시 자회사인 투자회사에 이윤을 남기고 팔았다. 실제 이윤은 없는데 가격을 짜고 정한 것이다. 더구나 히포테크 뱅크의 회장은 베를린 시 내무장관을 겸하고 있었고, 시장과 은행장은 어릴 때부터 친구였다. 클라우스 그로스라는 건설회사 사장은 이 은행기금으로부터 막대한 돈을 융자받았고, CDU 당사(나도 지나가면서 보았는데 마치 유리로 만든 배처럼 멋있게 만들었다) 등을 지었다고 한다. 이렇게 '짜고 치는 고스톱'이 밝혀지자 당시 베를린 시의 집권여당인 CDU 출신 시장은 사임했다. 그러나 새로 선출된 SPD 출신 시장도 이 부정을 밝히는 데 크게 열의가 없었다. 언론도 마찬가지였다. 바로 그 투자회사의 투자자들이 정치인과 언론인들이었다는 것이다. 세상에 독일에서도 이런 일이 있을 수 있단 말인가.

아무튼 이로 인해 은행은 엄청난 부실을 짊어졌고 베를린 시는 약 216억 유로에 대해 지급보증을 하게 되었다. 아직도 그 부실의 규모가 정확히 밝혀지지 않았지만, 700억 유로에 달한다는 주장도 있다. 이로 말미암아 베를린 시는 학교 문을 닫고 사회복지 예산을 줄이고 야단이 났다. 거의 부도 상태에 있다는 것이다. 당연히 시민들이 나섰다.

이니치아티베 베를린스-빙켄스칸달도 3만 6천 명의 서명을 모아 법원에다 베

베를린 개발과 그 투자에 관련된 스캔들을 폭로하는 시민법정 포스터

를린 시가 더 이상 은행의 채무보증을 하지 못하도록 하는 소송을 제기했다. SPD 정부도 유권자가 투표를 통해서 권리를 행사하는 것은 몰라도 행정조치에 직접 개입할 수는 없다는 입장을 보였다. 베를린 시는 조사위원회를 구성하였으나 조사에 성의를 안 보이고 은행도 전 집행부에 대해 소송을 제기해놓고 있지만 형식적이라는 느낌을 지울 수 없다고 한다.

이번 사건은 민간·기업·정부가 유착된 부정사건이고 철저한

내부 모의에 의한 범죄라고 말한다. 여론을 환기시키기 위해서 서명운동과 데모를 벌이고 사건의 내용을 담은 팸플릿을 나누어준다. 그러나 사건이 법정으로 가면서 대응이 느슨해졌다. 내년이 되어야 소송의 결과가 나올 것이라고 한다. 완전히 전략 미스다. 뭔가 대응이 엉성하다. 한국에서 이런 정도의 사건이 터진다면 이 정도로 질질 끌 수는 없다. 그날 숙소로 오면서 아무 관계도 없는 내가 분통이 터졌다.

 ## 산적한 문제를 해결하라

6월 11일 오전 9시, 베를린 시의회의 시빌-안카 크로츠(Sibyll-Anka Klotz) 녹색당 소속 여성 의원을 만났다. 영어를 잘 못한다면서 녹색당 대변인을 입회시켰다. 나중에 알고 보니 동베를린 출신이란다. 동독 치하에서는 러시아어를 배웠지 영어는 배우지 않았다는 것이다. 방문 앞에 걸려 있는 사진을 가리키면서 아직도 저러고 있어야 한다고 쓴 웃음을 짓는다. 베를린 시청 앞에서 군중을 앞에 두고 마이크를 들고 연설하는 장면이다. 시의원이 되었는데도 여전히 길거리 정치가 필요하다는 것이다. 하기는 141명의 시의원 가운데 녹색당은 14명밖에 안 되니 소수 정당이다.

그녀는 '베를린의 미래' 특별위원회의 위원장이다. 어찌 소수당 출신이 위원장을 할 수 있느냐고 물었다. 위원장은 돌아가면서 하는 것이기 때문에 의원 숫자의 문제가 아니라고 한다. 사실 '베를린의 미래' 특별위원회의 설치는 그녀와 녹색당의 활동과 관련이 깊다. 베를린의 재정적자는 심각한 지경이고 부채가 지출을 초과하는 상황이다. 이것은 주 헌법위반이기 때문에 녹색당은 이를 주 최고재판소에 제소했고 재판소측은 녹색당의 손을 들어주었다. 동시에 이 문제를 의회 차원에서 해결해야 하는 책임이 떨어졌다.

이 위원회가 다루고 있는 최우선 과제는 우선 재정적자와 산하 공공기관의 혁신에 있다. 지금도 550억 유로의 재정부채가 있다. 베를린공대, 자유대학에다가 동독의 훔볼트대학까지 3개가 생겨 그중 하나는 문 닫는 게 좋다는 견해도 있다. 그러나 그녀는 미래를 위해 그럴 수는 없다고 생각한다. 현재 공공지원을 받는 16개의 연구기관에 5만 명이 고용되어 있다. 미국은 총 특허의 20퍼센트가 대학에서 나오는 데 비해 독일은 1퍼센트에 지나지 않는다고 한다. 당연히 대학과 연구기관의 생산성이 논의된다. 돈뿐만 아니라 운영의 유연성과 활력이 떨어진다는 게 문제다. 더구나 교수는 우리말로 철밥통이어서 해고할 수도 없다.

공공부문의 혁신도 문제다. 구조조정이 많이 되었는데도 여전히 베를린 시 공무원은 6만 명이나 된다는 것이다. 이들에게는 창의와 효율성이 떨어진다. 병원과 교통기관 등 시가 소유하고 있는 기관들도 문제다. 시민참여에 의한 행정도 이 위원회의 논의 주제 중의 하나다. 나치와 동독 시절을 경험하면서 시민참여의 기반은 별로 없다는 게 클로츠 의원의 생각이다. 시민들의 제안을 쉽게 수용해야 하는데 일단 안 된다고 말하는 게 관료들의 특징이란다. 어쩌면 우리하고 꼭 같을까.

2004년 2월에 설치된 이 위원회는 현재 7차 에프페(FP) 회의를 했는데 연말까지 활동을 계속하고 자세한 보고서를 낼 예정이다. 위원들이 동의하면 연장될 수도 있다. 현재까지 재정지출을 많이 삭감해야 한다는 측면과 동시에 경기회복을 위해 일부 분야에는 공공재정을 확대해야 한다는 점, 그리고 같은 돈이 지출되더라도 서비스의 수준이 높아저야 한다는 점에는 모두가 동의하고 있기 때문에 구체적인 결론들이 보고서에 많이 포함될 것이라고 한다.

어제 들은 뱅크 스캔들에 관한 시민단체들의 주장을 전했더니 녹색당으로서는 이 문제를 지속적으로 제기하고 있다면서 다만 의원이기 때문에 법치주의적 방식에 따라 할 수밖에 없지 않느냐고 반문한다. 그러나 그녀는 기본적으로 통일 이후에 들어간 막대한 통일비용과 1990년 당시 베를린 시민들이 건물·주택·교통 등에 대한 엄청난 환상과 꿈과 기대를 가지고 있었던 것도 이 사건과 무관하지 않다는 점에서 시민들의 책임도 언급했다.

시의원으로서 받는 월급은 4천 유로에 조금 못 미치지만, 시의회 녹색당의 원내 대표를 맞고 있어 500유로를 더 받는다. 그러나 동시에 녹색당은 당규로 소득의 1퍼센트를 당비로 내도록 하고 있어 300유로쯤을 당비로 낸다. 더구나 시의원인데다가 베를린 시의회 녹색당 대표로서 들어가는 비용도 있다. 비서는 따로 없고 시의회 안에 녹색당을 유지할 수 있는 대변인, 행정직원 등의 비용을 시가 부담하게 되어 있다.

현재 베를린의 녹색당원 수는 3,500명 정도라고 한다. 곧 시행되는 유럽의회 선거에서 10퍼센트 정도의 득표를 기대한다. 지난번 선거에는 7퍼센트에 머물렀다. 지금 인기 없는 사민당과의 연정을 펴고 있는 녹색당이 그토록 선전할지는 모르겠다. 과거에는 녹색당 의원들은 임기 4년 중에 2년을 하면 물러나 다른 후순위 후보가 승계했다고 한다. 그만큼 직업적 정치인이 되지 못하도록 했던 것이다. 지금은 이 원칙은 깨졌다. 세상도 변하고 녹색당도 변했다. 그리고 베를린 시의회에 '베를린의 미래 특별위원회'가 생긴 걸 보면 '베를린의 미래'가 반드시 밝지만은 않은 것 같다.

기억, 책임, 그리고 미래재단

> 나치가 추방, 감금, 착취 그리고 수많은 인권침해를 통해서 노예적 노동의 심각한 불의를 행한 것을 인정하고, 나치의 악행에 참여한 독일 기업들도 역사적 책임을 져야 한다는 사실을 인정하며, 나치가 자행한 인간적 고통이 결코 재정적 보상으로 보상될 수 없다는 사실을 인정하고, 나치 정권에 의해 목숨을 잃었거나 그 사이에 돌아가신 분들에게 이 법은 너무 늦었음을 인정하며……독일 의회는 나치 희생자에 대한 정치적·도덕적 책임을 인정하면서 다음과 같은 법을 제정합니다.……

참 다르다. 책임을 거부하며 보상은커녕 심지어 야스쿠니 신사에 참배함으로써 희생자들을 능욕하는 일본과는 참 다르다. 이렇게 제정된 독일배상법의 서문에 나오듯이 결코 그 희생은 보상될 수 없는 것이지만 보상을 위해 최선을 다하는 모습은 보기가 좋다. 과거 정신대문제 대책협의회 법률자문위원으로도 활동한 바 있지만 이런 법이 있는 것은 이번에 알았다. 하기는 2000년 8월 12일 발효했으니까 오래 되지는 않았다. 그런데 무엇보다 재단의 이름 자체가 멋지지 않은가. '기억, 책임, 그리고 미래재단(Stiftung Einnerung, Verantwortung und Zukunft).' 미래를 위해 과거를 기억하고 책임을 지겠다는 의지가 담겨 있다. 이왕 희생자들에게 배상을 하는 마당에 억지로 마지못해 줄 것이 아니라 이렇게 흔쾌히 모든 것을 인정하면서 하는 것이 미래의 독일을 위해 좋은 게 아니겠는가.

이 재단의 법률 담당관인 롤란드 방크(Roland Bank) 박사에 따르면 이 법이 생긴 것은 두 가지 이유 때문이다. 하나는 냉전이 무너지면서 비로소 관계가 회복된 동구권의 희생자들에 대한 보상이 필요했기 때문이며, 다른 하나는 미국 법정에 제기된 수많은 소송을 일괄적으로 취하하는 대신 집단적 배상을 하기 위해서였다. 나치에 의한 피해는 서유럽만이 아니라 폴란드, 체코, 우크라이나 등 여러 동구권에도 미쳤다. 미국의 변호사들에 의해 독일 기업들은 강제노동과 노예노동의 피해를 배상하도록 소송을 당했다. 이걸 일일이 대응하기보다는 한꺼번에 해결할 필요가 있었다.

이렇게 하여 독일 정부가 25억 유로, 독일 기업들이 25억 유로 합쳐서 50억 유로(우리 돈으로 6조 5천억 원이 넘는다)의 기금을 만들었다. 대부분의 독일 기업들이 힘을 합쳐 기금을 출연했고 그중에서도 나치에 협력하고 군수사업을 벌였던 지멘스, 폭스바겐 등은 좀더 많은 돈을 냈다. 2005년 말이면 보상작업이 대부분 끝날 것으로 기대하고 있다. 이 돈으로 보상을 끝내고 남는 돈이 있으면 인도적 지원에 쓰기로 되어 있다.

사실 독일은 제2차 세계대전이 끝나면서 영토의 20퍼센트를 박탈당했고 산업시설을 연합군에게 거의 다 빼앗겼다. 1960년대와 1970년대에 각국과 우호조약을 맺으면서 배상금을 지급했고 나중에는 개인에게 배상하는 연방법을 통과시켰다. 개인의 희생을 가능한 한 다 계산하여 배상했다고 한다. 예컨대 정치학자로 유명한 한나 아렌트의 경우 나치 치하에서 유태인이라는 이유로 교수가 되지 못한 것에 대해 교수로 되었을 시점부터 교수 월급을 계산하여 지급했다는 것이다. 이런 식으로 지급된 돈이 모두 1천억 마르크(우리 돈으로 65조 원이 넘는다)이다.

그렇지만 반크 박사는 이건 단지 상징적인 제스처에 불과하다고 말한다. 자신들이 저지른 잘못에 대한 최소한의 성의일 뿐이라는 것이다. 아직도 폴란드 등 인접 국가들은 독일의 역사 해석과 지식인의 동향에 대해 예민하다고 한다. 거기에 대해 독일은 주의하고 과거를 기억하고 책임지는 데 최선을 다해야 한다는 것이다. 그리고 이 재단은 바로 그러한 노력의 하나일 뿐이라고 한다. 훌륭한 생각이다.

이 재단 사무실에서 얼마 떨어져 있지 않은 유태인 박물관에 들렀다. 유태인이 지나치게 강조되고 있는 것이 오히려 거슬린다. 특히 오늘의 팔레스타인 사태를 보면 더욱 그렇다. 아무튼 이 참혹한 과거를 잊고 아직도 세상에는 전쟁과 학살이 이어지고 있다. 인류는 과거로부터 무엇을 배우는가.

 유럽의회 선거가 남긴 것

6월 14일 아침 신문들은 일제히 톱뉴스로 어제 일요일의 유럽의회 및 지방선거의 결과를 싣고 있다. 유럽의회 선거결과는 집권당인 사민당 참패로 나타났다. 녹색당은 약진했고 민사당은 선전했다. 기민당은 조금 줄었지만 적수인 사민당의 참패로 희색이 만면했다.

기민당(CDU)	44.9%(45.7%)
사민당(SPD)	21.8%(30.7%)
녹색당(Grune)	11.6%(6.4%)
민사당(PDS)	6.3%(5.8%)
(괄호 안은 이전 선거의 결과)	

신문들은 일제히 "항의의 폭풍이 EU를 덮쳤다"고 썼다. 그것은 대부분의 나라에서 집권여당이 패배했기 때문이다. 대량실업, 고통스런 개혁정책 등에 분노한 각국의 국민은 집권당을 응징하려 하였다. 특히 독일의 경우에는 사회복지예산을 크게 삭감시키는 아젠다 2010(AGENDA 2010)에 대한 반감이 컸다. 그러나 무엇보다 무관심이 더 컸다. 유럽 전체의 투표율은 44.2퍼센트에 머물렀다. 점차 유럽연합에 대한 회의론이 높아지고 있다. 이번 선거에서 영국은 유럽연합에서 완전히 탈퇴하자는 무소속 연합 후보들이 대거 당선되었다. 그동안 선거 캠페인에 관심이 있어 여러 가지 알아보았으나 특별히 선거운동이라는 게 없었다. 텔레비전 토론프로그램이나 길거리 설명회, 아니면 시내 곳곳에 붙은 포스터가 전부였다. 시내를 오가며 내붙었던 슬로건들을 모아보았다.

사민당	진정 중요한 것을 하세요(Das wichtigste tun)
민사당	이미 충분하다(ES reicht)
녹색당	당신이 결정하세요
뷔조(Buso)당	투표하세요(Wahlen)

그러나 독일 사민당은 이번에 동시에 실시된 지방선거에서 더욱 쓰라린 패배를 맛보아야 했다. 튀링겐 지역에서는 제3당으로 내려앉았다. 기민당 43.2퍼센트, 민사당 26.1퍼센트에 이어 14.4퍼센트밖에 얻지 못한 것이다. 지난 대통령 선거에 이어 또다시 연속으로 패배한 사민당의 처지가 궁색하다. '아젠다 2010'의 운명은 어떻게 될 것인가? 집권여당은 언제나 비판받고 미움을 받는 존재인가?

마지막 북한 주재 동독대사

6월 14일 오전 10시. 한참 늦고 말았다. 포츠담 시내인 줄 알았더니 거기서 교외지역으로 한참 나가야 했다. 오늘 만나는 분은 마지막 북한 주재 동독대사로서 근무했던 마레츠키 교수이다. 며칠 전 한국에서 온 통일부 차관의 강연에서 들은 이야기가 첫 번째 화제가 되었다. 차관은 마치 자신이 남한뿐만 아니라 북한까지 포함하는 남북한 대표인 것처럼 이야기하더라는 것이다. 마치 서독이 유일한 독일의 계승자이며 합법적인 정권이라고 주장했던 것처럼.

한반도에서는 양쪽이 모두 유일한 합법정부라고 주장하고 있으니 이러고서는 진정한 대화와 협력이 되기 어렵다는 것이다. 햇볕정책도 사실상 그런 기반 위에 서 있어 한계가 있다고 그는 본다. 물론 김정일 체제 역시 남한의 주권을 공식적으로 인정한 바가 없다. 이런 점에서 김대중 전 대통령의 베를린 연설 역시 브란트의 동방정책을 오해한 것이다.

1972년의 동서독조약은 국가간의 조약으로서 상호간을 국가로서, 그리고 주권을 인정한 것이었다. 이것이 신뢰의 기초가 되어 동서독의 폭넓은 교류가 가능해졌다는 것이 이 분의 지론이다. 그러므로 북한을 제대로 견인해 내려면 이러한 관계수립이 가장 중요한데 한국의 경우에는 전쟁도 거쳤고 훨씬 복잡하다는 것이다. 하긴 그렇다. 우리 헌법 자체가 한반도와 그 부속도서를 대한민국의 영토로 해두었기 때문에 북한의 주권을 인정할 여지가 없다. 이런 상황에서 북한이 근본적 신뢰를 가지기 어려울 것이다.

한국의 통일정책이 가진 또 하나의 문제는 환상을 가지고 있다는 점이라고 그는 설파한다. 그가 보기에도 서독의 통독정책은 냉철한 현실인식과 굉장히 실용적인 정책으로 접근해갔다는 것이다. 브란트의 동방정책은 흔히 '열린 복도(Open Corridor)'로 불렸다고 한다. 외교적 영사관계를 맺고 가족의 자유왕래를 보장하였다. 심지어 동독의 정치범들을 서독으로 데려오는 동시에 그에 대해 돈을 지불하였을 정도였다.[11] 그 당시 독일에도 정당한 거래가 아니라는 비판이 있었지만 어쨌든 인권의 측면에서, 동독의 신뢰를 사는 측면에서 성공하였다고 그는 본다. 그의 평가로는 서독정책은 대단히 현명했으며 선언이 아니라 바로 구체적 절차와 조치로서 이루어져 있다. 그 대신 우리 한국의 통일정책은 구체적 조치로 이어지지 않는 선언의 역사였다.

11 1964년부터 1989년까지 서독으로 이주한 동독 정치범의 숫자는 3만 3,755명에 달한다. 서독 정부가 정치범 석방과 가족결합 등을 위해 총 34억 3,600만 마르크를 동독측에 지불했다고 한다.

마레츠키 교수의 또 다른 권고는 좀더 남쪽이 유연하고 용감하고 그리고 인내를 가지라는 것이다. 북한은 문호를 개방·개혁을 하면 체제가 이완될 것을 두려워할 수밖에 없다. 개혁·개방은 체제를 포기하는 것으로 이해될 수 있다. 이것을 가능하게 하려면 남쪽에서 훨씬 더 겸허한 마음으로 지원하고 변화에 인내할 필요가 있다는 것이다.

통일의 과정에서도 마찬가지다. 어떤 경우에도 체제를 보장하고 심지어는 책임자들에게 사면을 약속하여야 한다. 그런 의미에서 통일이 될 경우 북한에 있는 재산을 포기하고 그 대신 그것을 공동으로 소유하는 농협조직을 건설하는 것이 대안이 될 수 있다. 이것은 그가 1992년 서울을 방문했을 당시 통일부 장관이 가지고 있던 아이디어였는데 참 괜찮았다고 한다. 1945년에서 1950년까지 남하한 사람은 100만 명이 넘는데 이들의 소유 토지가 얼마나 막대하겠는가고 반문한다.

그러나 과연 이들이 포기할 것인지, 헌법과의 관계가 어떠할지는 많은 논쟁이 예상된다.

마레츠키 교수의 평가로는 독일 통일의 과정은 좋았지만 이후의 절차가 잘못되었다고 한다. 서독은 동독의 모든 산업의 영역으로 침투해 공장과 회사, 기관을 인수하였다. 그러면서 동독 사람의 생활필수품에서 의류, 자동차까지 서독에서 책임지는 형태가 되었다. 그것은 막대한 비용이 들어갈 뿐만 아니라 비용의 사용조차 부적절하였다. 동독의 산업이 낡고 경쟁력이 떨어지지만 그걸 어떻게 회복하고 가동될 수 있는지 좀더 고민했어야 한다는 것이다.

독일과 달리 독일의 실패 경험을 고려하여 임시 기간을 가지면 어떠냐고 했더니 그건 이상적으로는 좋지만 실제로는 불가능에 가깝나고 단언하였다. 북쪽 사람이 가만히 머무르지 않고 서울로 밀려들어오면 어떻게 하겠느냐는 것이다. 더구나 통일 직후 북쪽의 치안이나 질서가 유지될 정도의 권위를 만들 수 있느냐는 것이다. 그러므로 현재 북한의 시스템이 가동되도록 하여 독일처럼 한 체제가 다른 체제를 완전히 흡수하되 다른 체제 하의 사람들을 몽땅 떠맡지 않는 것이 좋겠다고 하였다.

시간이 없어 더 듣지 못해 아쉬웠다. 마레츠키 교수는 독일이 통일되면서 바로 소환되어 대사 자리를 잃었다. 곧바로 국제연구소의 교수가 되었으나 그마저도 연구소가 해체되는 바람에 설 자리를 잃었다. 그러나 그의 견해는 비교적 냉철하다는 느낌이 들었다.

폰 바이체커 대통령을 만나다

독일 사람들은 누구나 바이체커 대통령을 존경한다. 기민당 출신이지만 사민당 사람들조차 그를 좋아한다. 아니 다른 나라의 사람들조차 그를 기억한다. 나는 정신대 문제에 관여하면서 그가 패전 40주년 때 남긴 유명한 연설을 읽으면서 훌륭한 정치인이라고 생각한 적이 있었다.

> 우리는 과거 역사를 덮어두면 오늘의 역사를 보지 못하는 장님이 되고 말 것입니다. 그러므로 마음이 아프더라도 과거의 쓰라린 역사를 마음 속으로 끊임없이 되새겨서 그것이 확실하게 기억되도록 합시다. ……과거 청산 없는 화해란 있을 수 없습니다. 과거 독일과 적대관계를 가졌던 나라들이 있었습니다. 이들 앞에서 우리는 잘못된 우리의 과거를 마음이 아프더라도 되새기고 청산하도록 노력해야 합니다. 그렇게 하지 않는다면 그 나라와 화해할 수 없을 것입니다. 과거의 아픔을 절대로 피해서는 안 됩니다.

그는 과연 폴란드·이스라엘을 방문하여 진심으로 사죄하였고 희생자들과 그 유족들에게 머리를 조아렸다. 독일정부는 나름대로 배상에 최선을 다하였다. 내가 '기억·책임·미래 재단'을 다녀온 이야기를 하였더니 바이체커 전 대통령은 자신의 딸도 거기서 근무하고 있다고 하였다. 그 재단은 국가가 한 잘못뿐만 아니라 기업들이 이웃나라의 국민들을 강제노동 시킨 것까지 모두 배상 대상으로 하고 있다는 설명까지 덧붙였다. 그는 특히 독일이 폴란드에 대해 더 큰 책임이 있다고 강조하였다. 일본에는 종전 50주년 때를 포함해서 몇 번째 방문할 기회가 있어 과거청산 문제에 대해서도 언급하였다. 그러나 성공하지 못했다. 총리가 일본군인들이 묻힌 신사를 방문하고 추도하는 것은 난센스이다. 그러나 어떻게 충고하고 제안할 수 있겠는가. 바로 그들 자신의 문제이다. 이렇게 그는 일본에 대해 설명했다.

내가 최근 슈뢰더 총리가 노르망디 상륙작전 60주년에 참석한 것에 대해 어떻게 생각하느냐고 물었다. 그것은 아주 잘한 일이라고 대답했다. 콜 수상 때는 이쪽에서 초청을 원하지도 않았고 그쪽에서도 초청하지 않았다. 이번 60주년 행사를 그는 '아주 위엄 있는 행사'(dignified ceremony)라고 평했다. 그러나 그 행사에 미국 대통령이 참석한 것은 일종의 미국 내의 대통령 선거의 전략이 아니냐는 의구심도 드러냈다. 미국은 이라크 전쟁 등 일방적으로 벌어붙였는데 지금 와서 이런 행사를 통하여 유럽 여러 나라와 협력관계를 가지고 있음을 미국 대중에게 보여주려는 의도가 있는 것 아니냐는 의견이었다. 그러나 그것은 그들의 일이며 이번 행사는 독일로서는 큰 의미가 있었다고 본다. 그것은 승리를 축하하려는 자리라기보다는 그 참혹한 고통을 기억하는 자리라고 했다. 쌍방의 군인들은 말할 것도 없고 주민들까지 엄청난 고통을 겪었으며 노르망디 상륙은 나치의 지배로부터 유럽의 다른 나라들뿐만 아니라 독일 그 자신의 해방의 시작이었다는 게 바이체커 대통령의 언급이었다.

그의 집안은 정당의 관점에서 보면 복잡하다. 며칠 전에 만난 조카 에른스트 바이체크는 사민당 출신이다. 바이체커 대통령은 기민당 출신이다. 그의 또 다른 형제는 FDP와 협력적이다. 왜 이러냐고 물었더니 이런 말로 응수했다. 정당은 결코 수단에 지나지 않는다. 그것 자체가 목적이 되거나 전체가 될 수 없다. 그런 점에서 언제나 자신은 자신이 소속된 정당과의 차별화와 상대적 독립을 추구해왔다는 것이다.

정당의 룰을 존중하지만 그는 복종하지는 않았다. 그래서 두 번째 대통령으로 연임될 때 상대당인 사민당은 모두 그를 지지했지만 소속 정당인 기민당의 일부 의원은 반대했다고 한다. 나를 바이체커 대통령에게 소개해준 강원룡 목사님이 그의 회고록에서 바이체커 대통령을 정략가(politician)가 아니라 진정한 정치인(statesman)이라고 불렀던 것이 납득이 간다.

대화는 통일 문제로 옮아갔다. 그는 통일은 특별히 동독 주민이 원하는 방식으로 진행되어야 한다고 생각했고 특히 헌법은 동독과 서독이 함께 동의하는 것이어야 한다고 주장했다. 그러나 정작 동독 주민들은 서독의 헌법과 법률과 규정을 그대로 자신의 것으로 하기를 원했다. 그가 제안한 국민투표(referendum)는 채택되지 않았다. 자신은 헌법 안에 동독이 가졌던 직업을 가질 권리(right for job)를 포함시키자는 주장도 했었다. 그러나 의회에서는 그런 걸 헌법에 규정하면 누가 진정으로 그걸 약속할 수 있는가의 논쟁이 일었고 결국 그의 조언은 받아들여지지 않았다. 빌리 브란트는 "함께 있어야 같이 자란다. 그러나 엉키면 안 된다"고 말했는데 그도 동의한다.

기본적으로 독일 통일과정에서 국제정책은 잘 정리되었지만 국내정책은 그러지 않았다는 게 바이체커 전 대통령의 생각이다. 특히 통화정책은 엄청난 부정적 영향을 미쳤다. 그리고 동독의 유산이라고 할 수 있는 사회정책을 그대로 온전히 실시할 수는 없다. 어떻게 아이들 양육이나 여성고용을 정부가 다 책임질 수 있겠는가. 그렇다고 지금 정부가 하고 있는 정책이 잘되고 있다고 보기 어렵다. 전 동독 주민들의 욕구에 좀더 귀 기울일 필요가 있다.

자본주의 체제로 이행하면서 많은 문제들이 생겨나고 있다. 다른 동구권과 마찬가지다. 러시아에서 생겨난 수많은 백만장자들이 이걸 증명하고 있다. 그럼에도 폴란드, 헝가리, 슬로바키아 등 많은 나라에서는 비교적 긍정적인 이행을 보여준다. 대단히 민주적이고 자유로운 시장경제로 성장하였다. 이러한 나라들이 유럽연합의 일원이 됨으로써 유럽은 더욱 안정적인 통합의 과정을 밟아나갈 수 있게 되었다. 바이체커 대통령의 관심은 이미 독일의 그것을 넘어서고 있었다. 여러 이웃나라와 함께 발전하고 세계적 관심사를 함께 해결해나가는 것에 초점을 두었다. 그는 이미 세계적 정치지도자의 한 사람인 것이다.

동독에도 거대 소비조합이

6월 14일 오후 2시. 처음에는 생협 조직을 한번 보고 싶어 이 조직을 찾았다. 알고 보니 동독에서만 주로 활동하는 소비 생협이었다. 현재 64만 명의 회원이 있는데 서독 지역에는 7만 명뿐이라고 한다. 주로 동독 지역에 단위 소비조합이 분포해 있어 독자적으로 소비조합으로서의 공동구매, 공동소비 활동을 한다. 1구좌당 2,700유로이고 50구좌 이상이 모이면 하나의 단위조합이 될 수 있다. 개인 조합원은 50유로 또는 100유로를 출자할 수 있다.

여기는 전국적 연합조직으로서 조합원의 교육과 훈련, 전국적 사안에 대한 업무조정, 기금의 투자와 운용 등의 역할을 맡는다. 재미있는 것은 여기서 투자해서 운영하고 있는 큰 기업들이 여러 개나 된다는 사실이다. 커피공장도 있고 칫솔·치약 공장, 여러 가지 솔을 생산하는 공장도 있다. 부동산 회사도 가지고 있어 호텔도 거느리고 있다. 그러한 생산공장들은 모두 자율적으로 운영되고 있으며, 베를린 본부에는 15명만 근무한다.

동독에서 이러한 생협이 존재했다는 게 참으로 신기하다. 독일 생협의 역사는 오래되지만 콘줌 페어반트(Konsum Verband)는 동독에서 1949년 창립되어 활동하다가 너무 방대해서 일단 해체되었다가 재조직되었다고 한다. 동독 당시에는 한 마을에 한 소비조합이 있어 총 798개나 있었다. 서독의 여러 생협과 경쟁이 되지 않느냐고 했더니 서독 소비조합은 동독 지역의 생리와 사람들을 잘 모르기 때문에 들어올 수 없다고 한다. 오히려 이 생협이 서독으로 진출하여 여러 곳에 생협이 생겼다고 한다. 아무튼 신기한 일이다.

 독일 최대의 환경단체 '분트'

호이저 틸만(Heuser Tilmann)은 한국의 환경운동연합과 교환프로그램으로 석 달간 한국에서 지낸 적이 있는 환경운동가다. 한국의 아름다운 산이 가장 인상적이었다고 한다. 독일 최대의 환경단체인 분트(BUND)에서 22년간 근무한 그는 처음 고향인 프라이부르크에 있는 청소년그룹에서부터 일했다고 한다. 우리나라의 고등학교에 해당하는 김나지움에서 친구들 10여 명이 의미 있는 일을 해보자고 하여 시작한 것이 환경운동이었다. 1980년대는 환경운동이 최고의 이슈였다. 그러니까 13~14살 때의 일이란다. 정치적이면서도 실제적인 토론을 벌이고 데모에도 참여해 보면서 과연 동네 차원에서 무엇을 할 것인가를 고민하였다. 그래서 숲이 병들어가는 것을 막기 위해 캠페인을 벌이고 그 정보를 나누는 일과 작은 강을 청소하는 일을 했다고 한다. 활동 비용을 위해 신문이나 고지를 수집하기도 했다고 한다. 어릴 때부터 이런 운동을 할 수 있는 사회적 분위기가 중요한 것임을 알겠다.

베를린 분트의 2003년 수입은 총 100만 유로에 달하는데, 수입원 별로 분석해보면 회원 1만 5천여 명으로부터 받는 회비가 73퍼센트, 프로젝트 수입이 18퍼센트, 책자 및 팸플릿 판매 수입이 18퍼센트, 기업 협찬이 5퍼센트 순이다. 현재 분트에서는 50~60명의 상근 활동가가 일하고 있고 파트타임이나 프로젝트 차원에서 일하는 사람들도 적지 않다. 전문가급으로 인정된 상근 활동가들은 연간 약 6만 유로의 월급을 받는다. 거의 교사 월급에 맞먹는다. 우리나라 시민단체 간사들의 월급의 7배가 넘는다.

그린피스, 나부(NABU) 등 다른 환경단체와 경쟁도 없지 않으나 그래도 일정한 프로젝트나 로비활동, 사안별 언론대책 등에서 협력도 많이 한다. 경쟁은 주로 지역 차원에서 이루어지며 모금활동을 두고 그렇다고 한다. 지역 단위에서의 자연환경 보존운동은 나부가 강하고, 교통문제와 농업문제 특히 이들과 경제의 관계 문제 등에서는 분트가 세다고 한다.

현재 유전자조작 식품 문제가 최고의 현안이다. 그래서 2003년부터 큰 괴물 토마토 형상을 만들어 전체 유럽의 도시를 순회하며 GMO 반대 캠페인(Monster Tomato Tour 2003-2004)을 벌여 현지 언론의 관심과 각 도시 시민의 참여를 이끌어내는 등 큰 성공을 거두었다. 이벤트 차원에서는 한국의 환경운동연합이 더 창의적이라고 칭찬한다. 사무실을 돌아보며 마치 연구소 같은 느낌을 받았다. 근무환경과 높은 월급이 부럽기 짝이 없다.

제6장
동독 지역은 지금 몇 시인가

사회주의적 리얼리즘의 도시, 켐니츠

6월 20일 아침 9시 베를린 초(Zoo) 역이다. 지금부터 본격적으로 구 동독 지역으로의 동정(東征)에 나선다. 1990년 통일 후 14년이 지났다. 1992년에 동독 지역을 여행한 적이 있다. 그때와 무엇이 달라졌는지 궁금하다. 지금 동독은 과연 몇 시인가?

한국현대사를 개인의 생애사에 바탕하여 재구성하는 방식으로 논문을 쓰고 있는 이희영 씨가 동행한다. 박사논문을 사실상 마친 상태여서 조금 덜 부담이 가기는 하지만 매번 이렇게 공부하는 사람을 데리고 다녀 미안하기만 하다.

기차를 두어 차례 갈아타고 난 후 켐니츠에 도착했다. 하도 작은 도시여서 한 손에 모든 것이 잡힐 것만 같다. 트램을 타고 중심부로 나가니 멀리 그 유명한 칼 마르크스 기념비가 보인다. 거대한 두상이다. 그 뒤로 보이는 큰 건물 벽면에는 "만국의 노동자여, 단결하라!"는 문구가 독일어, 러시아어, 프랑스어 등으로 새겨져 있다. 기념비 아래에서는 아이들이 인라인 스케이트를 타고 있다. 그 사이 비가 후두둑 쏟아진다. 아이들은 떠나고, 마르크스 혼자 비를 맞고 있다.

제2차 세계대전 당시 도시 건물 중의 90퍼센트가 파괴되고 그후 이 도시는 사회주의적 리얼리즘 스타일로 재건되었다고 한다. 이름도 '칼 마르크스 슈타트'로 바뀌었다가 통독 후 다시 원래의 이름인 '켐니츠'를 되찾았다. 큰 대로와 광장이 사회주의 동독의 신도시 모습을 보여준다. 새로이 큰 백화점이 시청사 옆에 들어섰다. 시 박물관에는 프랑스의 로트레크 작품이 전시 중이다. 그냥 놓칠 수가 없어 때 아닌 그림 감상의 기회를 가졌다. 이제 마르크스가 꿈꾸던 곳은 없다. 그러나 그는 여전히 혼자서 저기 서 있다.

문화와 야만, 명성과 오욕이 함께 하는 도시 바이마르

저녁 무렵에는 다시 켐니츠에서 바이마르로 이동하였다. 직선거리로 80킬로미터에 불과한 거리인데 3시간이나 걸렸다. 기차를 탔다가 다시 버스로 갈아타고 조금 가다가 다시 기차를 타고 도착할 수 있었다. 아직도 동독 시역은 교통변이 원활하지 못함을 알겠다.

6월 20일 일요일. 아침 종소리를 들으며 기분 좋게 일어났다. 괴테가 산책했을 그 길을 따라 숲길을 걸었다. 곧바로 괴테가 『파우스트』를 썼다는 가르텐 하우스(Garten Haus)가 나왔다. 따뜻한 햇살과 더불어 이슬을 머금은 나무들과 야생화가 빛을 발하고 있었다. 숲은 새를 부르고 새는 노래를 부른다. 일름(Ilm)이라는 작은 개천이 제법 큰소리를 내며 흐른다. 독일의 도시에는 이런 아름답고 깨끗한 개천이 있다. 이런 곳에서 괴테의 문학이 안 나왔다면 오히려 이상할 법하다.

오전 11시경에 예나대학에서 독일 현대사를 전공하는 이동기 씨를 바이마르 역에서 만났다. 그는 우리를 여기서 8킬로미터 떨어져 있는 부헨발트(Buchenwald)로 안내하였다. 독일 현대사를 공부하는 학생인 만큼 폭넓은 지식으로 우리를 즐겁게 하였다. 부헨발트는 원래 괴테를 포함하여 바이마르 시민들이 자주 소풍을 와서 즐기던 에테스베르그 언덕에 세워진, 독일에서 몇 번째 가는 큰 강제수용소이다. 독일

고전문학의 본산이자 문학·예술의 도시인 바이마르 근교에 이런 끔찍한 강제수용소가 세워지다니 독일의 두 모습을 동시에 볼 수 있다. 괴테가 "인간이 고상하고, 이타적이고, 그리고 선하게 되도록 하자(Let man be noble, helpful, and good)"는 시를 낭송했던 곳이 바로 이곳이었다. 엄청난 역설이 아닐 수 없다.

1937년 설립 때부터 1945년 해방될 때까지 이곳에서 5만 6천 명이 죽어나갔다니 그 참상을 이해하고도 남음이 있다. 이곳에 우리가 잘 알고 있는 본 회퍼도 수용되었다가 다른 곳으로 이감된 뒤 처형되었다. 고백교회의 또 다른 목사 파울 슈나이더(Paul Schneider)는 나치와 히틀러에 대해 누구나 다 하는 경례를 하지 않은 사람으로 유명하다. 벌방에서 들려오는 그의 기도소리에 많은 사람들이 격려 받았다고 한다. 그는 고문으로 죽었다. 불의에 항거한 사람들은 언제나 우리에게 용기와 격려를 준다.

이곳은 미군이 들어오기 전에 공산당원들을 포함한 일부 정치범들이 조직적 반란을 일으켜 나치 경비병들을 살해하고 스스로 해방시킨 곳으로 유명하다. 독일 공산당 당수 에른스트 탈만(Ernst Thalmann)도 여기서 처형되었다. 그런 이유로 동독이 이곳을 성지의 하나로 꼽고 매년 대대적인 행사를 벌인 것은 당연하다. 해방 후 이곳은 다시 나치 장교와 대원들을 수용해 재판하거나 복역시키는 장소로 변했다. 그리고 많은 사람이 추위와 굶주림으로 죽었다.

통독 후 보수파는 나치와 동독이 다를 게 뭐 있느냐는 비판을 제기하였다. 이를 둘러싸고 많은 역사 논쟁이 벌어졌다고 한다. 누가 이 지방정부를 장악하고 문화부장관이 되느냐에 따라 이곳 전시 책임자의 임명과 전시방향 등이 달라질 수밖에 없다고 한다. 과거의 청산은 이렇게 간단한 일이 아니다.

상설 역사 전시장과 수용소 곳곳의 기념물들을 돌아보며 우리도 제주 4·3사건을 기념하는 평화공원이나 과거의 일제 시기와 독재 시대의 각종 유적과 기념물을 어떻게 조성하고 관리하고 전시하는가에 대해 많은 고민을 하게 되었다. 오후에는 다시 바이마르로 돌아왔다. 어둡고 야만적인 현장과 죽음의 냄새와 기억으로부터 우리는 다시 밝고 아름다운 문학과 예술, 그리고 낭만이 살아 숨쉬는 도시로 이동한 것이다.

바이마르는 한마디로 괴테의 고장이다. 루터가 몇 차례 방문했고, 농민반란으로 유명한 뮌처가 구금되어 있었다거나 나치 시대 망명했던 토마스 만이 한 번도 독일을 방문하지 않았는데 다만 이곳 바이마르만 두 번 방문했다는 이야기는 사이드 스토리다. 물론 그로피우스가 이끌었던 바우하우스나 저 유명한 바이마르공화국 헌법을 공포한 국립극장은 모두 바이마르를 빛내는 이름들이다. 1919년 '세상에서 가장 민주적인 민주주의', '지구상에서 가장 자유로운 국민'을 표방했던 이상적인 바이마르 공화국은 1933년 '이 세상, 이 지구상에서' 가장 참혹한 독재체제로 바뀌었다.

그러나 그 무엇보다도 바이마르에는 괴테와 그가 초청하고 교유했던 수많은 예술가와 문학인들이 도시 구석구석에까지 사연을 만들어내고 있다. 작은 공국에 불과했던 이곳에 다녀가지 않은 문학가·예술가·철학가는 오로지 평생 고향을 떠나지 않았다는 칸트밖에 없다고할 정도이다. 이런 이유로 바이마르는 독일의 최고의 고전주의의 고장이 되었고 '지적 순례'의 코스가 되었다.

이런 바이마르를 둘러보면서 느낀 두 가지 소회를 적어본다.

'나무를 심고 숲을 키우면 새는 저절로 온다.'

수백 개 작은 나라들이 난립해 있던 18세기, 이 작은 공국 작센-바이마르가 당시 문화의 중심지가 된 데에는 젊은 왕 카를 아우구스트와 그의 모후 안나 아말리아의 깊은 뜻이 숨어 있다. 이미 『젊은 베르테르의 슬픔』으로 명성을 얻고 있던 젊은 문학가 괴테의 자질과 능력을 한눈에 알아본 이들은 괴테를 이 한적한 시골 동네로 데려오기 위해 안간힘을 다한다. 드디어 괴테는 가족들의 반대에도 불구하고 이들의 극진한 대접과 평가에 1774년 이곳으로 오게 된다. 그 이후의 역사는 저절로 진행된다. 한 거목이 자리를 잡으니 그 주변에 크고 작은 나무들이 수없이 생겨나고 그 숲에 온갖 새들이 와서 지저귀게 된 것이다. 괴테와 뭍별 같은 예술가들이 만들어낸 바이마르의 향기는 오늘까지 수많은 사람들을 이곳으로 불러 모으고 있지 않은가.

'관용과 포용은 자신과 사회를 키운다.'

도처에서 통일 독일은 동독 시대의 많은 유물들을 그대로 보존하고 전시한다. 동베를린의 사회주의자 묘소들이 그러하고, 켐니츠의 칼 마르크스의 동상이 그러하다. 부헨발트 수용소에 있는 공산당원의 모의와 해방을 기리는 수용소 입구의 거대한 기념탑 역시 그러하다. 바이마르공화국 시대 공산당 당수 에른스트 탈만의 동상과 그를 기리는 광장이 이름도 그대로 둔 것도 그러하다. 멋있게 꾸며진 그 광장 한가운데에는 이런 글귀가 쓰여 있다. "당신들의 희생, 죽음을 통해 우리의 사회주의적 실천이 성장한다(Aus Eurem Opfertod, Wachst Unsere Sozialistische Tat)." 흡수 통일이라고 하지만 동독이 세웠던 많은 조형물과 기념탑들은 이렇게 살아남았다.

철학과 지성이 숨쉬는 도시 예나

라이프니츠(Gottefried Wilhelm Leibniz, 1646~1716). 1663년 예나대학에서 수학자 에어하르트 바이겔(Erhard Weigel)의 학생으로 공부하였다.

헤겔(Georg Fridr. Wilhelm Hegel, 1770~1831). 1801~1806년 예나대학의 철학교수로 강의하였다.

마르크스(Karl Marx, 1818~1883). 1841년 4월 15일 예나대학에서 철학박사학위를 취득하였다.

고색창연한 예나대학 본관을 들어서면 왼쪽 벽에 이 대학과 인연을 맺었던 세 사람의 기념비가 새겨져 있다. 예나대학 주변 곳곳에 한때 이 대학 교수였던 쉴러, 바이마르에 살았지만 이곳에 와서 특강을 했던 괴테, 한 호텔에서 스위스로부터 온 대학생들과 토론을 벌였다는 루터 등 기라성 같은 철학자와 문인과 종교인이 예나와 조우하였다. 한 시대를 풍미하던 인물들이 이렇게 한 곳에서 태어나고 공부하고 가르치고 살고 방문하는 것이 쉽지 않았을 터이다. 동시대인으로서, 또는 시대를 넘어서 교류하고 자극하는 상호작용을 통해 함께 진보한 것이 아닐까. 예나는 그러므로 특별한 곳이다. 학문과 자유가 살아 숨쉬던 곳이다. 이곳에서 내 영혼마저도 자유로워지는 느낌이다.

이곳에서 역사학을 공부하는 이동기 씨의 안내로 이들의 유적을 샅샅이 둘러보았다. 작은 도시이지만 오랜 역사를 간직한 만큼 숨어 있는 장소와 사연들이 많았다. 헤겔은 6년 동안 강의했지만 월급이 적어 다른 김나지움으로 자리를 옮겼다고 한다. 지금이나 그때나 먹고사는 것이 소중한 모양이다. 칼 마르크스는 학위를 받기는 하였지만 실제로 예나에 온 적은 없다고 한다. 이런 사람에게 학위를 준 것은 이 도시의 분위기와 무관하지 않은 것 같다.

예나대학에서 이 지성들이 쌓아올린 철학과 추상의 체계는 부정적이든 긍정적이든 인류 역사에 새로운 페이지를 기록하였다. 인간 이성에 대한 신념과 그것에 의한 세계 변화를 꿈꾸었던 철학자들이 바로 이 작은 도시에서 활동하고 인연을 맺었다는 것은 참으로 신기한 일이다. 예나는 독일의 다른 지역과 달리 산으로 둘러싸여 있다. 그 높은 산들을 보면서 그들도 인류의 산들을 만들어나갔을지 모르겠다.

이동기 씨의 지도교수이자 독일 현대사를 구술사적 방법으로 복원하고 해석하는 루츠 니터함머(Lutz Niethammer) 교수와 인터뷰를 하였다. 그는 서독에서 1992년 동독인 예나대학에 왔는데, 2005년이면 정년을 맞는다고 한다. 13년을 동독에서 지낸 서독 출신 지성인의 생각이 궁금해졌다.

그는 독일 통일 과정부터 문제를 삼는다. 첫째로, 서독 헌법과 법률이 아무런 협상 절차 없이 곧바로 동독에 그대로 적용된 것이 문제라는 것이다. 수천 개의 법률이 하루아침에 동독에 적용되었으니 동독이 혼란을 겪는 것은 당연한 일이다. 둘째는, 일대일의 통화 교환이다. 당시 연방은행 총재나 전문가는 동독 경제를 죽이는 행위라며 반대했다. 실제 당시 암시장 거래가 20:1 등으로 통화 교환이 이루어졌기 때문에 이러한 사실을 고려하여 교환 비율을 현실화함으로써 동독 경제의 독자적 생존이 가능하도록 했어야 마땅했다는 것이다. 그러나 집권세력은 경제적 고려보다 먼저 동독 주민에 대한 인기정책, 프로퍼갠더 때문에 일대일 통화 교환을 강행하고 말았다. 이로써 서독 정부는 동독에

막대한 지원금과 보조금을 쏟아부어야 했고 동독 경제는 무너졌다. 셋째, 당시 정치권은 고르바초프의 소련이 동의할 때 통일을 해야지 그 시기를 놓치면 다시 기회가 오지 않는다고 착각을 했다고 주장한다. 경제가 어떻게 되었든 간에 일단 통일을 하고 보자는 생각이 많은 잘못을 저지르게 되는 원천이 되었다는 것이다.

그가 다음으로 지적하는 문제는 인사정책에 관해서였다. 동독이 남긴 부정적 유산 중에 하나는 너무 무능력한 인력의 국가적 고용이었다. 예를 들어 역사학과에는 350명의 교수와 직원이 있었는데 이 숫자는 너무 많은 것이다. 결국 몇 명만 남기고 정리할 수밖에 없었다. 약학이나 자연과학 쪽은 80퍼센트 정도 살아남았으나 이데올로기와 연관된 정치학·철학·역사학 등에서는 20퍼센트의 생존율을 넘지 못한다. 동독에서는 부당하다고 생각하고 서독측에서는 적법하고 불가피하다고 생각한다. 그러나 지식인은 프라이드와 사회적 지위를 중요하게 여긴다는 점을 간과할 수 없다. 이런 부분을 지나치게 빠르게 그리고 신중하지 못하게 처리한 것이 아닐까. 4분의 3이 경제적 이유에 의한 해고라면 4분의 1은 정치적 이유에 의한 해고다. 이러한 이유 때문에 과거 공산당 후신인 민사당(PDS)이 20퍼센트의 지지를 넘어서는 것이다.

니터함머 교수가 공동으로 수행한 동독 주민들과의 인터뷰 결과는 재미있다. 우선 40대 이상의 동독 주민이 통일 후와 연방정부에 대해 회의적 시각을 가진 것은 이해가 간다. 통일이 되면서 해고되거나 서독 주민에 대해 차별의식을 가지는 등으로 부정적 생각이 많다. 이들은 국제경제의 혼란, 미국의 일방주의, 독일 경제의 불경기와 혼미 등의 상황에 비추어보아 자본주의에 대한 깊은 회의감을 가지고 있다. 오히려 자신들은 사회주의 하에서 시련에 대한 대비와 훈련을 받았기 때문에 잘 견딜 거라고 생각한다. 한편 나이 적은 사람들(통일 당시 15세 이하)도 통일과 현 정부에 대하여 회의적인 시각을 가지고 있는 것으로 나타났다. 사실 이들 세대는 동독 시절에 직접적인 피해를 입거나 압제를 경험하지 못했기 때문에 동독 시절에 대한 호의적 생각을 가질 가능성이 많고 동시에 서독 지역과의 차별이나 실업 때문에 통일이나 연방 정부에 대해 회의적이다.

이렇게 심각한 결론이 나왔는데도 정치권에서는 아예 들으려 하지 않는데 문제가 있다고 니터함머 교수는 분노한다. 도대체 정치권은 유권자들을 이해하려고 하는지 모르겠단다. 문제의 근원은 이와 같이 경제 자체라기보다 정치권과 지도자의 태도와 인식의 문제라고 할 수 있다. 노 교수로부터 이런 이야기를 들으니 괜히 독일 정치가 걱정됐다.

 ## 라이프치히를 동독 민주화의 성지로

우리는 라이프치히로 이동했다. 하루 자고 하루 짐 싸야 하는 일이 힘들다. 그러나 새로운 도시, 새로운 사람, 새로운 풍물을 만나는 것은 큰 즐거움이다. 구 동독 최고의 도시 라이프치히는 기차역에 내리는 순간 사람을 압도하였다. 역사의 규모도 그렇거니와 주변 상가들의 모습이 언제 여기가 동독이었는가를 의심케 하였던 것이다. 사실 시내 곳곳의 건물들은 오랜 역사의 편린들로 가득 차 범상한 도시가 아닌 것을 절감케 하였다.

6월 22일 오전 10시, 오늘의 첫 번째 약속이다. 사무실에 도착하는 순간 아차 하였다. 오늘 만나기로 한 '민주주의의 집(Haus der

Demokratie)' 사무총장 슈만 씨가 병으로 못 나왔다는 것이다. 그렇다고 다른 날로 연기할 수 있는 상황이다. 우리는 모레면 여기서 떠나야 한다. 꿩 대신 닭이라고 그런 사정을 설명하고 있는 멘첼(Menzel) 씨를 상대로 이야기를 듣는 것도 괜찮다고 생각했다.

'민주주의의 집'은 원래 동독 공산당 소유의 건물이었다. 1989년 통일 이후 정부에서 민주화운동을 주도했던 단체의 보금자리로 이 건물을 제공하고 있다. 99년 동안 임대를 받았다. 저 유명한 라이프치히 시위를 주도했던 신포럼(Neue Forum)을 구성했던 많은 단

라이프치히의 '민주주의의 집'
이 건물에도 수많은 NGO, NPO 단체들이 입주해 있다.

체들도 이곳에 있다. 통일 과정에서 처음 동독 지역에 발을 디뎌놓았던 사민당(SPD) 사무실도 여기 있다가 나갔다고 한다. 현재는 30여 단체가 입주해 있는데 세월이 지나면서 공익단체 외에도 일반 단체도 들어와 있다.

이 건물은 '민주주의의 집' 사무국에서 관리하고 저렴하지만 여러 입주 단체로부터 받는 임대료로 운영비를 충당하고 있다. 공익단체의 경우 1평방미터당 8유로, 비공익단체의 경우 공익단체의 월세에 2~3유로 더 많고 세금 16퍼센트를 더 낸다. 매달 약 5천 내지 7천 유로의 집세와 약간의 기부금으로 이 집이 운영된다.

멘첼 씨는 이곳에서 1주일에 4시간씩 일하고 주급 65유로를 받는

사람이다. 작센 주에만 있는 '악치온 55(Aktion 55)' 라는 제도에 따라 일하고 있다고 한다. 즉 55세 이상의 실업자가 1주일에 4시간 공익단체에서 일하면 주급 65유로를 지급함으로써 최소한의 생계를 보장하여 고용을 창출하면서 동시에 공익단체 활동을 지원하고자 하는 제도이다. 공익단체는 비영리단체로서 개인의 이익이 아니라 사회 전체의 보편적 이익을 위해 일하는 단체로서 국세청에 등록하고 확인을 받아야 한다. 이 집에 세 들어 있는 단체들은 총 43개이고 몇 개의 이름만 보면 다음과 같다.

그린피스(Green Peace)

OKOLOWE -Umweltbund Leipzig e.V(환경연합)

Umwelt Bibliothek Leipzig(환경도서관)

Verein fur okologisches bauen(생태적농업단체)

Active Senioren Leipzig(노인복지단체)

Arbeitskreis Resozialisierung(출소자갱생보호단체)

Behindertenverband(장애인단체)

Kinobar PRAGER FRUHLING(극장 '프라하의 봄')

Vereinigung der auslandischen Burger im Freistaat Sachesen

　　　(외국시민단체)

Zukunftswerkstatt e.V(미래 작업장)

동독이 붕괴된 후 이 지역에서의 사회운동도 한국의 시민운동과 마찬가지로 다양한 영역별로 확산되어가는 것을 알 수 있다.

독일 최고의 여성 도서관

여러 층에 분포되어 있는 사무실을 일일이 확인하면서 돌아다니다가 특별한 이름과 마주쳤다. '모나리자(Monaliesa).'[12] 여성 단체였다. 대표를 맡고 있는 수안네 샤프(Suanne Scharff)는 아무런 예고 없이 갑자기 들른 우리를 친절하게 안내하고 설명해주었다. 이

> [12] Monaliesa의 liesa라는 것이 독어와 영어로 무엇을 읽는다는 뜻이니까 여성도서관의 '여성'과 동시에 '읽는 것'을 상징하기 때문에 이 이름을 지었다고 한다.

곳이 하는 일은 크게 네 가지다. 첫째, 남녀평등을 위한 투쟁이다. 고용평등, 남성들의 폭력 반대 등 투쟁적인 일이다. 둘째, 문화적 활동이다. 무엇보다 이곳은 독일에서 가장 우수한 여성 도서관을 운영하고 있다. 여성을 위해 다양한 문화적 이벤트를 열고 라이프치히에서 유명한 전시회들이 열리면 그곳에서 문학박람회도 연다. 여성 문맹자들을 위한 교육도 그 하나이다. 셋째, 청소년을 위한 행사다. 1주일에 세 번 청소년들을 초청하여 사진 워크숍이나 문학의 밤을 열어 그들의 끼를 발산시킬 수 있도록 해준다. 함께 숙박하면서 대화를 하는 것도 중요하기 때문에 며칠간 숙박하는 경우도 있다고 한다. 이 과정을 통하여 아이들은 크게 성장한다.

그러나 이 단체의 최고 자랑은 여성 도서관이다. 몇 만 권은 됨직한 도서들로 꽉 차 있다. 한쪽 방에는 동독 시절의 여성 잡지, 여성 관련 논문, 책자, CD, 테이프들이 있다. 사람들은 동독 시절의 것을 쓰레기로 취급하지만 그 시대의 삶 역시 소중하다고 믿는다. 지금은 홈볼트 대학 교수들도 이곳에 와서 자료를 찾는다고 한다. 내가 봐도 잘 꾸며진 전문 도서관이다.

'모나리자' 라는 라이프치히의 여성단체가 운영하는 도서관
장서의 규모와 질로 보아 유럽 최고의 여성 도서관을 운영하고 있는 이 단체의 대표 수 안네 샤프는 심각한 재정난을 호소한다

　사무실은 여성단체로서 아기자기하게 잘 꾸며져 있다. 어느 한 곳 소홀함이 없다. 사업 아이템도 재미있다. 라이프치히 지도 위에 여성과 관련된 단체나 기관들의 위치와 전화번호 등을 그려넣어 누구나 쉽게 도움을 받을 수 있도록 여성단체 지도를 만들었다. 전국의 여성 지도도 만들 생각이다. 독일어권 국가들의 여성 도서관도 네트워킹하고 있다. 수잔 씨가 보여주는 책을 보니 일본어 책이다. 어떤 일본 여성이 쓴『독일 통일과 여성』이라는 책이다. 독일의 여러 여성단체를 방문하면서 꼼꼼히 기록한 귀한 책이다. 이 단체도 자세히 언급되어 있다. 우리가 일본으로부터 배워야 할 대목이다.

　문제는 이러한 기관과 시설을 운영하는데 드는 비용을 충당하지 못해 큰 걱정이다. 시청, 주정부, 연방정부로부터 보조금을 받고 또한 약간의 회의·행사 참가비, 회비 등이 있지만 매달 2천 유로 정도는 더 필요하다고 한다. 정치인들과 주정부측에 더 요청을 해보지만 이런 사회운동이 필요한 것을 절박하게 느끼지 않고 있다. 이렇게 가면 조만간 문을 닫을 지경이라고 한다. 안타까운 노릇이다.

국가안보를 스스로 무너뜨린
국가안보부 슈타지

'당의 방패이자 칼.' 이것이 국가안보부(STASI)가 내세웠던 구호이다. 여기서 당이란 바로 독일사회주의당(German Socialist Party)이다. 독재적인 권력이었고 한 번도 시민으로부터의 선거에 직면해보지 않았던 정당이었다. 약칭 슈타지(STASI)는 동독 정권의 가장 놀랍고 동시에 기괴한 권력 체계의 한 부분이었다.

먼저 라이프치히 슈타지 기록보관소의 크레처(Kratzer) 씨가 보관소의 운영과 기록에 대해 소개해주었다. 이 선물은 바로 슈타지 라이프

라이프치히의 구동독 정보기관 '슈타지'의 기록 열람실
마치 큰 도서관의 열람실과 같다

치히 사무소가 있었던 곳이다. 시내 한가운데 요지에 자리한 이 건물은 계속 증축되어 엄청난 규모를 자랑한다. 1989년 12월 4일 시민들 이곳을 점거했다. 이미 11월 9일 베를린 장벽이 무너졌음에도 이곳은 여전히 슈타지 직원들이 일하고 있었다. 시민들은 이것을 용납하기 어려웠다. 결국 이곳은 시민들에 의해 점거되었고 기록은 일부 소실되었지만 대부분 보존될 수 있었다. 이곳이 과거 1944년에는 나치의 게슈타포가 사용했다고 하니 저주받은 곳이 아닌가 하여 섬뜩하기도 하였다.

1989년 당시 슈타지의 공식 직원이 9만 1,015명에 이르렀고 이것은 국민 1천명 당 5.5명꼴이었다. 15개 지부와 209개 지역분소를 두고 있었다. 더 재미있는 것은 약 17만 5천 명의 정보원이 활동하고 있었다는 사실이다. 라이프치히 슈타지 사무소에서만 2천 명의 직원과 1만 명의 정보원이 있었다. 여기서 만든 문서의 폭이 11킬로미터에 이르고 300만장의 신상명세 카드가 작성되어 있었다. 막판에 슈타지 직원들이 많은 규모의 문서를 훼손하여 이것을 다시 일일이 짜맞추는 작업을 계속하고 있다.

직원과 정보원이 보고하는 문서 외에도 우편물의 절취와 전화도청이 주요한 정보원이다. 슈타지는 우체국의 편지를 가져와 모두 복사하고 12시간 안에 감쪽같이 다시 갖다놓았다고 한다. 어떤 남자가 자신이 감시당하는지 확인하기 위하여 자기에게 편지를 쓰고 스카치테이프로 붙여놓았는데 안 오는 것을 보고 감시받는다는 사실을 확인한 적도 있다고 한다. 이렇게 철저한 감시망으로도 결국 자신의 체제를 방어하지 못했다. 진정한 안보는 가장 열린 정부, 국민을 위해 일하는 정부, 신뢰받는 정부에 있는 것임을 이들은 몰랐음에 틀림없다.

동독 정권이 무너지고 통일이 된 후 슈타지의 모든 문서는 압류되고 일반에 공개되기에 이르렀다. 슈타지 기록문서보관소가 설치되었다. 이곳에서 하는 일은 문서의 관리, 문서의 공개, 연구자들에 대한 제공, 공무원 채용 시 슈타지 경력이 있는지 여부의 조회 요청에 답변하는 일 등이다. 특히 일반 시민들이 자신에 대해 슈타지가 어떤 내용의 정보를 갖고 있었는지 이곳에 신청하면 관련 문서와 내용들을 알려준다. 그 기록 신청자의 60퍼센트가 자신의 기록을 찾는데 성공한다고 한다.

슈타지 기록의 보존과 관리, 공개에 관한 기본법으로 이른바 '슈타지 기록법(Gesetz uber die Unterlagen des Staatssicherheitsdienstes der ehemaligen Deutschen Demokratischen Republik)' 이 있다. 슈타지 최고 책임자를 포함한 8명은 형사적으로도 처벌받았다. 나머지 사람들은 공직에서 물러나고 다시 채용될 수 없을 뿐 다른 불이익은 없다. 이들은 친목모임을 만들거나 심지어 보디가드 회사를 만들어 공개적으로 활동하고 있다고 한다. 그것을 막을 도리는 없다. 이들은 동독 당시에는 특권층을 이루고 있었기 때문에 의사로부터 가짜 진단서를 받아 명예퇴직을 사전에 신청함으로써 연금을 버젓이 받고 있는 사람도 있다. 또한 슈타지에 의해 처벌받거나 불이익을 받은 사람들은 이른바 동독 불법행위법(1 und 2 SED Unrechtsbereinigungs gesetz)에 의해 재심이나 복권, 배상을 받을 수 있다고 한다.

이 슈타지 문서보관소 라이프치히 소장 쉴트(Schild) 씨는 당시 슈타지 사무소를 장악한 시민위원회의 일원으로서 연방기관인 이 기관의 직원이 되었다. 당시 시민위원회 사람 7명이 여기서 일하고 있다고 한다. 통일로 가는 과정에서 당시 동독 인민위원회의 선거와 인준을 거치기는 하였지만 실제로는 시민위원회가 그대로 슈타지 문서보관소로 전환한 셈이었다. 시민권력이 국가권력의 핵심 권부인 슈타지를 인수한 것이다.

쉴트 씨는 기독교 집안에 태어난 여성으로서 동독 체제 적응이 어려웠다고 회고한다. 위험해서 아이는 의사인 남편에게 맡겨놓고 월요일의 평화집회에 참석했다. 이 모든 결과로 이제 동독에서는 꾸지 못했던 꿈을 자신의 아이들은 꿈꿀 수 있는 세상이 되었음에 기뻐한다. 누구나 읽고 싶은 책을 읽고 감시당하지 않고 어디나 걸어 다닐 수 있다는 것만으로도 큰 행복이다. 당시 동독정권에서 처벌받아야 할 자에게 충분한 벌이 가해지지 않아서 유감이지만 민주사회가 된 것만으로도 만족한다. 동독사람들이 아직 자본주의하에서 창조적으로 살아가는 법을 모르지만 언젠가 나아지리라고 믿는다. 일부 기자들이 동서독 주민 간의 갈등을 지나치게 부풀리고 PDS(민사당)은 동독에 대한 향수를 부추겨 정치적 이득을 얻으려 하고 있다. 그런 의미에서도 그는 슈타지의 진실을 다음 세대를 위해 보존하고 알리는 것이 중요하다고 생각하고 있다.

 ## 둥근 모퉁이[13]의 새로운 기관 운영방식

슈타지 건물 1층은 슈타지의 모든 것을 전시해 놓고 있는 전시장이요 박물관이다. 이곳을 책임지고 있는 것은 당시 이 건물을 점거한 시민위원회이고 그 대표가 바로 홀리처(Hollitzer) 여사이다. 60대의 할머니이지만 눈망울이 초롱초롱하다. 이 분은 목사의 딸로서 1989년 평화혁명의 과정에 겁내지 않고 참여하였고, 아들은 환경운동을 하다가 구속되는 고초도 겪었다.

13 슈타지 건물이 둥그런 원형의 모퉁이에 있기 때문에 '둥근 모퉁이(Ruden Ecke)'가 슈타지 건물의 별칭처럼 불린다.

슈타지 문서보관소는 연방정부 기관이지만 이 박물관은 시민위원회가 직접 관리하고 있다. 연방정부·주정부·시, 그리고 '동독 독재 청산 재단(Stiftung fur Verwaltung DDR Diktatur)'에서 지원은 받는다. 그런데 매번 프로젝트 신청을 해야 해서 힘들다. 자원봉사자들로 대부분 충당하고 시민의 기부를 요청하는 기부함을 여러 곳에 설치해두었다. 한 해 7만 명이 이곳을 찾는다. 이렇게 직접 시민단체가 곧바로 정부기관을 인수해서 스스로 박물관을 만들고 나중에 추인받고 운영하고 있는 모습이 신기하다. 우리의 경우라면 이런 일이 있을 수 있을까.

민간이 운영하다보니 전시방법이나 내용이 좀 빈약하기는 하지만 슈타지의 모습을 보여주는 데는 모자람이 없다. 당시의 팸플릿이나 유인물, 슈타지의 의복과 도구, 심지어는 저항운동 당시의 플랜카드 등이 모두 갖춰져 있다. 그 플랜카드 중에는 이런 것도 있다. "이 집은 정부와 시민위원회의 명령에 따라 민중의 경찰이 지키고 있습니다! (Dieses Gebaude wird im Auftrag der Regierung und des Burgerkomitees durch die Volkspolizei gesichert!)" 슈타지 본부 건물을 시민들이 장악한 후 경찰경비를 요청했더니 시민들의 추가 보복을 두려워한 경찰이 스스로 '민중의 경찰'이라고 불렀던 것이 흥미롭다.

그러나 좀더 세심하게 당시 상황을 보존했어야 하는데 얼떨결에 많은 것을 치워버렸던 것이 너무 아쉽다고 한다. 그렇지만 가능한 한 당시 상황을 그대로 보존하고 전시하려 한다. '둥근 모퉁이' 계단에는 아직도 그 당시 양초를 태웠던 흔적을 그대로 남겨두었다. 동독 정권과 그 시대는 이렇게 역사가 되고 박물관이 되었다.

라이프치히 시민운동 자료보관소

이곳은 1989년의 평화혁명이 남긴 흔적을 모아 연구자·기자·학생들에게 제공한다. 1990년 설립되었고 상근자는 2명이다. 자원활동가와 후원자가 이 자료보관소의 운영을 돕는다. 시 역사박물관이나 현대사연구소 등과 공동작업을 하기도 한다. 라이프치히 시청, 동독 정권극복재단, 슈타지 작센 주 기념 재단 등이 재정지원을 한다. 한 해 예산이 12만 유로이다. 여기 책임자는 슈바베라는 사람인데 신포럼 멤버이기도 하다.

제일 중요한 것은 이름 그대로 사료 보관소로서의 기능이다. 슈바베 씨가 개인적으로 모은 수천 점의 자료가 근간이 되어 교회와 단체, 일반시민들로부터 많이 모았다. 신문이나 잡지, 지하유인물, 플랜카드, 당시 인쇄기기 등 다양한 자료가 쌓였다. 문서보관소를 가보니 아마추어들이 했다고 보기 어려울 정도로 잘 정리·정돈되어 있고 규모도 작지만은 않다.

시민이나 학생에 대한 정치교육도 이들의 역할이다. 1953년 6월 17일 라이프치히와 주변 도시들에서 봉기가 일어났는데 2003년에 50주

라이프치히 시민운동자료 보관소
1989년 시민 혁명 당시의 문서와 기록등을 모아 정리·보존하고 있다.

년을 맞이하여 특별한 캠페인을 벌였다. 그 지역의 학생들에게 자신이 살고 있는 지역에서 무슨 일이 일어났는지, 어떤 흔적들이 남아 있는지를 조사해 와서 토론하는 행사였다. 이것은 당시 역사를 복원하는 데에도 의미가 있었지만 학생들에게 그들의 아버지와 할아버지 세대가 어떤 경험과 생각을 하면서 살았는지 알게 해주는 데 목적이 있었다. 2004년의 주제는 1989년 평화혁명 15주년 행사로서 1989년에 태어난 아이들이 직접 당시의 사건과 인물들을 조사하고 인터뷰해서 하나의 다큐멘터리와 책으로 제작해서 인터넷에 올리는 것이다. 기념행사가 과거의 자료와 기억을 반추하는 것에 그치지 않고 오늘의 세대를 통하여 미래를 향한 기억과 경험으로 승화시키고 있음이 인상적이다.

우리에게 이 자료관을 설명하고 안내해준 미하엘 빌트(Michael Wildt) 씨는 인근의 아이슬레벤에서 연극을 하면서 그 지역의 신포럼에 참여한 사람이다. 1989년 당시 그는 아이슬레벤의 슈타지 사무실을 점거했다. 그는 작가로서 동독과 같은 전체주의 사회를 도저히 견딜 수 없었다고 한다. 동독 시절은 모든 각본이 짜여진 사회였다. 자기가 마음대로 대본을 쓰고 공연에 올릴 수 없었다. 연극의 주제, 장면 하나하나마저 검열을 받고 마음에 들지 않으면 삭제되었다. 정치적인 책은 사지도 읽지도 가지지도 못했다. 유인물 하나 찍는 것도 견본을 제출해서 허가를 얻어야 했다. 비밀리에 하기 위해서는 교회를 이용했다.

1985년 소련에서 페레스트로이카가 제기되었을 때 동독 지식인들은 환호했다. 동독 정부에게 소련을 따라 배우자고 했다. 종주국이었던 만큼 이것만큼 신나는 일이 없었다. 그 당시 이들이 원했던 것은 동독 지도자들이 각성하고 사회개혁을 추진하는 것이었다. 이미 경제는 서방의 빚으로 유지되었고 가게에는 살 것이 없었다. 자동차는 주문 후

15년을 기다려야 가질 수 있었고 암시장은 번성했다. 이런 상황에서 통일 후의 상황은 어렵지만 지식인으로서 자유롭게 살 수 있다는 것만으로도 큰 진전이라고 생각한다.

그런데 SPD를 비롯한 서독 정당들이 들어와 1989년의 시민혁명이 마치 자기들의 성취인 양 행세했다. 조직과 활동에서 서독 정당들의 경험과 재정 능력을 당해낼 수 없었다. 더구나 신포럼 같은 조직은 정당이 아니었다. 나중에서야 신포럼 회원들이 선거에 개별적으로 나갔으나 지리멸렬이었다. 지난 주에 있었던 작센 주 의회 선거에서 50명 중에 1명만 당선되었다고 한다. 이미 신포럼은 정치적 의미를 상실한 상태이다. 현재 통일의 후유증과 잘못이 많지만 그것을 시정하려는 제 3의 정치세력이나 시민운동은 부재한 상황이다. 빌트 씨의 말을 들으며 왜 좀더 적극적으로 현재 상황을 타개하려는 강력한 시민운동이 전개되지 않는지 답답한 생각이 들었다.

 ## 라이프치히 현대사연구소

라이프치히 현대사연구소 에커트(Rainer Eckert) 소장은 라이프치히가 1989년의 역사적 전환점을 이룬 시민혁명의 중심지임을 먼저 강조한다. 사람들은 베를린 장벽이 무너진 1989년 11월 9일을 기억하지만 실제 그것은 10월 9일 라이프치히 니콜라이 교회에서 시작된 70만이 모인 집회 때문에 가능한 일이었음을 잘 모른다는 것이다. 1989년의 시민혁명은 자유의 쟁취라는 보편적 전통과 맞닿아 있다고 본다.

이러한 중요성을 독일 연방의회에서 인정하여 당시의 역사적 유적과 자료를 모두 모아 '독일연방 현대사연구소 재단(Stiftung Haus der Geschichte der Budesrepublik Deutschland)' 을 설립하기로 결의했다. 이것은 본과 베를린에 있는 독일민족박물관과 쌍벽을 이루며 각각 서독의 전통과 동독의 전통을 계승하고 있다고 본다. 대체로 재단이나 연구소가 주 소속이고 연방 소속은 별로 없는 셈인데 이런 점에서 의미가 있다. 따라서 전체 예산 100퍼센트가 모두 연방에서 지원되므로 주정부를 거치는 애로가 없다. 그렇다고 연방정부가 이 연구소의 사업에 직접 개입하거나 영향력을 행사하는 경우는 없다.

에커트 소장의 아버지는 동독 공산당과 노조에서 고위직으로 일했다. 어머니는 독실한 크리스천이었다. 아버지가 일찍 돌아가셨기 때문에 어머니의 영향을 많이 받았다. 할아버지와 할머니는 서독에 살았기 때문에 1961년 장벽이 건설된 이후는 만날 수 없었다. 그는 체코의 68운동에 큰 영향을 받았다. 그것은 개인적으로 사회주의와 민주주의의 결합의 가능성을 심어주었다. 그 당시 그가 살던 포츠담에서는 반정부 지하조직이 만들어졌는데 강령이나 프로그램은 없었고 어렴풋이 사회민주주의적 지향이 있을 뿐이었다고 한다. 그 당시 무장투쟁까지 염두에 두는 극단적인 생각도 있었다고 한다. 결국 정보원의 밀고로 이 지하조직이 알려졌고 그는 대학에서도 축출되었다. 그때 슈타지에서 그를 고용하겠다고 제안했으나 서면으로 거부했는데, 흔적을 남겨야 한다는 생각 때문이었다. 그후 건설회사에서 직원으로 일하면서 동독의 체제 하에서 살아남았다. 통일이 되면서 사민당에 가입하여 정치역사 분과에서 일하였다.

통일 후 독립적 역사가들의 모임을 만들어 동독 정권을 위해 일했던 역사가들의 퇴출운동을 벌였다. 그들이 물러난 자리에 당연히 투쟁해 왔던 동독 역사가들이 들어갈 줄로 알았다. 그런데 서독에서 온 역사가들이 모두 그 자리를 채우는 것을 보고 실망하지 않을 수 없었다. 대학교수 자격시험을 통과한 동독 학자만이 통일 후의 관련 기관에 취직할 수 있었는데 그를 포함하여 많은 이들이 자격시험을 통과할 수가 없었다. 그래서 그도 나중에 그 자격을 취득하는 시험을 보아야 했다.

동독의 역사적 의미는 무엇인가라는 질문에 그는 저항의 전통을 마련한 것이라고 대답하였다. 동독 정권의 존재의미라기보다는 동독 정권에 대한 저항만이 의미를 가진다는 것이 참으로 씁쓸하다. 통일 후 민사당의 지지는 20~30퍼센트대에 이르고 연방체제 하의 동독 주민들의 불만은 높아만 간다. 라이프치히 시는 전환에 성공한 경우임에도 12만 개의 공장과 회사가 1만 개로 줄었다. 동독 시절에 대한 향수는 분명히 있지만 그것이 과거로 돌아가자는 것은 아니라고 믿는다.

그는 현재 독일의 문제점과 각 정당들에 대한 평가를 이렇게 내린다. 지금 독일 사회의 기본 문제는 사회개혁이 지체되고 있다는 사실이다. 그 원인은 바로 점점 나빠지고 있는 생활조건 탓이다. 개혁추진은 단기적으로 삶의 질을 떨어뜨릴 수도 있다. 사민당은 소수자와 사회적 약자를 위한 정당인데 바로 그 사람들의 사회복지 혜택을 깎는 개혁을 추진해야 하는 모순에 직면해 있다. 기민당은 아무리 그런 개혁을 추진해도 지지층인 기업과는 무관하기 때문에 아무래도 좋은 상태다. 사회개혁의 필요성은 사민당의 기반을 흔들고 있다. 민사당은 전체 연방의 문제를 책임지지 않고도(연방의회에 소수의석만 가지고 있기 때문에) 사회정의를 주장할 수 있는 정당이다. 많은 이득을 볼 수 있는 상황이다. 녹색당 역시 사민당의 지지 하락으로 이익을 얻고 있다. 광범한 사회주의자들이 사민당으로부터 이탈하는 동시에 녹색당의 지지세력이 되고 있다. 그리고 사민당과는 다른 젊고 성공한 사람들을 지지기반으로 하고 있고 사민당처럼 사회개혁을 통해 손해 보는 서민들이 지지기반이 아니기 때문에 유리한 국면이다.

한국을 방문한 경험이 있는 에커트 소장은 한국의 젊은이들이 통일에 관심이 없는 것을 보고 놀랐다고 한다. 북한 경제가 어렵고 폐쇄적이며 남북 접촉이 상대적으로 적은 만큼 한국 상황은 독일보다 훨씬 어렵다고 진단한다. 그만큼 많은 교류와 대화가 축적되어야 한다고 본다. 그는 다시 독일 내부에서 통일 독일이 가야 할 대안을 말하는 사람이 없다고 스스로를 질책하며 자탄한다. 각자가 자신의 방식으로 살아갈 뿐이라는 것이다. 혹자는 유럽연합이 미래라고 말하는 사람도 있지만 구 동독 지역 주민들은 유럽연합에 대해 아무런 관심이 없단다. 과거 동독 하에서는 오히려 희망이 있었는데 지금은 희망이 있다고 말할 수 없어 안타깝다고 하는 그의 모습을 보니 내가 오히려 민망하다.

청바지 입은 목사님

약속시간이 되어 담임 목사실로 찾아갔는데 방금 약속이 있어 나갔다고 한다. 직원이 이리저리 전화를 해보더니 교회 정문 입구에서 우리를 기다리고 있다고 한다. 교회 입구로 나가보니 청바지를 입고 어디를 갈 예정인지 007가방을 들고 서 있는 땅딸막한 사람이 서 있다. 바로 전설의 퓌러 목사님이다.

교회 안의 작은 회의실로 안내하더니 자신과 니콜라이 교회의 운동사를 풀어낸다. 먼저 1980년 가을에 있었던 중요한 사건 하나를 거론

동독 민주화운동의 성지였던 니콜라이 교회의 퓌러 목사의 가방
그는 여전히 사람들에게 희망을 전하기 위하여 바삐 움직인다.

한다. 그때 미사일 주둔반대 청소년운동을 조직했다. 서독의 비판적 젊은이들이 동독으로 와서 함께 성경구절을 읽고 찬송가를 공동으로 뽑아 노래하고 기도하는 공동체 모임을 시작했다. 좋은 공간을 가지고 있는데 뭔가 해야 하지 않느냐는 고민에서 시작한 모임이었다. 15명쯤이나 올까 예상했던 모임에 130명이 왔다. 특이한 복장과 머리모양을 한 아이들이 모였다. 그들 중에는 비기독교인도 적지 않았다. 이들이 함께 지낸 마지막 날에 나무 십자가에 각자 못을 박거나 촛불을 켜서 그 못 위에 촛불을 놓는 이벤트를 진행했다. 너무나 감동해서 우는 아이도 있었다. 이 행사기간 동안은 모두에게 그야말로 해방의 경험이었다. 불붙은 십자가는 자신과 사회의 억압으로부터의 해방이었다. 행사가 끝나고도 돌아가지 않는 사람이 많았다.

퓌러 목사는 이 행사로부터 스스로 큰 환희와 가능성과 경험을 가졌다. 그후부터 니콜라이 교회 문은 활짝 개방되었다. 교회의 문은 크고 높고 육중하다. 그러나 니콜라이 교회의 문이 열리자 장애인과 낮은 지위의 사람들과 저항자들이 쏟아져 들어왔다. 점차 니콜라이 교회는 세상에 알려지기 시작했다.

1982년부터 동유럽에 정치적 긴장과 억압이 높아졌다. 퓌러 목사는 1982년 9월부터 매주 월요일 평화의 기도를 시작했다. 평화를 기원하고 스스로 해방되는 공간이었다. 200~300명의 청소년들이 지속적으로 참여했다. 평화의 본부가 되었다. 교인이거나 비교인이거나 상관이 없었다. 니콜라이 교회는 누구에게나 열려 있었다. 이 평화 기도회가 1989년 10월 9일의 역사적인 날을 만들어 내리라고는 아무도 생각하지 못했다. 그는 니콜라이 교회를 알리는 팸플릿 중에서 한국어로 번역된 것이 있다며 그것을 갖다 주고는 이야기를 계속했다. 내용은 실상 팸플릿과 다르지 않았다. 바로 그가 쓴 글이므로.

……위기 일보 직전에 교회와 예술, 음악과 복음의 연대성의 공통점이 중요시되어 평화 기도는 주교의 축도와 뚜렷한 비폭력주의의 강조로 끝이 났다. 예배 후 2천 명이 넘는 사람들이 교회 밖을 나오자 광장에는 수천 명이 기다리고 있었다. 그들은 촛불을 들고 있었다. 촛불이 꺼지지 않게 하기 위해서는 두 손이 필요한 것이다. 촛불을 들고 동시에 돌과 몽둥이를 손에 쥘 수는 없었다. 기적이었다. 예수님의 비폭력주의 정신은 대중을 완전히 사로잡아 실제적이고 평화적인 힘으로 변했다. 군대 · 전경 · 경찰은 군중과 대화를 나누었고 경비 태세는 자취를 감추었다. 이 밤은 우리 주 예수 그리스도의 뜻대로 이루어졌다. 그것은 승자와 패자가 없었고, 아무도 상대에 대해 우월함을 갖지 않았으며 아무도 자존심을 잃지 않았기 때문이다. 이때 존재한 것은 안도감뿐이었다. 이 비폭력주의는 몇 주밖에 유지되지 않았지만 일당 독재와 사상 독재를 무너뜨리는 결과를 가져왔다.……동독 정부 중앙위원이었던 진더만 씨는 죽기 전에 이렇게 말했다. "우리는 모든 것을 계획했고 모든 것에 준비가 되어 있었지만 촛불과 기도에 대해서는 준비가 되어 있지 않았다." 평화의 기도는 지속된다. 교회 차원에서 실직자 대책 이니셔티브가 니콜라이 교회에 생겼다. 이렇게 니콜라이 교회는 예전과 같이 존재한다. 예수 그리스도의 집, 희망의 집, 피난처와 출발의 시발 장소로서.

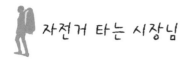
자전거 타는 시장님

시장님은 70대의 노인이다. 너무 점잖고 곱게 늙었다. 그는 우아한 영어로 '카페 바움(Kaffe Baum. 커피나무라는 뜻)' 이라는 식당의 역사부터 읊는다. 오스만터키가 14~15세기 비엔나까지 정복하였는데 이때 아랍인들이 즐겨 마시던 커피가 소개되었다. 이곳은 독일과 유럽에 최초로 문을 연 커피점이었다. 그는 이 동네 곳곳이 유서 깊은 곳이라며 식사 후에 원하면 안내라도 하겠단다.

그는 내 이력을 대강 듣더니 자신의 이력을 설명한다. 먼저 전국 도시연합(Stadtetag)에서 직원으로 9년간 일했다. 도시연합은 독일 전국 도시들의 연합체로서 연방정부나 주정부에 대항해서 도시들의 이익을 보호하고, 도시행정의 다양한 경험을 공유 · 교류하는 조직이다. 그는 도시연합에서 도시계획과 도시행정에 대해 제대로 배웠다고 말한다. 우리나라도 지방자치단체장 회의는 있지만 이런 기관은 없으니 하나 만들면 좋지 않을까. 일종의 미래 지방자치단체장 사관학교라도 하나 만든다면?

그 다음의 직책은 쾰른 부시장. 12년 일하면서 주로 인사조직 등 내부 행정을 다루었다. 이어서 하노버 시장으로 11년을 일한 다음 통일이 되면서 뭔가 좀더 자신을 필요로 하는 곳으로 가겠다는 결심을 하고 라이프치히 시장에 출마했단다. 1990년의 첫 번째 선거는 시의회에서 선출하는 간접선거였는데 무난히 당선되었고 두 번째 선거는 직접선거였는데 2차 투표에서 당선되었다. 첫 번째는 서독에서 온 사람이 뭔가 큰 선물을 가져올 것이라는 기대 속에서 호의적이었으나 두 번째는 이미 동독 사람들에게는 통일 후의 사태 진전으로 인한 상처가 깊었고 서독 출신 사람들에게 의구심이 많이 생긴 때문이었다. 그렇지만 그는 2등보다는 압도적인 표로 당선되었다. 잘 나가는 도시의 시장직을 사임하고 힘든 일이 기다리는 미지의 직책에 도전한 것이다.

1990년은 그야말로 바닥으로부터 뭔가를 만들어가기 시작한 해였다고 한다. 동독 정부 시절에는 모든 것이 중앙에 집중되어 지방은 단지 그 중앙의 한 기계적 행정단위였을 뿐이다. 도대체 시의회가 무엇을 해야 하는지조차 몰랐다. 무엇보다도 민주적 전통을 만들어가는 것이 중요했다. 대부분 시장과 시의회가 적대적인 경우가 많으나 그는 파트너십을 형성하여 시의회가 토론하고 결정하도록 유도하였다. 특히 라이프치히 시의회는 서독 출신의 시장이 서독의 좋은 모델을 펼쳐주기를 바랬으나 그는 서독의 것이 동독 지역에 반드시 좋은 것이 아니라고 주장하면서 시의회에서 토론하고 결정해달라는 요청을 반복했다. 레만-그루베 시장은 라이프치히 주민들에게 충분히 좋은 선택을 하고 그것을 추진할 수 있는 힘이 있음을 알고 있었다. 그는 단지 그것을 끄집어내고 활성화시키는 촉매제의 역할을 할 뿐이었다고 말한다. 그는 시의회와 주민들에게 그 재능을 쓸 것을 요구하고 스스로 하기를 기다렸다. 자신은 건축가라기보다는 단지 정원사로서 자라는 나무와 꽃에게 물을 주고 거름을 줄 뿐이었다고 그는 말한다.

모든 자원을 동원하는 것은 하나의 예술이라고 말한다. 그는 우선 연방정부나 서독으로부터의 지원금을 전기·도로·교통·수도 등 인프라에 모두 투자했다. 그리고 서독과 전 세계로부터의 투자를 유치하려고 발 벗고 나섰다. 그 당시 이미 동독의 임금은 서독의 80퍼센트를 넘고 있었기 때문에 폴란드나 체코에 비하면 매력적인 투자지가 되지 못했다. 그러나 BMW를 포함하여 독일과 미국의 몇 군데 대기업의 투자를 이끌어냈다. BMW 공장만으로 5천 명의 직접 고용과 주변 산업을 포함하여 1만 명의 고용을 창출할 수 있었다. 그러나 그것만으로는 부족하다. 여전히 직업의 차원이 달랐다. 리서치와 마케팅의 고급 기관과 인력은 여전히 서독이나 서방에 그대로 있었다. 이것을 유치해야만 했다. 뿐만 아니라 막스플랑크나 공공기관 또는 연구소의 유치도 그의 노력 대상이었다.

더욱 중요한 것은 동독 사람의 노력과 성장이었다. 새로운 작은 회사들의 창립과 성장을 도왔다. 독일과 세계에서 경쟁할 수 있는 동독의 기업들이 생겨나야 했다. 그는 이들에게 직접적인 재정지원은 하지 않는 것이 좋다고 판단했다. 원래 정부의 재정지원은 잘못되기 일쑤이고 지원을 받은 기업들은 경쟁에서 살아남기 힘들다는 게 그의 신념이다. 결국은 자신의 힘으로 커야 하는 것이다.

라이프치히는 과거 70만 명의 도시였으나 지금은 50만 명에 불과하다. 그러나 여전히 큰 도시이고 이 도시를 먹여 살리는 원천이 있어야 한다. 그중에 하나가 라이프치히의 역사에 살아 숨쉬는 메세(Messe. 박람회)의 전통이었다. 레만-그루베 시장은 동독 시절에는 많이 위축된 라이프치히의 메세 전통을 회생시키는 일을 중요한 과업으로 삼았다. 그는 시내에 있는 메세의 장소나 시설을 복구하는 것은 너무 많은 비용이 들어가기 때문에 이를 처분하고 교외에 대규모의 최신 메세 장소와 시설을 만들기로 했다. 이곳은 연방정부의 지원과 처분 비용으로 완성되어 다시 과거의 영광을 되찾고 있는 중이다. 완전히 새로운 것을 만드는 것은 힘들다. 그러나 라이프치히는 이미 500년의 메세 전통이 있기 때문에 그것을 복원하기만 하면 된다고 그는 믿었다.

레만-그루베 시장이 서독인으로서 동독에서 지내면서 느끼는 통일의 문제점은 동서 사람들의 상호간에 지나친 기대를 가지고 있다는 점이다. 통일은 양쪽의 환희로 시작되었다. 동독에서 과거의 체제는 완전히 무너졌다. 경제적으로는 거의 부도 상태였고, 그것을 막아보려고 군대와 안보기구들을 총동원했지만 내부로부터의 붕괴를 막을 수는 없었다. 동독에서 자발적인 민주화운동이 없었

통일 후 라이프치히 초대 시장이 된 레만-그루베 시장과 함께

던 것은 아니지만 그것은 소수일 뿐이고 동독인 대부분은 체제에 회의도 없었고 저항도 없었다고 그는 말한다.

그러다 통일 후 막연히 부자의 꿈을 가졌다. 그러나 곧바로 힘든 '소화'의 과정이 시작되었다. 국가는 이제 더 이상 이들의 울타리가 되지 못했다. 모든 것은 낯설었다. 그것은 경제적 충격과 문화적 충격이었다. 사고방식과 생활방식을 완전히 바꾸어야 하는 일이었다. 그런 사회에 적응해야 하는 동독인들의 상황에 대해 서독인들은 너무나 무관심하고 무지했다. 자신의 아들이 파리나 런던에 가면 잘 어울릴 수 있지만 동독 사람들과는 잘 어울릴 수 없었다고 고백했다. 같은 동족이지만 낯설기만 했다. 서독은 물건을 동독까지 팔 수 있는 만큼 시장이 확대되었다고 생각했다. 그러나 동독인의 상황은 몰랐다. 이런 상황을 마치 못사는 동생이 잘사는 형 집에 식솔을 이끌고 들어간 거나 마찬가지라고 비유했다. 그만큼 동독 사람들의 모멸감과 상처는 심각했다.

온 세상 사람들이 다 오는데
독일 정치인은 안 온다

서독 출신으로서 라이프치히 시장을 경험한 것 자체가 이색적이
지만 레만-그루베 시장은 이 동독의 도시를 효과적으로 변화시켜 성공
모델을 만든 사람으로 유명해졌다. 이른바 라이프치히 모델을 누구나
이야기한다. 켐니츠 시장도 서독 출신이지만 기업인 출신이어서 하나
의 '재앙'이었다. 2~3명의 또 다른 서독 출신 시장이 있었지만 작은 마
을이었다. 서독 공무원이 많이 와서 근무했지만 동독 사람은 식민지화
된 느낌만 받을 뿐이었다. 이러한 상황에서 레만-그루베 시장은 매우
예외적인 인물이었다. 그러나 그는 자신이 전문 행정가일 뿐이라고 겸
손해한다. 아무튼 이런 이유 때문에 많은 사람들의 방문이 이어졌다.
한국에서도 여러 사람이 다녀갔다. 뭔가 들으려고들 했다.

그러나 본과 베를린에서는 아무도 오지 않았다. 중앙의 정치인은
단지 법을 만들 뿐이었다. 통일은 마치 관대한 선물처럼 왔고 정치인들
은 아무런 준비도 없었다. 동독 사람들이 겪는 이 엄청난 충격과 혼란
을 그들은 이해할 수가 없었다. 일상처럼 정치는 이루어졌다. 제2차 세
계대전이 끝난 뒤 1950년대와 1960년대에 큰 논쟁이 있었다. 새로운 도
시체계와 교통체계를 마련하기 위해 독일은 많은 고민을 했다. 그러나
이제 모든 법이 바뀌고 사회가 바뀐 동독 지역에 대해서는 진지하고 깊
이 있는 고민과 논쟁이 없다는 것이다. 그루베 시장은 언제부턴가 흥분
된 어조로 말하고 있었다.

많은 일이 이루어지고 그 시행착오가 밝혀진 다음에야 고치자고

한다. 기민당은 사민당에게 이기기 위해 온갖 거짓말을 늘어놓았고 사민당은 의구심을 가졌지만 제대로 반대하지 않았다. 단지 이 모든 것이 정파적인 놀음이었다고 노 시장은 일갈한다. 그리고 묻는다. 콜 수상이 당시 다음에 고치자고 말했는데 정말 '다음 통일에나 고치자'는 말인 모양 아닌가. 그리고 식당을 나가더니 자전거를 타고 총총히 사라졌다.

동독은 서독 변호사 시장의 사냥터인가

6월 25일, 드레스덴으로 이동했다. '엘베 강가의 플로렌스'라고 이름 붙여질 정도로 아름다운 도시다. 드레스덴에 사는 교민 이월선 씨는 늦은 밤인데도 차에 태워 드레스덴 도심을 한 바퀴 돌았다. 거대한 궁전과 교회와 성들이 라이프치히와는 완전히 다른 모습이었다. 라이프치히가 상인들의 도시라면 드레스덴은 작센 공국의 왕가가 지배했던 권력의 도시였다. 모든 것이 거대해서 올려다 보느라고 목이 아프다. 그렇지만 도심 자체는 손에 잡힐 만큼 좁아서 산책하기에 딱 알맞을 정도이다. 엘베 강가와 츠빙거 궁전, 가톨릭 성당, 왕들의 행진, 그리고 프라우엔 교회를 둘러본 다음 우리는 어느 주점에서 맥주 한 잔을 하고 돌아왔다.

제2차 세계대전 말기 영국 공군에 의해 철저히 파괴된 드레스덴을 상징하는 프라우엔 교회
한 시민의 꿈과 발의로 한 무더기의 돌에 불과하던 이 교회가 복원되었다.

6월 26일 이월선 씨의 소개로 헤바이스(Hebeis) 변호사를 만났다. 그는 오늘 하루 종일 이 지역의 시민운동에 대한 설명과 안내를 맡을 예정이다. 변호사가 하루를 온통 할애해서 누군가를 안내한다는 것은 보통 결심이 아니면 안 될 일이다. 너무나 감사하다. 헤바이스 변호사로부터 들은 동독 지역의 여러 법률과 재미있는 현상들을 정리해보았다.

우선, 어느 날 하루아침에 모든 법률이 쓰레기가 되었다. "1990년 10월 3일 독일연방기본법 제23조에 의해 동독(DDR)이 독일연방으로 편입됨에 따라 동독 각 주들은 독일연방의 주가 된다"(통일조약, 1장 1조). 이 조문에 의해 동독이라는 나라는 사라지고 거기서 만들었던 모든 법률도 함께 사라졌다. 동독인들은 자신들이 수십 년 동안 지켜왔고 알아왔던 법률 대신에 이제 완전히 다른 법률들을 익혀야 했다. 그 심정을 이해해야 독일 통일을 제대로 이해할 수 있을 것이다. 헤바이스 변호사는 동독의 법전이나 코멘타르, 판례집 등을 취미로 수집해두고 있다. 이제 이 법률들은 단지 애장가들의 기호품에 지나지 않는다.

이렇게 되었으니 당연히 법조계는 서독에서 공부하고 자격을 획득한 사람들이 차지할 수밖에 없다. 동독 변호사는 자격이 그대로 유지되었으나 실제로 활동하고 있는 사람은 20여 명에 불과하다. 많은 동독 출신 변호사들은 슈타지 관련 때문에 그만둔 사람들이다. 연방고등법원에서 "슈타지에 단순히 가담한 것만으로는 부족하고 인권침해 행위에 구체적으로 가담한 사실이 밝혀져야 한다"는 판례가 나와 구명된 변호사들이 있었지만 당시 동독에서 고위층에 속했던 변호사들이 그대로 활동을 계속하기는 어려울 것이다. 더구나 서독법 세상이 되었으니 이들 역시 '무용지물'이 되고 만 것이다. 14년이 지난 지금 다시 법대를 졸업하고 변호사 자격을 취득한 젊은이들이 변호사로 나오고 있다.

헤바이스 변호사는 뉘른베르크에서 사내 변호사로 일하다가 1993년 드레스덴으로 와서 사무실을 냈다. 처음에는 동독 기업의 구조조정, 부동산신탁회사의 재산 매각 등의 법률 업무를 주로 다루다가 1996년부터 2000년까지는 새로운 회사의 창업, 새로운 건물 건축·임대계약 등의 법률 업무가 많았다고 한다. 지난 3년간은 불경기로 회사 부도사건을 많이 다루고 있는데 변호사들도 어려움을 많이 겪고 있다. 어떤 서독 출신 변호사는 헤바이스 변호사 사무실이 있는 이 건물을 샀는데 지금 빈 방이 많아 걱정이라고 한다.

헤바이스 변호사와 오가며 이야기하다보니까 독일의 특별한 제도가 귀에 번쩍 띄었다. 바로 에릅바우레히트(Erbbaurecht)라는 것이다. 우리나라의 지상권과 비슷한 것인데 토지와 건물의 소유권을 분리하여 공공기관이나 교회 등이 가진 땅 중에서 일정 기간 동안 공공목적으로 건물을 지을 사람에게 소유권을 인정해주고 나중에 그 기간이 끝나면 계약을 연장하거나 계약은 만료하되 그 건물의 가치를 객관적으로 평가하여 매수해주는 것이다. 예컨대 가난한 사람들을 위해 주택을 지어 이들에게 소유권을 인정해주고 그 대신 연간 4퍼센트 정도의 이자를 내게 하고 50년 또는 100년간의 건물소유권 계약을 맺는 것이다. 시민단체들도 이런 방식으로 시청이나 교회로부터 땅을 얻어 건물을 짓고 있다고 한다.

오늘 방문하게 될 환경 센터(Umwelt Zentrum)의 경우에도 시 소유의 건물을 50년 동안 얻어 건물을 지었다는 것이다. 50년 그 자체가 긴 기간일 뿐만 아니라 얼마든지 연장할 수 있기 때문에 우리나라에도 NGO 센터를 이런 방식으로 지을 수 있지 않을까.

 ## 문화유산 보존의 총본산

헤바이스 변호사는 먼저 우리를 시내의 한 조용한 곳으로 안내했다. 제법 커다란 주택이 서 있다. 원래 유태인 소유의 건물이었는데 나치 때 압류된 것을 통일 후 다시 찾아 이를 싸게 팔았다고 한다. 매수인이 바로 문화유산 관련 일을 하는 단체들이었기 때문이다. 이 집에 세 들어 있는 단체들은 기념동상·고건물 보존을 위한 교육센터, 드레스덴 공대(기념동상 보호와 도시발달을 위한 전문가과정), 독일 기념동상 보호재단의 드레스덴 지부위원회, 독일 기념동상 보호재단 드레스덴 지부의 기념동상 건립재단, 드레스덴 문화유산보호단체, 상설 전시관 등이다.

이 중에서 특별히 어린이교육을 맡고 있는 분을 만났다. 그녀는 몇 가지 프로젝트를 소개해주었다. 지난 주에 했던 것은 10살짜리 아이들을 상대로 한 수업이었다. 드레스덴의 거리 하나를 선정하여 그 거리의 800년 동안의 변화 모습을 슬라이드로 100년마다 비교해서 보여주고 그 변화를 어떻게 보고 느끼는지 토론하게 하는 것이다. 15개의 슬라이드를 다 보더니 한 아이가 처음과 끝을 다시 보여달라고 하여 그녀는 감동을 받았다고 한다. 따분한 강의식 교육 대신에 이런 슬라이드와 살아 있는 현장교육을 통해 아이들의 배움의 열기와 감수성을 키워낼 수 있었던 것이다. 다음 주에 하기로 한 교육은 실제 어느 거리의 집을 몇 개 보여주고 그걸 기초로 거리를 한번 만들어보도록 하는 것이다.

이 분의 이야기를 들으면서 오늘날 독일 여러 도시의 아름다운 거리가 어느 날 아침에 하늘에서 떨어진 것이 아님을 절감할 수 있었다. 어릴 때부터 이렇게 살아 있는 생생한 교육을 받음으로써 이들이 지난날보다는 조금 더 나은 거리·건물·도시를 만들어갈 자양분을 가지게 되는 것이 아닐까.

 드레스덴 환경재단

헤바이스 변호사는 자신의 스타일대로 시내 구경을 시켜주었다. 건물의 사연들을 상당히 많이 알고 있었는데 그것은 자신이 신탁회사의 고문으로 일했기 때문이었다. 그리고 마침내 또 하나의 건물 앞으로 우리를 안내하였다. 그곳은 바로 환경 센터였다. 이 건물이 드레스덴 시의 땅 위에 지어진 것이라는 점은 위에서 이미 설명한 대로이다. 여기에는 역시 카페가 있고 환경도서관이 있다. 많은 시민단체들이 입주해 있는데, 미처 다 열거하지 못할 정도이다. 아케 노바(Arche Nova. 위기에 처한 사람들을 위한 이니셔티브), 환경도서관, 환경은행, 드레스덴 발전 포럼. 그린피스, 나부(NABU: 독일환경보호동맹), 정치교육기관, 그륀 리가(Grune Liga. 네츠베르크 Okologischer Bewegung), 작센 환경아카데미, 스타트린데(Stadtlinde, 어린이환경교육단체), 작센 어린이 자연의 친구들, 크리스천과 유대인의 공동협력을 위한 드레스덴 모임, 독일자전거클럽, 독일교통클럽, 독일건축가협회, 독일조경건축가협회 등이다.

대체로 환경단체들이 50퍼센트 가량 되고 다른 일반 시민단체들이 입주해 있다. 스테판 메르텐스퀘터 환경 센터 대표는 입주 단체들이 몹시 다양한 스펙트럼을 가지고 있다고 소개한다. 정당이 아니면서 다양한 분야를 포괄하면서 공익증진에 힘쓰고 있다는 것이다. 자신이 보기에는 독일은 다른 나라에 비교하여 정부가 NGO를 많이 지원하는 나라라고 생각한다. 정기적 지원이나 프로젝트별 지원 등 다양한 방식이 있으나 전체 규

드레스덴 환경재단
이 건물에도 수 십 개의 환경 단체들이 입주해 있다. 정부로부터 50년간 임차한 토지 위에 지어진 건물이다.

모는 줄어들고 있는 상황이다. 그는 자원봉사 확대와 사회운동재단의 확충 등 제3의 길이 있어야 한다고 고민하고 있다.

정부지원은 필요하지만 재정충당의 새로운 노력이 있어야 한다는 것이다. 뿐만 아니라 시민단체들로서는 스스로 그 내용을 채우려는 고민도 있어야 하는데 현재로서는 충분하지 않다고 본다. 시로부터의 지원에 관한 논쟁이 심각하며 반대하는 단체는 받고 있지 않은 실정이다. 받는다고 하더라도 일회적인 행사의 비용이 아니라 지속 가능한 운동을 위해 고민해야 한다는 것이다. 뿐만 아니라 과거 환경운동은 원전 · 건설 · 개발 등 언제나 반대만 해왔는데 좀더 대안적이고 적극적인

운동도 해야 하지 않는가 하는 것이 바로 그의 고민이기도 하다. 듣고 보니 우리와도 비슷한 고민이다.

이 건물은 환경 센터가 소유자라기보다는 이 건물 입주자 전체가 소유자다. 혼자서 대지 사용료를 내는 것이 아니라 다른 단체들의 돈을 걷어 대표로 낼 뿐이다. 그는 개인적으로 두 가지 과제를 가지고 있다. 체코·폴란드 등 전 공산국가들 사이에 동유럽 시민사회공동체를 만드는 것과 또 하나 시민단체들의 재정적 자립을 어떻게 이룰 것인가 하는 것이다. 특히 동독 지역에서 많은 공장들이 문을 닫았는데 그렇다고 환경은 좋아졌는가 하고 물으면 부정적일 수밖에 없다. 이런 경험을 동유럽 국가들의 시민사회가 함께 공유하고 나눈다면 뭔가 많은 것을 얻을 수 있으리라고 그는 생각한다.

자신이 보기에는 이곳 드레스덴 시민들의 정치의식은 대단히 높고 역동적이다. 시민들의 용기와 힘으로 동독 정권을 극복하지 않았던가. 과거 동독 정권의 지지자들이 없었던 것은 아니지만 충분히 함께 민주주의를 꾸려갈 능력과 자질을 가진 시민들이라고 믿는다. 사람들은 동독 주민들의 한계를 말하지만 그것은 마치 "배고프다고 할 때는 언제고 밥 먹고 나서 에스프레소를 찾는 격이다."

 독일 판 아름다운 재단

"새롭고 창조적인 아이디어가 정부나 기업에 의해 지원받는 사례는 대단히 적다. 정부에 의한 이러한 희소한 지원은 사회운동, 청년들을 위한 프로그램, 문화 그리고 환경보존 등 모든 사회 영역에 영향을 미친다. 이것을 해결하기 위해 무엇이 이루어져야 하는가. 드레스덴 시민재단은 세상을 바꾸려는 사람, 아이디어를 가진 사람, 열정과 사명감을 가진 사람, 그리고 좋은 아이디어를 성공적인 프로젝트로 바꿀 수 있는 재정적 수단을 가진 사람들을 함께 모으려는 목표를 가지고 있다. 드레스덴 시민재단은 단지 돈을 모으고 이것을 나눠주려는 재단이 아니다. 그것은 비전과 열정, 이니셔티브를 가진 시민들의 네트워크이며, 경험의 공유와 구체적 지원을 조직화하는 기관이다……."

이것이 드레스덴 시민재단(Burgerstiftung Dresden)의 목표이다. 사실 시민재단의 아이디어는 100년도 넘었다. 특정한 지역의 주민이 공동체의 관심사를 위해 스스로 십시일반으로 자금을 모아 공동의 힘에 의한 해결을 시도한 것이다. 그래서 제1차 대전 뒤에 독일에는 100여 개의 재단이 만들어졌다. 그러나 세계적 인플레 때문에 이것들은 거의 사라졌다. 1990년대 이후 미국의 지역사회재단(Community Foundation)이 알려지면서 다시 시민재단의 아이디어가 부활하였다.

지금 독일에는 시민재단의 붐이 일고 있다고 한다. 지난 6년 동안 64개가 만들어졌고 70여 개가 창립을 준비 중이다. 이 시민재단은 전국에서 세 번째 만들어졌다. 큰 기업들이 만든 쾨버(Kober) 재단에서 기초자금 25만 마르크와 인력을 제공했다. 현재 총자본금은 62만 유로에 이른다. 다른 재단으로부터 위탁 관리하는 기금이 45만 유로이다. 다른 유사재단으로부터 기금운영을 위탁받은 것은 아름다운재단과 유사하다. 그것은 그만큼 신뢰와 전문성이 있다는 이야기다. 그러나 배워야 할 것도 적지 않다.

무엇보다도 이 재단의 스텝이 너무 적다. 상근은 세 명밖에 안 된다. 그것도 그럴 것이 어떤 일을 할 때는 그 분야의 전문가와 손잡고 하기 때문이다. 드레스덴 출신의 유명한 문학가 에리히 케스터너 박물관 신축 모금을 할 때에도 박물관 전문가인 글라저(Glaser) 교수 등이 함께 했다고 한다. 이때 3개월간 3만 마르크를 모금했다. 더구나 돈만 모은 것이 아니라 박물관 건설부지 기부, 전시물 수집 등을 함께 한다. 이것 도 재미있는 방식이다. 아이디어가 있는 사람과 단체에게 그것을 실현 할 수 있도록 돕는 것이다. 이와 같이 모금 자체를 프로젝트와 연관하 여 하는 경우가 대부분인 것도 인상적이다. 일정한 아이디어와 사업 아 이템을 내걸고 모금을 하는 방식이다.

일정한 사회사업을 하고자 하는 사람에게 다른 재단과 기업을 소 개하는 일과 스스로 재단을 만들고자 하는 사람이 있을 때는 그것을 지 원하는 일은 아름다운재단이 하고자 하는 일과 유사하다. 재단 창립의 인큐베이터가 되는 것이다. 그러나 스스로도 적지 않은 돈을 계속 모금 하고 있다. 몇 년 전 이곳을 휩쓴 수재 때문에 피해를 입은 문화재를 복 원하기 위해서 710만 유로의 돈을 모았다. 이 재단의 팸플릿은 이렇게 시작하고 있다. "드레스덴 시민은 미래를 기부합니다."

 ## 귀틀러 씨가 만들어낸 프라우엔 교회의 기적

처음에는 아무도 믿지 않았다. 드레스덴 오케스트라의 트럼펫 연 주자에 불과한 이 분의 목소리에 귀를 기울 이지 않았다. 귀틀러(Gutler)라는 이름을 가 진 이 사람은 제2차 세계대전 중에 완전히 부 서져버린 드레스덴의 상징 프라우엔 교회[14]

14 드레스덴의 프라우엔 교회는 1726~1743 년 사이에 건축되었고 독일 프로테스탄트 교 회 중에 최고로 중요한 건물로 알려져 있다. 이 건물은 과거 드레스덴에서 가장 높고 동 시에 가장 아름다운 돔으로 드레스덴 시민들 뿐만 아니라 이곳을 방문하는 모든 사람들의 사랑을 받아왔다고 한다.

의 재건을 추진한 것이다. 심지어 동독정권 시절에도 여러 차례 이 교회의 재건이 논의되었지만 경제적인 어려움 때문에 번번이 무산되었다. 귀틀러 씨는 14명의 다른 시민들과 함께 1990년 드레스덴 폭격 40주년을 즈음하여 교회재건 추진위원회를 출범시켰다.

처음에는 불가능하리라고 생각하던 시민들도 함께 나섰고 후원자들도 생겨났다. 특히 이 지역을 기반으로 성장하였던 드레스덴 은행(Dresdener Bank)이 적극 지원을 약속함으로써 큰 전기가 만들어졌다. 이 교회의 재건을 위하여 독일 전역에 교회재건 추진위원회의 지원조직이 생겨났고 심지어는 미국과 영국 등에서도 지원단체들이 생겨났다. 지금은 전 세계 20여 개국에 총 6,400명의 회원이 있다. 영국에는 아예 드레스덴 트러스트(Dresden Trust)가 생겨났고 미국의 프렌즈 오브 드레스덴(Friends of Dresden)이 조직되었다. 필요한 총 금액은 1억 3천만 유로다. 아직은 모자라지만 거의 대부분의 돈이 모금되었다.

그리하여 내가 방문하기 전주에 이 교회 꼭대기에 있었던 돔의 상량식이 열렸다고 한다. 이 돔은 드레스덴 폭격을 주도했던 영국 공군 장교의 후손이 그 비용을 부담하여 더욱 의미가 컸다. 사실 1991년 내가 영국에서 유학할 당시 이 드레스덴의 이야기를 기사로 읽은 적이 있다. 제2차 세계대전 당시 나치는 영국에 대한 폭격을 감행했는데 그중에서도 특히 코벤트리는 엄청난 폭격을 당해 도시 전체가 잿더미로 변했다. 나중에 영국 공군은 드레스덴을 집중 공습하여 프라우엔 교회를 포함하여 도시 전체가 집중적인 피해를 입었다. 이 두 도시는 그후 상호 방문을 통해 상호간의 적대를 풀고 화해의 노력을 해왔다. 이 상량식에는 영국 엘리자베스 여왕의 동생이 참석했다고 한다. 아무튼 이 상량식을 바라보며 많은 드레스덴 시민들이 눈물을 흘렸다고 한다. 한 시민의 주도로 시작된 이 거대한 프로젝트가 이제 결실을 앞두고 있다. 꿈은 이루어지는 법이다.

훈더트바서 학교
- 동독에서 피어난 창조적 학교

6월 26일 토요일 오전, 루터 종교개혁의 고향 비텐베르크로 떠났다. 그곳에서 우연히 저녁을 먹기 위해 들른 카페에서 귀중한 정보를 입수하였다. 훈더트바서 학교(Hundertwasser Schule)에 관한 것이었다. 훈더트바서(1928~2000)는 비엔나에서 활동했던 유명한 건축가 겸 화가, 생태운동가로서 '직선에는 신이 없다(Die Gerade Linie ist gottlos)'는 말로 유명하다. 그만큼 직선을 싫어하는 사람이었다. 그는 또한 1972년에는 이른바 '창문에 대한 권리(Dein Fensterrecht)'를 주창하였다. 모두 획일적인 창문 대신 다양한 창문을 가질 것을 주장한 것

이다. 직선과 창문뿐만 아니라 굴곡이 있는 지붕, 밝은 색깔, 그리고 자연의 나무와 풀들이 그의 작품의 중요한 구성 요소였다. 평생 그는 인간과 자연이 함

'교도소 건물과 유사' 하던 고등학교 교사가 아름다운 '훈더트바서' 학교로 거듭났다
이 학교 학생으로서 방문객들을 안내하는 두 여학생.

께 어떻게 공생하며 살 것인가를 고민한 사람이었다.

　루터의 고장 비텐베르크에 원래 '마틴 루터 김나지움'이 있었다. 1975년 동독 시절 지어진 이 학교는 창문이 떨어져나가고 교사에 물이 새는 등 전면적인 개축이 불가피한 상황이었다. 이때 이 학교 미술교사가 아이들에게 어떤 학교를 원하는지 그려보도록 하였다. 그중에 어떤 학생이 그린 그림이 훈더트바서의 그림과 너무도 비슷하였다. 창문도 모두 다르고 교사와 담도 모두 곡선이었다. 그래서 학생위원회에서는 훈더트바서에게 현재의 학교 사진을 동봉하여 학교 개축작업을 도와달라고 요청하는 편지를 냈다. 그걸 본 훈더트바서는 "이건 학교가 아니라 형무소다"라면서 그 작업을 도와주고 그 대신 돈을 받지 않겠다고 연락해 왔다. 그러나 처음 그가 보내온 설계도면은 너무 비용이 드는 것이어서 다시 수정한 설계를 보내주었다.

　이렇게 해서 훈더트바서 학교를 만들기 위한 작업에 들어갔으나 돈이 문제였다. 시민들의 성금을 모으기 위해 다양한 방법들이 강구되었다. 무엇보다 스스로 모금하는 것이 중요하였다. 그리하여 시민들은 이 카페를 만들고 이 학교의 필요성을 널리 홍보하고 논의하는 장소로 활용하였다. 주정부의 지원과 여러 후원자들의 모집으로 약 1,060만 유로가 모금되었다. 이제 1997년 공사가 시작되어 1999년 5월 공사가 완공되어 이 카페는 다른 시민들에게 넘겨져 그들이 운영하고 있는 상태이다.

　이런 정보를 기초로 다음날 아침 일찌감치 시내에서 20여 분 걸어가야 하는 훈더트바서 학교로 찾아갔다. 이 학교 학생들이 나와 있었다. 16명이 번갈아가며 당번을 서서 방문하는 사람을 안내하고 자료와 책, 캐릭터 상품들을 팔아 수익을 남겨 학생회 운영에 쓴다는 것이다. 학생들에게 학교의 애착심을 가질 수 있게 하면서 이 학교의 홍보에도 크게 도움이 될 일이다. 실제로 이 학교의 방문객은 여름에는 폭발적이고 오늘도 당장 우리 바로 뒤에 20명의 단체방문이 있었다. 독일이나 유럽의 이웃나라는 말할 것도 없고 미국에서도 많이 온다고 한다. 또 여러 나라 학교와 자매결연을 하여 학생들의 교환방문이 이루어진다고 한다.

이 학교 재건축의 컨셉은 물·불·공기·흙, 네 가지로부터 시작한다. 우선 층마다 문이나 복도의 색깔이 다르다. 지하 창고는 지하니까 빨간색, 1층은 녹색(땅), 2층은 파란색(물), 3층은 노란색(공기)으로 상징하였다. 한 층이 더 있는데 지정된 색깔이 없어 학생들이 무지개색의 마지막 색깔인 보라로 정했다. 2층 갤러리 공간에는 한쪽은 학생, 또 한쪽은 직업 화가들의 작품이 전시되어 있다. 없던 강당도 만들었고 천문대도 만들었다. 옥상 정원도 만들었다. 옥상은 아예 모두 나무와 풀과 꽃을 심었다. 수백 개의 창문이 하나도 같은 것이 없다. 우리를 안내한 학생이 사람은 누구나 눈을 가지고 있지만 어느 것도 같지 않지 않느냐고 하였다. 저 아래 땅에는 원래의 시멘트 길을 모두 모자이크로 만들었다. 학교 뒤의 공터에는 용수철처럼 만들어진 의자가 놓여져 있다. 모든 색깔이 아름답고 모양이 특별하다. 그야말로 '둥글고, 채색이 다양하고, 즐거운 녹색 건물(rounded, colourful, cheeful and green)'이다.

이렇게 학교를 개축하는 과정에서 훈더트바서는 병환중이어서 직접 참여하지는 못했다. 다만 중간 공사과정을 사진으로 담아 인터넷으로 보여주었다. 그리고 특별한 것은 이 과정에서 학생들도 자기 교실이나 복도를 직접 꾸몄다는 사실이다. 한 교실 뒤에는 선생을 그려놓았는데 눈이 세 개 달린 괴물이다. 칠판에 글을 쓰면서도 뒤에 눈이 달려 있는 듯 학생들을 감시한다는 것이다. 선생님의 존재는 여기도 한국과 크게 다르지 않은 모양이다. 교실 벽에는 화학제품인 페인트를 쓰지 않고 우유 등을 이용한 물감으로 그림을 그렸다고 한다. 학교가 완공된 뒤 축하 모임에서 학생들은 못쓰는 침대보를 모아 거기에 각자 그림을 그려 요정복장을 하고 춤을 추었다.

이 학교에는 6개의 특별활동교실도 있다. 방과후에는 언제든지 모여 다양한 활동을 할 수 있다. 우리를 안내한 학생은 12학년인데 현재 영어와 러시아어를 배우고 있다. 이 작은 고등학교에 9개의 외국어 강좌가 있다고 한다. 이렇게 외국어를 잘 할 수 있다는 것과 특별히 단장된 아름다운 이 학교에서 배우는 것이 자랑스럽다고 이 학생은 말한다. 또 한 그룹의 방문객의 도착하여 이 학생은 바삐 달려갔다. 이 학교의 사례를 보면서 동독은 결코 과거 권위주의체제 하의 절망스런 모습이 아니라 미래의 희망과 가능성을 가득 안고 있는 지역이라는 생각이 들었다.

제7장
루르 지역

성숙한 사회 - 노사가 만들어가는 평등사회

6월 27일 오후 먼 길을 달려 쾰른에 도착했다. 역에 이영숙 씨가 마중 나와 주었다. 오랫동안 독일에서 양심수 후원회 일을 하면서 고국의 민주화운동을 열심히 도왔다. 그 때는 베를린이니 프랑스의 여러 도시까지 수천 리를 마다하지 않고 자동차로 사람들을 실어 날랐다. 지금은 독일인 남편과 살면서 다시 심리치료학을 배우고 있다. 그 집에서 아주 편안히, 그리고 오랜만에 된장국을 먹으며 여독을 달랠 수 있었다.

6월 28일의 첫 만남은 독일경제연구소의 호스트-우도 니텐호프 (Horst-Udo Niedenhoff) 씨이다. 그는 이른바 노사간의 공동의사결정제도의 전문가다. 만나자마자 그는 자신이 쓴 『독일연방공화국에서의 공동의사결정(Mitbestimmung in der Bundesrepublik Deutschland)』를 꺼내놓고 설명을 시작한다. 그 책은 독일의 공동의사결정에 관한 모든 내용을 도표, 법률, 통계자료를 가지고 잘 설명하고 있다.

우선 개별 기업에는 노조가 없고 다만 노동자위원회(Betriebsrat)가 있다. 대부분의 중요한 노사 현안은 지역별 산별노조와 기업체협의회(예컨대 자동차협회 또는 화학공업협회 등)의 교섭에 의해 결정된다. 거기서 결정된 큰 범주 안에서 개별 기업의 노동자위원회와 경영진이 경영협의회를 구성해서 구체적인 사안에 대해 합의한다. 그러나 개별 기업 노동자위원회는 파업을 할 수 없다. 이것은 예민한 문제를 노사가 직접 머리를 맞대고 하기보다는 상위 조직이 이를 담당함으로써 보다 객관적이고 합리적으로 문제를 풀거나 조정할 수 있는 가능성이 많다. 산업평화 유지에 크게 도움이 되지 않을까 싶다.

노동자위원회의 위원 숫자는 최소한 5명이지만 이들은 회사의 종업원 수에 따라 달라진다. 1,000~2,000명 사이에는 15명, 7,000~9,000명 사이에는 13명 이런 식이다. 이들 노동자위원은 직접 노동자들 사이에서 선출되며 상근직이다. 월급은 원래 자신이 받던 월급을 그대로 받지는 않는다. 파업권이 없고 구체적 문제를 논의하지만 노동자위원회가 힘이 세다. 노조의 경우에는 거기에 가입한 노조원의 숫자에 따라 힘이 세기도 하고 약하기도 하다.

또한 노동자위원회에서 3명 이상, 경영진에서 인사담당, 생산측 책임자, 재정 책임자등 주요 임원이 참여하여 경영협의회를 구성하고 이 조직에서 구체적인 결정을 한다. 협상하는 방법도 다 규정되어 있는데 이견이 있을 경우 외부인사를 중재자로 채용할 수도 있다. 주로 노동 전담법관, 정치인 등이 그 중재인으로 선출될 가능성이 많다. 공동 의사결정의 대상은 새로운 인원 채용, 전근, 임금수준, 노동시간(휴식 · 휴가 등), 노동조건 등이 모두 포함된다. 우리나라 기업인들이 보기에는 경영권침해라고 볼 만한 내용들이 포함되어 있는 것이다.

독일에서는 상대적으로 파업이 적고 생산성이 높다는 이점은 있지만 임금이 높고 휴가가 많기 때문에 체코, 폴란드 등으로 공장을 이전하는 사례가 많다. 그러나 공동결정제는 이미 오랜 전통이 되어 산업 평화에 결정적인 도움을 주고 있다. 새로 옮겨간 동구권에서는 노조가 없거나 이러한 독일식 모델이 작동이 되지 않는다. 많은 노동자들이 이러한 이유 때문에 자부심을 갖고 있다. 예컨대 나는 지멘스인 (Siemesianer)이라거나 나는 도이체방커(Deutch Banker)라고 스스로 생각하는 것이다.

폭스바겐 모델 또는 피닉스 모델

나는 그 다음으로 니덴호프 씨에게 한국 사람들에게도 잘 알려진 폭스바겐 모델에 대해서도 물어보았다. 이것은 5천 명 규모의 새로운 자동차공장을 세우면서 노사가 합의하여 실업자들을 채용한 사례이다. 실업이라는 사회적 문제를 노사합의로 해결해보고자 한 것이다. 그 채용 조건에 매달 5천 마르크를 준다는 것이 포함되어 있다. 독일의 임금체결법에서 규정된 것보다 더 적은 돈이지만 노사가 합의해서 사회적 공익차원에서 이루어낸 결과이다. 임금체결법에 임금에 관한 전체적 가이드라인이 있지만 실제로는 다양하기 짝이 없다. 직종마다 업무 내용마다 다르지만 시간당 평균 동독의 경우 16.4유로로, 서독의 경우 24유로 정도이다. 그러나 이러한 폭스바겐 모델은 폭스바겐에만 있었고 다른 기업으로는 확산되지 않았다.

최근 독일 기업들에 확산되고 있는 모델은 이른바 피닉스 모델(Phonix Model)이다. 임금체결법에 정해진 노동시간은 연간 2천 시간으로 되어 있지만 회사운영이 안 될 때는 10퍼센트까지 줄일 수도 있고 잘될 때는 10퍼센트까지도 늘릴 수 있도록 합의하는 것이다. 이것은 경영의 신축성을 높이는 데 기여한다. 구 동독 지역인 튀링겐, 작센, 작센안할트 주 등에서 화학·금속 기업 등에서 확대되고 있다. 피닉스라는 말이 원래 잿더미 위에서 피어난 불사조라는 뜻인데 이 모델은 독일의 기업들이 어려운 여건을 뚫고 새로이 비상해보자는 시도의 하나라고 한다.

노동시간에 관해서 독일은 40만 개의 규칙이 있다고 할 정도로 규제가 심하다. 1년에 8,000~9,000개의 규정이 만들어진다. 주당 35시간 노동시간은 하나의 철칙이었다. 또 하나의 근본적 규정은 하루에 10시간 이상 노동은 안 된다는 것이다. 실제로 그 이상 일하는 곳이 있지만 그것은 처벌 대상이다. 토 · 일요일에는 일하지 말라는 법은 없다. 그러나 실제로 토 · 일요일이나 공휴일에 일하는 기업은 거의 없다. 상점법(Ladenschlossgesetz)이 있어 백화점이나 가게는 8시 이후 문 열 수 없고 다만 주유소는 20시간 이상 열어도 된다. 역 안의 상점은 10시까지 가능하다. 독일은 노동자들의 이익과 권리가 많이 보장되어 있는 사회이다. 경기가 어려워지고 실업자가 많아지면서 이러한 제도에도 변화가 일고 있지만 골간은 바뀌지 않고 있다. 과거 마이스터의 나라라고 칭해졌던 독일에도 평생직장이라는 개념이 무너지고 미국식으로 변하고 있다고 아쉬워한다. 세상은 조금씩 변하는 법이다.

 ## 군대 대신 공익근무를 선택할 수 있는 나라

이영숙 씨는 처음에 간호사로 독일에 와서 독일 사람과 결혼해서 아이를 하나 낳았다. 아드리안 비욜 발러하임(Adrian Bjoll Wallerheim)이 바로 그 아이다. 1992년 내가 영국에서 유학하고 있을 때 처음 이 아이를 보았는데, 벌써 20살이다. 아드리안은 지금 공익근무 요원으로 활동하고 있다.

한국에서도 양심에 의한 병역거부가 논쟁거리로 떠오르고 있지만 독일은 입법적으로 해결되어 있다. 독일의 모든 청년은 병역의 의무가 있지만 일정한 이유가 있으면 거부하고 그 대신 공익근무 활동을 해야 한다. 군복무기간은 과거보다 조금씩 짧아져서 지금은 9개월이다.

공익근무 활동기간도 비슷한데 지금은 10개월이라고 한다. 거부할 수 있는 사유는 질병이나 신체상의 이유는 말할 것도 없고 본인이 종교나 양심상의 이유로 전투나 집총을 원치 않은 경우에는 모두 인정된다. 인종적·가족적 이유 외에 누구를 죽이고 싶지 않다는 이유만으로도 병역의무는 대체될 수 있다. 아드리안의 친구 가운데 군대에 안 가고 싶다는데 간 사람은 없다. 친구 중 두 명이 군대에 갔는데 한 명은 학교를 자퇴하고 군대에서 바이오테크놀로지를 공부하고 싶다면서 간 친구이고 나머지 한 친구는 평소 공수부대를 좋아해서 취미로 하면 돈이 많이 드는데 군대에서는 공짜로 할 수 있기 때문에 지원했다고 한다.

대체 공익근무는 병원, 사회복지시설, 양로원, 제3세계 등지에서 이루어진다. 제3세계 근무는 드문 경우로서 특별한 조건을 갖추어야 한다. 아드리안의 경우 현재 대체복무로서 교회가 운영하는 탁아시설에서 일한다. 가난한 사람들이 많이 사는 지역인데 아이들이 방과후 이 시설에 오면 숙제도 같이 하고 놀아주기도 한다. 근무는 10개월 동안 22일이 휴가이고 한 주일에 38.5시간 일한다. 보통 오후 1시부터 저녁 9시까지 일한다. 근무하는 동안은 감독자에게 잠깐의 외출이나 휴식도 신고하고 이것은 근무시간에서 제외된다. 오후 1시부터 4시까지는 아이들 숙제 돕기, 4시부터 7시까지는 아이들과 함께 전문가의 지도아래 서커스 놀이, 7시부터 9시까지는 컴퓨터·카드·음악 감상 등을 한다. 막상 이 일을 해보면 매우 힘들다고 한다. 특히 가난하고 폭력에 젖어 있는 아이들을 지도한다는 게 힘들지만 또한 재미를 느끼기도 한다. 돈은 매일 15유로씩 받았는데 지금은 고참이어서 16.50유로로 늘었다. 여기에 의류·음식비 등이 모두 포함되어 있다. 교회에서 방은 따로 제공되는데 비용은 얼마하지 않는다. 물론 집에서도 출퇴근할 수 있지만 지금 자신으로서는 부모와 독립하여 처음 살아보는 경험을 하고 싶어 따로 산다. 참 좋은 생각이다. 곧 한국으로 와서 한글을 배우고 또 한국사회를 경험하고 싶다고 해서 시민단체에서 일할 것을 권유했다.

경계 없는 식당, 그렌젠로스

　어제 저녁에 뒤셀도르프로 옮겼다. 아침 10시인데도 이 식당에는 사람들로 북적댄다. 발터 쉐플러(Walter Scheffler) 씨는 덩치 큰 마음씨 좋은 아저씨다. 만면에 웃음을 머금고 큰 목소리로 언제나 힘이 느껴지는 사람이다. '경계 없는 식당'(Grenzenlos)의 대표로서 그 이름에 딱 맞는 인상이다. 언제나 온다는 할머니 그룹이 한 테이블을 점령하고 있다. 긴 식탁에는 20여 명의 남녀 학생들이 뭔가 심각하게 토론을 벌이고 있다. 쉐플러 씨의 말에 따르면 어떤 사회복지학과 교수가 아이들을 데리고 여기서 현장실습 겸 현장학습을 하고 있다고 한다. 이미 이곳은 이렇게 뒤셀도르프의 명소가 되었다.

뒤셀도르프에 위치한 '경계없는 식당'
이 곳에서는 말 그대로 가난한 사람들도 경계없이 음식을 즐기고 대화를 나눌 수 있다.

1995년 창립된 이 식당은 월 770유로 이하의 수입밖에 없는 사람은 그 증명만 해보이면 무조건 반값밖에 안 받는다. 다만 알코올의 경우는 깎아주지 않는다. 그러면 술 먹는 사람들이 모여 이 식당의 분위기를 망칠 것이기 때문이다. 그런 이유 때문인지 이곳에는 여성의 숫자도 반은 된다. 아무도 희롱하거나 신경 쓰게 하지 않기 때문일 것이다. 여기에는 실업자, 정신이상자, 노령자 등등의 다양한 사람들이 자연스럽게 섞인다. 물론 동네의 보통사람들도 적지 않게 온다. 그야말로 경계가 없는 식당이다.

여기서 하는 일은 식당인 만큼 일단 요리가 으뜸이다. 전문 요리사가 있지만 2명은 실업자나 장애인 가운데서 고용해서 1년 정도 일하면서 훈련받은 뒤 다른 곳으로 취직시켜 보낸다. 그 다음으로 이 장소를 단순히 식사하는 장소를 뛰어넘어 다양한 문화와 통합을 경험할 수 있는 장소로 활용한다. 6개월마다 새로운 작품을 선보이는 미술전시회, 콘서트, 독서회, 영화상영회, 그리고 1년에 한 번씩 이 식당이 있는 골목 전체를 이용하여 토요일에 대규모 페스티벌을 연다. 이때는 온 동네 사람이 모여 즐긴다.

쉐플러 씨는 아이디어가 많다. 1달에 한 번 요리의 자원봉사대회를 연다. 유명한 연예인이나 정치인들이 와서 즐겁게 요리한다. 이들이 올 때는 와인이나 맥주나 식품을 가져오기도 한다. 이들이 오면 손님도 즐겁고 언론도 많이 와서 홍보는 저절로 된다. 또한 미술 전시회를 하면 미리 작가에게 양해를 얻어 가난한 사람들에게는 아주 싸게 팔기도 한다. 가격의 이원화 정책을 쓰는 것이다. 여기 오는 많은 사람들은 텔레비전 시청 외에는 문화와 접할 일이 없다. 가난한 사람들에게도 문화를 나누자는 취지이다.

쉐플러 씨가 이 식당의 아이디어를 얻은 것은 프랑스 코미디언 콜루쉐(Coluche)가 만든 〈가슴의 식당(Restaurant du coeur)〉에서라고 한다. 뭔가 따뜻하고 가난한 사람에게 힘이 되는 일을 하고 싶었다. 그래서 자신은 여기서 일하는 사람이나 이곳을 찾는 사람에게 뭐라고 직접 말하지 않는다. 스스로 깨닫고 행동하고 변하기를 기대하는 것이다. '경계 없는 식당'은 많은 점에서 새로운 사회복지의 영역을 개척하였다고 할 수 있다. 네덜란드, 벨기에, 스웨덴에서도 방문객이 끊이지 않는 이유이다. 한국에도 이런 식당 하나 있었으면 좋겠다.

 ## 회상의 공원 - 미래가 된 과거

어제 저녁은 뒤스부르크에 사시는 이종현 선생님 댁에 머물렀다. 오랫동안 유럽민협의 의장으로서 조국의 민주화운동에 투신했던 분이다. 독일인 사모님의 한국음식솜씨가 하도 대단해서 내가 서울에 음식점을 여시라고 농담을 했다. 식당 이름은 독일댁이라고 지으면 좋겠다고 했더니 그에 담긴 뜻을 제대로 전달하느라고 이 선생님이 애를 먹었다. 지금은 두 분 모두 은퇴하여 노년 생활을 즐기고 있다.

오랜만에 일정이 없이 지낼 수 있게 되었다. 그러나 이 선생님 부부는 이 동네 주변의 여러 지역을 보여주시려고 안달이다. 함께 구 도심으로 나갔다. 독일 최대의 내륙 항구로 알려진 뒤스부르크는 화려한 옛날을 간직하고 있었으나 제2차 세계대전 중 대부분 부서져 지금은 완전히 새로운 도시가 되었다. 그럼에도 처음 이 도시가 태어나고 세워진 전 과정을 모래 한 알까지 다 모아 다양한 전시방법으로 시민들에게 보여주고 있는 모습이 참으로 진지하고 아름답다.

라인 강과 루르 강을 모두 돌아보고 난 뒤 우리는 아직도 조금 남아 있는 중세의 뒤스부르크 성곽을 중심으로 한 역사적 유적지역 (Altstadt Park)과 한때 번성했던 인공 운하 주변의 다양한 건물들을 구경했다. 특히 몹시 퇴락한 창고, 공장, 부두시설들을 이제 새롭게 박물관, 어린이 박물관, 갤러리, 국제회의실 등으로 개조하거나 전환한 것이 인상적이다. 더구나 그 퇴락한 모습이나 제2차 대전 중 파괴된 건물들을 일부 그대로 남긴 것이 재미있다. 그 가운데 유태인들의 커뮤니티센터가 자리하고 있다. 하나같이 재미있고 멋있다. 특히 유태인 커뮤니티센터는 과거 승효상 씨의 설명을 들으며 건축기행을 할 때 이미 와보았을 정도로 유명한 건축물이다. 이곳이 바로 '기억의 공원(Park der Erinnerung)' 이다. 그 주변에는 배 모양의 5개의 현대적 건물이 들어서고 있고 공원 한가운데 설치된 아주 특별한 어린이 놀이터에는 아이들의 소리가 가득하다. 독일 그 어느 곳에서도 이렇게 과거와 현재를 연결함으로써 죽어 있는 과거를 살리고 그것을 현재와 결합하여 미래로 이어주는 노력이 돋보인다. 우리도 배웠으면 좋겠다.

오후에는 다시 인근의 유명한 탄광지대 캄프 린트포트(Kamp Lintport)의 수도원 클로스터 캄프(Kloster Kamp)를 둘러보았다. 오히려 포츠담의 쌍수시 궁전보다 더 일찍 만들어진 바로크식 정원으로 유명하다. 이곳에 오늘 밤 가톨릭 청소년 축제가 열린다고 야단이다. 특히 이 점잖은 수도원에도 청소년들의 축제 분위기를 한껏 돋우기 위하여 오색등을 다는 등 신경을 쓰는 모습이 인상적이다.

돌아오는 길에는 자동차를 실은 채 라인 강을 배로 건넜다. 저쪽에 화력발전소, 티센 제철소의 공장들이 10킬로미터나 연이어 서 있다.

◀유네스코 문화재로까지 지정된 보쿰의 '졸페어라인'
광산시설과 건물을 그대로 보존하거나 개조함으로써 명소를 만들었다.

19개에 이르는 루르지역의 산업공원들의 지도▶
한 때 광산, 철광 산업등으로 유명했던 루르지역의 산업시설을 그대로 공원으로 조성하여 시민들의 사랑을 받고 있다.

독일 지도를 보면 이 루르 지역에 도시들이 밀집해 있는 것을 볼 수 있다. 뒤셀도르프, 뒤스부르크, 에센, 뷔페탈, 보쿰, 졸링겐 등이 모두 1시간 이내의 거리에 있다. 루르 지역은 약 4천 평방킬로미터에 53개의 지방자치단체들이 위치해 있는 곳이다.

한때 '검은 황금' 으로 불렸던 석탄과 독일의 젖줄 라인 강이 어우러져 산업벨트를 형성하면서 '루르 게비트(Ruhr Gebiet)' 로 불렸던 이 지역은 석탄산업은 사양화되었지만 여전히 철강산업을 비롯한 제조업의 본산을 이루고 있다. 거기에다가 석탄이 없어졌다고 죽은 도시로 변하지 않고 다양한 시설과 문화로 새로운 도시로 거듭나고 있는 모습이 보기 좋았다.

공지의 아름다운 활용, 슈레버 게르텐

저녁에 이 선생 집 주변을 산책하다 보니까 작은 화훼단지가 나타났다. 사실 조그마한 집과 그 앞에 온갖 화초들이 피어 있는 정원들을 여러 곳에서 보면서 저렇게 작은 집에 사람들이 살까 하는 생각이 들었었다. 기찻길 옆에는 이런 주택이 특히 많았다. 나중에 알고 보니 이것은 정부나 지방자치단체가 소유하고 있는 공한지를 시민들이 빌려서 가꾸는 작은 전원주택이었다. 다니엘 고트롭 모니츠 슈레버(Daniel Gottlob Monitz Schreber, 1808~1861)라고 하는 사람이 처음 제안했다고 해서 슈레버 게르텐(Schreber Garten)이라고 부른다.

슈레버는 라이프치히에서 의사로 일하던 사람인데 국민체조를 창안하고 청소년수련원을 제안하는 등 국민건강을 위해 노력한 사람이었다. 슈레버 게르텐도 사실 화초를 가꾸고 과실을 재배하는 동안 시민들의 정서함양에 큰 공헌이 될 것임에 틀림없다. 다만 이곳에서 아예 생활하는 것은 금지되어 있고 화초나 나무를 마음대로 기를 수 있지만

독일의 기차길 옆이나 동네 공지에서 발견할 수 있는 '슈레버 게르텐'
국유지를 활용해서 화초나 과실을 재배함으로써 국민 정서를 함양시키고자 하는 뜻에서 창안되었다.

그 대신 3분의 1은 채소와 과일나무 등 유실수를 심어야 한다고 한다. 어떤 사람은 독일 사람들로 하여금 원예에 대한 관심을 기울이게 함으로써 정치적 무관심을 조장하려 하였다는 주장도 하였다. 아무튼 참 재미있는 제도이다.

대안무역의 거대한 산실, GEPA 본부

　7월 2일 오전 8시, 기어코 이영숙 씨가 그 먼 쾰른에서 여기까지 차를 몰고 왔다. 이영숙 씨 차로 오늘 오전에는 독일의 대안무역 본산지인 GEPA를 방문하기 위해 뷔페탈이라는 도시로, 오후에는 GLS 은행을 방문하기 위해 보쿰이라는 도시로 가야 한다. 한 기관을 방문하기 위해 한 도시를 방문한다는 것은 시간 낭비일 수 있으나 그 한 기관 한 기관, 그리고 그 하는 일에서 조금이라도 뭔가 배울 수만 있다면 얼마나 다행인가. 걸어서라도, 뛰어서라도 가야 할 일이 아닌가. 그런데 이렇게 이영숙 씨의 대단한 호의로 이동할 수 있다는 것은 정말 고마운 일이다.

　GEPA 사무실은 뷔페탈 시내 변두리 언덕 위에 있다. 우리를 마중 나온 게어트 니콜라이트(Gerd Nickoleit) 씨는 마음씨 좋은 아저씨 같다. 독일에서 대안무역의 역사를 새로 쓰는 것을 보니 분명 운동권이다. 아니나 다를까 자신도 68세대의 한 언저리였다고 한다. 그 당시는 물론 페루에 가 있었기 때문에 직접 참여하지는 않았지만 68운동의 주역은 친구들이었다. 독일의 대안무역은 1970년대 초반 이른바 '기아의 행진(Hunger Marsch)'에서 비롯된 '액션 서드월드 트레이드(Action

Third-World Trade)' 라는 단체로부터 생겨났다. 세계의 불의와 무역 불공정성에 대한 항의와 요구는 새로운 대안적 무역질서를 생각하게 되었다. 처음에는 무역 자체보다 국민들에게 현재의 상업적·약탈적 무역에 대한 캠페인과 교육이 우선시되었다. 설탕의 경우 중간 무역업자나 제조업자가 얼마나 이득을 취하며, 막상 그 재배 농민에게 돌아가는 것이 얼마나 없는지를 보여주려 하였다. 그러나 차츰 대안적 무역에 대한 고민이 1975년 GEPA의 창립으로 이어졌다.

독일의 가장 큰 대안무역 단체 중의 하나인 GEPA본부
나를 안내한 니콜라이트 씨도 역시 68세대 출신이다.

GEPA가 처음 시작된 것은 쥐트백(Jutebag, 마로 만든 백)의 수입·판매였다. 이것이 "플라스틱 대신에 쥐트백을!"이라고 하는 슬로건과 함께 불티나게 팔려나감으로써 공전의 히트를 쳤다. 거의 500~600만 개를 팔았다고 한다. 녹색당은 어느 회의에서나 이것을 들고 다녔고, 심지어 국회에 진출한 녹색당 의원은 이것을 들고 국회로 들어갔다. 흔히 68세대는 '쥐트백 세대'라는 말까지 생겼다. 이것은 주로 방글라데시에서 수입된 것이었는데 모든 원료는 원래의 식민국가인 영국에 독점되어 가격이 좌지우지되는 상황이었다. 식민본국이 피식민지의 자원을 독립 후에도 계속 독점하고 있는 것은 일반적 상황이었다. 이 운동은 그것을 깨는 운동이기도 하였다. 왜냐하면 방글라데시 주민들에게 자본을 제공하고 그들이 직접 그 백을 만들도록 해서 수입했기 때문이다. 쥐트백에 이어 캠페인에 성공한 것이 니카라과 커피라고 한다. 커피야말로 '정치적인 생산품'이다. 보통 커피들은 미국업자들의 농간에 의해 거래된 것이며 그것은 '피 묻은 커피'라고 몰아붙이면서 이왕이면 GEPA의 커피를 마시도록 요청했다.

처음에는 대안무역을 먼저 시작한 네덜란드로부터 수입했으나 점차 직접 수입으로 정책을 바꾸었다. 지금은 세계 최대의 대안무역단체가 되었다. GEPA 는 아프리카에서 14개국 24개 파트너, 아메리카에서 16개국에 78개 파트너, 아시아에서 10개국에 42개 파트너로부터 수입을 한다. 기본적으로 가난한 나라의

대안무역의 상품임을 인증해주는 라벨

농민, 공예품을 수입함으로써 힘없는 생산자들을 지원하는 것이 이들의 첫 번째 목적이다. 따라서 파트너십 약정을 통하여 공동의 프로젝트도 추진하며, 공정한 가격을 지불하려 노력한다. 필요한 경우 대금의 사전지급, 보다 장기적인 계약체결, 생산품의 생산과 포장, 무역과정에서의 조언, 유기농업의 증진 등을 위해 힘을 다한다. 더 나아가 독일 소비자들의 소비관행에 영향을 미치고자 한다. 그리고 종국적으로 국제무역의 구조적 변화를 위해 노력한다. 이렇게 해서 2003년 한 해 동안의 총 판매액은 3,578만 유로에 달했다. 1,943만 유로(1992)→2,965만 유로(1999)→3,119만 유로(2001)→3,300만 유로(2002)로 계속 증대되어 온 것을 보면 독일의 어려운 경제사정에도 불구하고 GEPA는 계속 승승장구하고 있음을 알 수 있다.

GEPA는 4곳의 직영 창고, 11개의 계약 창고를 가지고 대안무역

전문가게 아이네 벨트라덴(Eine Welt Laden: One World Shop)에 60퍼센트, 일반 슈퍼마켓에 25퍼센트, 그리고 국회식당·병원 등 큰 기관에 15퍼센트를 판매한다. 직접 가게를 운영하지는 않는다. 전체 물량의 90퍼센트는 식품이며 그중에서도 커피가 50퍼센트를 차지한다. 나머지 차, 꿀, 초콜릿, 설탕, 말린 과일 등이고 신선한 식품은 다루지 않는다. 나머지 10퍼센트 가량만이 공예품이다. 공예품을 많이 다루지 않는 이유는 다른 독일 내 대안무역단체들이 너무 많고 별로 성공적이지 못하기 때문이라고 한다.

GEPA는 아주 안정적인 조직이다. 그 주주들이 돈에 욕심이 없기 때문이다. 기독교단체들이 주주이다. 이미 내가 방문한 바 있는 EED(Evangelischer Entwicklungsdienst), 곧 방문할 미제리오(Bischofliches Hilfswerk MISEREOR e.V. der Katholischen Kirche), AEJ(Arbeitsgemeinschaft der Evangelischen Jugend in Deutschland), Bund der Deutschen Jugend(BDKJ)가 바로 그들이다. 수익이 남아도 그것을 이 단체들이 가져가는 적은 없고 모두 GEPA의 발전을 위해 재투자된다. 그러나 그 수익을 직접 생산자그룹에 전해주지는 않는다. 공정한 가격으로 매수하는 것 자체가 지원이기 때문이다.

이야기가 끝난 뒤 창고를 보여주는데 정말 장난이 아니다. 대기업의 창고 못지않다. 엄청난 규모에다가 모든 것이 체계화되어 있다. 현재 GEPA의 전체 인원은 120명이다. 식품의 경우 아예 전시대와 거기에 전시되는 물건들이 정형화되어 큰 고객들에게는 그 판매대 자체를 판다. 재미있는 발상이다. 저런 걸 슈퍼마켓에 세워두면 GEPA의 선전도 되고 품질의 동일성도 확보될 듯하다. 커피연구소가 따로 있다. 커피의 주문·샘플·품질확인·생산자에 대한 조언 등 커피에 관한 한 최고의 전문가들이 여기 있다. 부럽다. 그러나 언젠가는 우리의 대안무역도 이같이 되는 날이 있으리라.

 ## 꿈과 이상을 실현시켜주는 사람들, 게엘에스방크

7월 2일 오후 2시. 그 사이에 뷔페탈에서 보쿰으로 옮겼다. 보쿰에 본부를 두고 있는 게엘에스방크(Gemeinshaftsbank)를 방문하기 위해서다. 사실 정확히 말하면 GLS 그룹이다. 왜냐하면 그 산하에 GLS 은행이 있고, 내가 베를린에서 방문한 적이 있는 '미래재단'을 포함해 유기농 · 건강 · 교육 · 문화 관련 다양한 재단들을 거느리고 있는 모재단으로서 일종의 신탁회사(Gemeinnutzige Treuhandstelle e.V)가 있고, 주로 풍력발전을 지원하는 에너지 펀드로서 BAG(Beteiligungs AG)가 있기 때문이다. 더구나 1988년 환경은행(Eco Bank)까지 인수해서 함께 운영하고 있기 때문에 그룹이라고 해도 손색이 없다.

1974년 GLS 은행이 제일 먼저 생겼고, 1988년에는 환경은행, 이어서 1994년에 뉘른베르크에 또 다른 환경은행인 움벨트 방크(Umwelt Bank)가 생겼다. 2002년 환경은행에 악성 채권이 많아지면서 인수를 요청해와 결국 인수하게 되었다. 현재 GLS 방크는 4만 명의 고객을 가지고 있고 보통 은행과 전혀 차이 없이 수신 · 여신 기능을 다하고 있다. 신용카드사업도 똑같이 하고 있다. 단지 차이는 모든 재정상황과 사업의 내용이 투명하게 고객에게 전달된다는 점과 고객이 맡긴 돈을 군수산업이나 핵 발전 등에 투자하지 않는다는 원칙을 관철하고 있다는 점이다. 고객들이 맡긴 돈은 녹색운동, 유기농업, 대안에너지, 교육기관, 보건, 의약과 치료, 양로원, 사회복지, 문화·예술, 공동주택건설, 공동체운동, 지속가능한 건축, 친환경상점 등에 투자한다. 물론 고객이 어느 분야와 사업을 직접 지정할 수 있다.

이 재단들의 자본금과 활동자금 역시 일반 시민들의 기부와 모금에 의해 이루어진다. 좋은 아이디어와 사업을 가지고 있지만 돈과 신용이 없어 그 일을 못하는 사람이 있다면 이 재단들에 지원을 요청할 수 있다. 이 재단들은 은행의 융자를 받을 수도 있기 때문에 그 점에서 은행과 연관된다. 특히 독일법은 은행과 신탁회사를 동시에 운영할 수 있도록 되어 있다.

GLS 방크는 1974년에 창립되었고 그 이전인 1961년 어느 기업 사장이 1,200만 유로 가량의 큰 돈을 기부해서 재단이 먼저 만들어졌다. 이 재단활동을 통해 얻어진 경험을 바탕으로 해서 은행이 창립되어 활동하면서 튼튼한 기반을 가지게 되었다. 최근 들어 환경의식과 공공마인드가 늘어났기 때문에 투자도 급증세를 보이고 있다. 2003년 한 해만 해도 약 62퍼센트의 급성장률을 보였다. 이자는 다른 은행과 같기 때문에 시민들은 이왕이면 이곳에 투자하고 저축하려 한다.

내가 곧 가게 될 프라이부르크 지역에 투자한 사례를 소개해달라고 하니까 GLS 방크가 투자한 두 단체를 소개해주었다. 그러나 나중에 가보지는 못했다. 하나는 그레터 오스트(Grether Ost)라고 하는 철물점인데 한 공동체가 공동으로 작업하는 것을 지원하고 있다고 한다. 또 하나는 백 펙커 호텔(Back Pekker Hotel)이다. 두 여성이 공동으로 운영하는데 유스호스텔 같은 것으로 그곳에서 음악·문화 행사도 벌이고 카페도 있어 함께 이야기하고 토론할 수 있는 곳이라고 한다. 독일 외에도 이런 유사한 기관이 유럽 전역에 있는데 예컨대, 덴마크의 메르쿠어 방크(Merkur Bank), 네덜란드의 트리오도스/차이스트(Triodos/Zeist), 이탈리아의 보체 에티카(Bouce Ethica) 등이 있다고 한다.

 ## 다문화사회를 위한 교회 내의 투쟁

7월 5일 오전 약속은 프랑크푸르트에서이다. 디터 헤세만(Diether Heesemann) 목사님은 쾰른 교회에서 30년 이상을 이주민과 제3세계 문제를 담당해온 분이다. 헤세만 목사님은 1938년생으로 제2차 세계대전의 기억을 가지고 있을 뿐만 아니라 아버지가 전쟁 중에 사망하여 홀로 네 아들을 양육해야 했던 어머니의 고통을 생생하게 기억하고 있는 분이다. 그는 법학을 공부했는데 3년 뒤에 변호사나 판사가 되는 것은 포기하고 그 대신 사회학을 공부했다. 당시 프랑크푸르트학파가 유명했을 뿐만 아니라 마르쿠제도 강의하고 있었기 때문에 좌파 학생운동이 활발했다고 한다. 사회학을 공부하고 난 뒤 법학과 사회학을 연결할 수 있어 좋았다고 했다. 법학도 세상을 바꿀 수 있는 수단이 된다는 점에서 그 역할이 있음을 인정하였다.

학생운동을 하면서 에큐메니칼 운동과 접하게 되어 목사가 되었다. 학생담당 목사로서 일하다가 당시 프랑크푸르트에 3천여 명의 외국인 학생이 있음을 알게 되었다. 이때부터 다문화 사회와 국제적 협력의 필요성을 절감하게 되어 평생 이 운동에 종사하게 된 것이었다. 프랑크푸르트는 금융도시로서 350개의 은행이 있는데 전체 시민 가운데 외국의 이주민들이 30퍼센트나 되고 이곳의 노동자의 절반이 이주민들이다. 그럼에도 교회는 너무 관료적이고 특권적이어서 이들에 대한 관심이 적었다. 그는 이러한 교회 내의 분위기와 의식을 바꾸기 위해 투쟁을 계속했다.

무엇보다 젊은 신학자들과의 접촉을 통해 교회를 바꾸려 하였다. 목사가 되려면 2년간 훈련을 받아야 하는데 이때가 좋은 기회였다. 그는 이들에게 이슬람, 그리고 대화하는 방법을 배울 것을 조언하였다. 두 번째는 유치원 교사들에 대한 교육이었다. 유치원의 절반은 교회가 운영하고 있었다. 유치원 아동 5명 중에 1명은 외국인이었다. 특히 무슬림이 압도적이다. 그래서 그는 무슬림 여성 가운데 유치원 교사를 뽑자고 제안하였다. 문명의 충돌이 아니라 대화가 필요하다고 그는 생각하였다. 그러나 이 문제 때문에 오래 싸워야 했다.

셋째는 병원이었다. 지역사회에서 병원은 교회가 주로 운영한다. 그런데 병원 직원은 모두 독일인이다. 세상에 자신의 병이나 고통을 외국어로 호소하는 것만큼 어려운 것이 어디에 있는가. 독일에서 환자는 엄격히 격리된다. 그러나 다른 종교의 사람들은 병원에 입원하고서도 자기 가족을 계속 돌보기를 원한다. 따라서 병원의 의사나 간호사 중에서도 당연히 그 인종의 사람들이 있어야 한다고 목사님은 믿는다.

네 번째 목사님의 운동 대상은 경찰이었다. 교회와 경찰과 좋은 관계를 가져온 것을 이용하여 경찰관을 교육시킬 기회를 얻었다. 흔히 외국인들이 뇌물을 주려 할 때 거칠게 다루기보다는 "우리 법에는 모든 사람이 동등하다. 돈에 의해서가 아니라 법에 의해서 움직이는 사회이다"라고 설명하기를 권유한다. 지금은 그의 권고에 따라 터키 출신의 경찰관이 배치되어 있다.

지금은 은퇴 생활을 즐기고 있다. 그러나 실상은 자신이 하던 일

을 계속하고 있어 은퇴라는 말이 무색할 지경이다. 여전히 교회에 나가
하던 일을 하면서 강의도 한다. 독일의 노인문제가 심각해진 것은 어제
오늘의 문제가 아니다. 그나마 독일 노인들은 다양한 양로원에 갈 수
있다. 그러나 외국 이주민 노인들은 어떤가. 요즘 목사님은 터키 노인
들을 위해 터키 양로원을 짓자고 주장하고 다닌다. 보니까 그는 평생
쉴 틈이 없는 분인 것 같다. 나도 저렇게 늙었으면 좋겠다.

 ## 시민들의 평화를 위한 이니셔티브

　　7월 5일 오후 2시. 그 사이 프랑크푸르트에서 다시 아헨으로 왔다.
아헨은 카를 샤를마뉴 대제 시절 한때 수도였던 곳이다. 독일의 서쪽 끝
에 있지만 한때는 유럽의 중심이었다. 하기는 지금도 유럽의 중심이라고
해야 아헨 시민들이 화를 내지 않을 성싶다. 현재 미씨오(MISSIO)연구소
에서 일하고 있는 최현덕 씨의 안내로 네덜란드, 벨기에, 독일 3국이 만
나는 접점을 방문했다. 한 순간에 세 나라 땅을 밟아본 것이다. 아헨은
유럽의 중심이 틀림없다. 아헨에서의 일정은 모두 최현덕 씨가 주선해주
었다. 먼저 면담하게 된 사람들은 아헨 평화상을 제정하고 운영하는 사
람들이다. 울리 바인첼(Uli Weinzerl) 씨, 게하르트 디텐바흐(Gerhard
Diefenbach) 씨, 오트마 스테인비커(Otmar Steinbiker) 씨, 세 사람이 나와
주었다. 모두 각자의 일이 있는 사람이다. 감사하기 짝이 없다.
　　'아헨 평화상(Aachener Friedenspreis)' 이라는 이 단체는 1980년
대 퍼싱 미사일의 독일 내 배치에 반대하는 운동의 결과로 탄생했다.
그 운동이 80년대 중반 이후 쇠퇴하였지만 그대로 끝낼 운동이 아니라

고 판단했다. 뭔가 기본적이고 장기적인 운동이 필요하다고 생각하여 평화운동을 하는 사람들을 격려하는 평화상을 제정하여 시상한다면 이 운동의 흐름을 계속 이어갈 수 있으리라고 판단한 것이다.

아헨 평화상을 이끄는 세명의 평범한 시민들
가운데 여성이 Korea Verband를 이끄는 최현덕씨.

처음에는 주로 노조, 종교단체, 녹색당, 시민당 등이 회원이었으나 이제 일반 시민들도 많다고 한다. 그야말로 지역에 뿌리를 박은 단체가 되었다. 이 단체의 주력 활동은 역시 평화상 운영이다. 매년 독일과 국외에서 한 명씩을 뽑아 이 상을 수여한다. 1인당 1천 유로의 상금이니까 많지는 않다. 그러나 수상자와 수상소식이 언론에 보도됨으로써 여론의 주목을 받게 되고 따라서 그 활동에 힘이 실린다. 수상 기준은 평화에 지속적인 공헌을 하고, 아래로부터 풀뿌리 차원에서 일하며, 유명하지 않을 것이며, 한 번도 다른 상을 받지 않은 사람이어야 한다. 재미있는 수상 기준이다. 1994년에는 칼라쉬 사티아티(Kailash Satyarthi)라는 인도사람이 이주노동자운동과 서커스의 강제노동에 시달리는 어린이들을 구출한 공로로 상을 받았다. 그후 그가 테러를 당했는데 수상자라는 이유로 인도 정부에 강력한 항의를 전달하기도 했다. 2003년에는 이스라엘이 팔레스타인 장벽을 쌓는데 반대한 이스라엘의 평화운동가 로이벤 모스코비츠(Reuven Moskovitz)가 수상했다. 수상자들끼리 강력한 네트워크가 이루어져 이스라엘의 장벽반대 운동에 인도의 수상자가 열심히 도와주는 일이 심심찮게 벌어진다.

이 단체는 평화상을 수여하는 것으로만 그치지 않고 수상자들과 관련된 단체의 활동을 지원하는 일도 한다. 자선공연을 통해 3천 유로를 모아 보스니아의 인도주의단체, 독일에서 추방당할 위기에 처한 사람들에게 피난처를 제공한 반더 키르헤(Wander Kirche) 그룹을 지원했다. 나아가 아헨의 평화 그룹과 그 활동을 조정하는 역할까지 맡고 있다.

중요한 정치적 이슈에는 스스로 행동에 나서기도 한다. 예를 들어 이 단체는 EU 헌법이 유엔헌장과 유럽의회의 결의없이도 전쟁에 참여하는 것이 가능하게 한 것이나 영구적으로 군비확장을 가능케 한 점에서 이 헌법을 반대하는 서명운동을 벌였다. 이라크 전쟁 때도 미국의 침략을 반대하는 것은 물론이고 독일의 참전, 더 나아가 독일의 미군과 장비 수송 지원조차도 반대하는 운동을 벌였다. 이때 아헨에서도 5천여 명의 시민들이 반대시위에 참여하였다.

시민들의 의식을 고양시키는 일도 이 단체의 업무다. '철의 장막 후'라는 강연 프로그램을 진행하고 있다. 아헨 시립극장의 장막이 진짜 '철'로 되어 있어 정규 공연 후에 그 장소를 빌려 강연회를 열기 때문에 이런 이름이 붙여진 것이다.

울리 바인첼 씨는 간호사, 게하르트 디덴바흐 씨는 전기엔지니어, 오트마 스테인비커 씨는 프리랜서 저널리스트다. 각자 직업을 가지고 있으면서 짬짬이 시간을 내서 이 단체를 꾸려간다. 상근자도 없고 사무실도 없다. 노조사무실을 빌려 회의도 하고 우편물을 받는다. 왜 그런 힘든 일을 하고 있는지 물었더니 바인첼 씨가 이렇게 이야기한다. '순전한 이기주의(Purer Egoismus)' 때문이라고. 고생을 자초하는 것은 스

스로 큰 보람을 얻기 때문이다. 그렇다. 그것이 바로 시민운동가, 아니
상식을 가진 건전한 시민의 길이 아니겠는가!

날개 부러진 천사를 위하여

수호천사를 찾습니다. 당신이 수호천사가 되어 주세요.
Schutzengel gesucht; Schenken Sie uns ein Bild

　이 글이 적힌 포스터에는 한쪽 날갯죽지가 떨어진 천사의 그림이
그려져 있다. '섹스 관광과 어린이 매춘을 반대하는 캠페인' 이다. 지금
기독교 모금단체인 미씨오(MISSIO)가 하는 최고의 캠페인이다. 이 포
스터는 웬만한 도시의 길가에는 다 붙어 있다.
　미씨오는 두 개의 별도의 조직이 있다. 아헨에 있는 미씨오가 전

◀ 가톨릭 모금기관인 미씨오가 벌이고 있는 성매매 피해 여성들
을 위한 캠페인 포스터
눈물을 흘리고 있는 날개죽지 부러진 새가 형상화되어 있다.

▼ 미씨오의 각종 자료와 홍보물을 전문적으로 판매하는 아헨 성
당 주변에 위치한 가게
운영은 자원봉사자들이 번갈아 담당한다.

독일을 포괄하지만 바이에른 지역만은 예외이다. 거기에는 별도의 미씨오가 있는 것이다. 과거 19세기에 미씨오가 창립할 당시 프로이센과 별도의 왕국이 바이에른에 있었기 때문이다. 그렇지만 뉴스레터는 함께 만든다고 한다. 알다가도 모를 일이다. 독일은 그만큼 150여 년 전만 하더라도 수많은 왕국으로 나누어진 분열된 나라였기 때문에 지방자치가 오히려 잘되고 있는 이유이기도 하다.

미씨오는 또한 아프리카·아시아에서는 활동하지만 남미에서는 안 한다. 왜냐하면 가톨릭 입장에서 보면 남미는 완전히 가톨릭 국가가 되었기 때문에 더 이상 전교할 필요가 없기 때문이다. 실제로 미씨오는 미제리오(MISEREOR)와는 달리 주로 가톨릭교회의 창립, 가톨릭 목사나 수녀, 그리고 이들의 활동을 지원하는 활동을 벌인다. 그 대신 미제리오는 가톨릭교회를 위해서라기보다는 제3세계의 빈곤·개발문제를 지원하는 조직이다. 이렇게 보면 서로 역할이 분명한 것 같지만 실제로 꼭 그렇지는 않아 충돌도 있고 경쟁도 된다. 같은 가톨릭 조직에서 모금을 하다 보면 그럴 수밖에 없다. 그래서 모금시기를 서로 조정하고 있다. 미씨오의 모금 내역을 유형별로 보면 다음과 같다.

일반모금	10월 4번째 일요일 모금	8,618,419 유로	10.18 %
	아프리카 특별 모금	1,953,809 유로	2.31 %
	회원 회비	3,036,244 유로	3.59 %
	일반 기부금	29,268,734 유로	34.56 %
	교회설립 특별 헌금	9,290,908 유로	10.97 %
	아프리카·아시아 교역자를 위한 모금	1,896,908 유로	2.24 %
종교세		23,624,897 유로	27.90 %
상속기부		6,896,504 유로	8.14 %
총모금액		84,688,410 유로	100 %(기타 0.12 %)

이 가운데 특기할 점은 일단 종교세 수입이다. 종교세는 독일에만 있는 특수한 제도로서 가톨릭·개신교·유대교 신자로 성당이나 교회, 시나고그에 등록된 사람들의 소득세의 7퍼센트를 별도로 부과하여 징수하는 것이다. 본인이 그 성당이나 교회에 안나간다고 하면 자연히 징세에서 제외된다. 그러나 명부에 있는 이상 자연히 징세된다. 정부는 이 돈에 손을 대지 않는다. 종교단체로서는 엄청 편리하다. 그러나 신자 입장에서는 종교세 외에도 특별헌금을 하는 경우가 많다. 보통 주간당 2~5유로씩을 또 낸다. 그러나 최근 들어서서 종교세가 계속 줄고 있어 교회는 비상이다.

다음으로 눈여겨보아야 할 대목은 상속기부이다. 8.14퍼센트가 되니 적은 금액이 아니다. 살아 있을 때는 자신이 사용하던 저택 등을 교회에 기부하는 경우이다. 이러한 기부를 담당하는 전담 직원이 3명이나 된다. 법률적 상담을 위해 변호사들이 별도로 위임을 받아 일하는 경우가 많다. 이러한 재산상속 기부는 기부의 최고 단계에 해당한다. 모금국장인 루드거 푀터(Ludger Potter)는 칠판에 모금의 단계를 그려가면서 한 단계 올리기 위해 다양한 조치와 수단을 동원한다고 한다.

하기는 이제 독일의 모금시장에서의 경쟁도 격화되고 있는 상황이어서 이러한 전략적 접근이 아주 중요해 졌다고 한다. 특히 미국이나 영국이 주도하는 옥스팜이나 유니세프 등 다양한 모금기관들이 독일시장을 침투해 들어와서 효과적인 모금을 하고 있는 것에 위기감을 느낀다. 특히 가톨릭 신자들이 비교적 기부에 익숙해져 있기 때문에 자기 안방까지 들어와서 모금하는 것에 긴장하지 않을 수 없다는 것이다. 그래서 네덜란드에 있는 펀딩 콩크레스(Funding Congress)를 비롯하여 여러 모금기관에 직원들을 보내 경험을 쌓게 하기도 하고 서로 다른 기관들과 경험을 공유하기도 한다. 미씨오(MISSIO)도 몇 년 전에 재단을 만들어 활동의 영속화를 기하려고 시도하고 있다. 바야흐로 독일에서도 재단의 붐이 일어나고 있다.

 미제리오

　　미제리오(MISERIOR) 건물 안으로 들어서는 순간 카메라에 손이 먼저 갔다. 제3세계 가난한 사람들이 살아가는 다양한 삶의 모습을 다양하게 찍은 대형 사진들이 온 벽면을 장식하고 있고 그 한가운데 커다란 중앙 안내 데스크가 자리하고 있다. 또 한쪽에는 미제리오 숍이 있어 여러 가지 자료와 상징물들을 팔고 있다. 이 단체의 언론담당인 마린네 푀터-얀첸(Marienne Potter-Jantzen) 씨를 만나기 위해 들어간 카페도 예쁘기 짝이 없다. 주변 환경에 눈이 자꾸 갔지만 일단 이야기에 몰두하고 나중에 찍자고 결심했다. 미제리오의 활동의 특징은 다음 몇 가지로 요약할 수 있다.

　　첫째, 부활절 기간 동안의 1주일간 모금이 전체 모금의 절반이 된다. 부활절은 모든 기독교인들의 최고의 기념일이다. 이 시기에는 누구나 다른 이웃을 위해 돈을 내

또 다른 가톨릭 모금 구호기관인 미제리오 본부 입구의 가게
각종 기념품, 자료 등을 판매한다.

는 것을 아끼지 않는 모양이다. 그래서 미제리오는 이 시기의 모금을 위해 모든 역량을 집중한다.

둘째, 그러나 미제리오는 기독교인에 한정하지 않는 모금전략을 사용한다. 바로 "하나의 세상을 위해 두 유로를" 캠페인이 그것이다. 모든 사람들에게 매달 2유로씩만 내서 온 세상의 힘들고 고통받는 사람들을 돕자는 것이다. '티끌모아 태산' 식의 모금방식이다. 이를 통해 새로운 사람들을 기부의 영역으로 끌어들이는 역할을 한다. 대단히 성공적이라고 자평한다.

셋째, 서로 경쟁이 되는 단체들과도 때로는 협력을 마다하지 않는다. 예컨대 현재 '세계를 위한 빵(Bread for the World)'과 공동 캠페인을 벌이고 있다. 비용과 모금액을 완전히 절반으로 나눈다. 보기 좋은 모습이다.

다섯째, 길거리 광고판을 많이 활용하고 있다. 나도 여러 도시에서 미제리오의 홍보·광고판을 본 적이 있다. 장소 사용료는 안 내고 그 광고판의 제작비용만 댄다. 미제리오의 존재와 그 캠페인을 대중적으로 널리 알리는 노릇을 한다.

여섯째, 재미있는 캠페인 방법 하나 더. 매달 서로 다른 주제가 있는 모금을 하는 것이다. 5월에는 카메룬 AIDS 보균자 여성들을 위해, 6월에는 볼리비아 가난한 여성농민을 위해, 이런 식으로 모금 주제를 미리 정해 달력이나 각종 홍보물을 통해 알리면 이것을 보고 사람들이 관심 있는 영역에 돈을 내게 되는 것이다.

일곱째, 엄청나게 다양한 상품을 판매한다. 책과 팸플릿은 말할 것도 없고 달력, CD, 인형, 장난감, 책꽂이, 조각품, 대안무역상품들이 다 갖추어져 있다. 몇 십 페이지짜리 카탈로그가 나와 있을 정도이다.

단지 이것이 판매수익만 노린 것이 아니다. 그 상품들을 통해 캠페인의 이미지와 내용이 전달되는 것에 더 큰 의미가 있을 성싶다.

아무튼 미제리오 역시 모금이 예전 같지 않아 많은 노력과 고민을 하고 있다고 한다. 좋은 시절은 지나가고 이제 거친 노고가 필요한 시대로 진입하고 있다는 것이다.

 ## 관광과 연결된 기발한 여성운동

기차가 서서히 쾰른 중앙역에 접근하고 있다. 라인 강을 건너는 다리와 이어서 나타나는 쾰른 대성당과 주변 지역은 이제 몇 차례 오가며 눈에 익었다. 루르 일대를 매일같이 왔다갔다 누볐다고 할 수밖에 없다. 오후 3시의 약속에 조금 늦겠다. 다행히 역에서 멀지 않은 거리에 있다. 이것으로 이제 루르 지역에서의 견문은 끝난다. 오늘 밤중으로 프라이부르크로 내려가야 한다.

내가 방문하는 쾰른 여성사 단체(Kolner Frauengeschichtsverein)는 1980년 여성 역사학자들을 중심으로 해서 만들어졌다. 이 지역을 중심으로 한 여성사를 연구하고 세미나를 여는 단체였다. 과거에는 정부로부터 돈을 받아 운영했는데 몇 년 전부터 NGO에 대한 정부지원이 끊기면서 새로운 생존의 수단을 찾았다. 그게 바로 이 지역의 여성들의 삶의 흔적들과 사연들을 발굴하여 투어프로그램을 개발한 것이었다. 여성문제를 자연스럽게 대중에게 알리는 매개도 되면서 동시에 단체의 수입에 큰 도움이 되는 일이었다.

1. **라인 강의 선상 강좌(Shiffstour)** 라인 강을 따라 이루어진 여성생활
사를 알아보는 강좌 프로그램이다. 여성들의 빨래, 목욕, 라인 강 연안
의 포도농장과 여성 활동, 라인 강에 얽힌 여성 관련 전설과 동화 등을
설명한다. 라인 강을 여성의 시각에서 재해석한다.

2. **당신 자신의 도시에서의 관광(Turisten in der eigenen Stadt)** 자신이
살면서도 잘 알지 못하는 곳의 역사와 사연을 소개한다. 물론 여성에
관련된 것들이다. 역사적 명소, 성당과 교회, 길거리들이 바로 그 대상
이다. 길 이름 하나에도 여성의 사연들이 숨어 있다.

3. **성모 마리아 교회에서의 여성의 힘(Frauenmacht in St. Maria im
Kapitol)** 성모 마리아교회에서 여성의 역할은 어떻게 묘사되고 있는가.
그 힘을 느껴보는 코스이다.

4. **쾰른에서의 마녀재판(Hexenverfolgung)** 쾰른에 있었던 무시무시한
중세 시대의 마녀재판의 실상과 그 역사에서 등장했던 불행한 여성들
의 운명을 재조명한다.

5. **멜라텐 공동묘지에 묻혀 있는 여성들(Frauen auf dem Friedhof
Melaten)** 이미 사라졌지만 여전히 세상에 빛을 드리운 여성들의 이야
기를 직접 그 묘지들을 찾아보면서 들어본다.

6. **레즈비언 이야기(Lesbengeschichtliche Fuhrung)** 히틀러 시대 때 단지
레즈비언이라는 이유만으로 처형당했던 여성들의 이야기를 풀어낸다.

7. **여성공동체 신화(Von Beginnen und Bayenamzonen)** 여성들만 허
용되었던 여성공동체의 역사.

8. **어머니날(statt Muttertagsnelken) 행사** 어머니날을 기념하면서 여성
성인들에 대한 설명을 곁들이는 행사.

9. **쾰른대성당에서의 세 여왕(Drei Koniginnen im Kolner Dom)**.

10. **맛있는 쾰른의 전통음식**(Kostlich Kochin und kolsche Lecker-fress).

11. **특별 국제 여성의 날** 사창가, 맥주공장, 공예품생산지역을 간다.

이상이 금년에 이루어지는 중요한 관광 코스이다. 모두 외부의 현장과 유적, 건물과 거리, 강을 방문하면서 이루어지는 현장 학습이다. 라인 강 선상강좌만 18유로이고 나머지는 8유로이다. 강사 역시 전문 여성 사학자들로서 2시간에 150유로를 받는다. 이 관광 프로그램이 유명해지고 사람들이 몰리자 다른 단체나 시에서조차 비슷한 프로그램을 만들기 시작했다. 큰 경쟁이 일어난 것이다.

그 과정에서 대학이나 교회 등에서 강연을 부탁하는 경우도 많아졌고 여기 모아둔 여성사 관련 자료를 찾는 사람도 늘었다. 현재 2명의 박사과정 학생들이 이 작은 여성사도서관에서 자료를 뒤지고 있다고 한다. 6명의 운영위원회에서 모든 것을 결정한다. 상근자는 나를 안내하고 있는 마후아 문딩거(Marhua Mundinger) 외에 2명이 더 있다. 아무튼 재미있는 단체다. 우리나라 여성단체들도 이런 프로그램을 만들어보면 어떨까?

제 8 장
프라이부르크와 뮌헨

시민기업이 전력회사를 접수하다

　프라이부르크에서 쇠나우(Schonau)로 가려면 기차를 탔다가 다시 버스를 두 번이나 갈아타야 한다. 창밖에는 쉴 새 없이 비가 내린다. 버스 기사 아저씨는 이 버스에 올라타는 동네 사람들과 일일이 인사를 나눈다. 어느새 사람들이 모두 내리고 나 혼자 남았다. 이제 산은 점점 험해져 마치 한계령을 지나고 있는 것 같다. 울창한 숲과 그 사이 사이에 작은 계곡들이 있다. 산에는 내린 비 때문인지 안개가 피어오르고 있어 장관이다. 그 유명한 슈발츠발트의 한가운데 와 있는 것이다.

　그러나 쇠나우는 슈발츠발트의 마을로 더 이상 유명하지 않다. 이곳은 이제 새로운 시민전기사업으로 유명해졌다. 버스에서 내려보니 집들이 드문드문 있는 전형적인 산골 마을이다. 물어볼 사람도 없이 한참을 두리번거리는데 우체국 마크를 단 차가 지나 가길래 세워서 물어보았다. 내가 찾는 시민전기회사(Elektrizitatwerke Schonau: EWS)가 어디인지 물어보았더니 바로 옆 건물을 가리켰다. 인상 좋은 여성 우체부였다. 그러고 보니 이 회사의 약자인 EWS라고 지붕에 크게 써 있었다. 사무실 안으로 들어가니 온통 여성뿐이다. 조금 기다렸더니 오늘 나를 영어로 안내해줄 자원활동가 하로 테슬러(Harro Thasler) 씨가 나타났다. 학교 교사로 있다가 지금은 은퇴해서 이 시민전기회사의 자원활동가로 일하고 있다. 그의 부인도 초등학교 교사인데 프라이부르크와 인근 지역에 불었던 원전 건설에 대한 반대운동으로 1986년 이곳에 만들어진 '핵 없는 미래를 위한 부모들의 모임'의 7명의 창립 멤버 중의 한 명이라고 한다. 이 해는 체르노빌사고가 일어난 해이기도 하였다. 그는 유창한 영어로 일단 EWS의 형성 과정을 설명해주었다. 험난한 과정이었다.

1990년 당시의 전기회사 KWR이 쇠나우에 전기공급계약 체결을 요청해왔다. 향후 20년 동안 전기를 공급하는 계약이었다. 주민들은 전기료의 인하와 동네에서 자발적으로 생산하는 전기의 적정한 가격에 의한 매입을 요구했다. 그러나 KWR은 이를 거부했다. 주민들은 이 기회에 아주 특별한 생각을 해냈다. 바로 그 전기회사를 사버리는 것이었다. 이렇게 하여 시민전기회사 EWS가 만들어졌다. 스스로 전기회사를 운영하고 에너지 정책을 세운다는 것이었다. 그러나 당장 시의회가 반대했고 주민들 간에도 논쟁이 벌어졌다. 결국 시의회가 원래의 전기회사를 지지하여 계약을 하자는 결의를 하고 말았다. 이걸 번복하기 위해 주민투표를 실시했다. 그 결과 2만 5천 명 주민들 중에 투표 참가자의 55.7퍼센트의 지지를 얻어 시의회 결의를 번복할 수 있었다. 그러나 첩첩산중이었다. 전문가들은 원래의 전기회사 KWR의 배전시설 등 일체의 시설이 약 400만 마르크 정도 가치라고 했음에도 거의 두 배인 870만 마르크는 내야 한다고 주장했다. 이렇게 비싸게 사고 나면 채산성이 없을 거라는 판단에서였다. 결국 소송으로 갔다. 나중에 KWR은 580만 마르크에 팔겠다는 타협안을 냈고 EWS는 받아들였다. 다시 KWR과의 계약기간 연장은 거부되었지만 새롭게 누가 운영할 것인가를 놓고 또 한 차례 주민투표가 실시되었다. KWR측은 이번에는 엄청난 자본을 들여 주민투표에서 이기기 위해 온갖 노력을 다했다. 그러나 이번에도 주민들은 52.4퍼센트로 이겼다.

문제는 돈이었다. 이 시설을 매수하고 운영에 필요한 돈을 마련해야 했던 것이다. 그러나 쇠나우의 주민들은 물론이고 전 독일에서 지지자가 답지했다. 쇠나우 주민들 중에 매년 2만 9천 마르크를 기꺼이 내는 회원이 283명이 되었고 전국에서 모금한 돈이 200만 마르크가 넘었다. 모두가 이 새로운 생태적이면서 시민주도적인 전기회사에 투자하기를 열망했다.

그러나 이 과정은 한마디로 전쟁과도 같았다. 그래서 타즐러 씨는 지금 유럽에서 대유행인 코믹만화의 주인공 아스트릭스(Astrix. 굉장히 작은 사람이지만 꾀가 많은 사람)와 오벨릭스(Obelix. 몸집이 크고 힘이 센 사람)가 로마 군대를 혼내는 스토리에 비유한다. 그는 이야기 중에 계속 '시민들에 의한 전기반란'이라고 표현했다. 아마도 이 작은 동네에서 거대한 전기회사와 싸우면서 엄청난 고통을 겪었으리라고 생각된다.

이제 EWS가 스스로 전기 정책을 세울 수 있는 때가 되었다. EWS는 전기생산회사가 아니라 전기배급회사다. 가능한 한 원전이나 화석연료에 의한 전기보다는 친환경적으로 생산된 에너지를 매입하려 한다. 동네에서 자체 생산된 전기를 40퍼센트 이상 매입하려는 목표를 가지고 있다. 특히 작은 규모의 전기생산을 독려하는 정책을 갖고 있다. 이러한 전기생산의 장점은 열이 필요할 때 동시에 전기도 생산되고, 가까이서 생산되기 때문에 송전비용이 줄며, 중앙 집중화된 전기회사의 하나가 잘못되면 모두 동시에 사고가 나는 위험이 없고, 시민참여가 가능하며, 미래에 태양열 에너지 등 유연하고 분산적인 전기생산으로 이어진다는 것이다.

이 일이 가능하게 된 뒤에는 유능한 지역인사와 이들을 기꺼이 도운 외지의 전문가들이 있었다. 우어잘라 슬라덱(Ursala Sladek) 씨는 현재 EWS의 대표이면서 다섯 아이의 어머니다. 처음부터 핵 없는 미래의 어머니 모임의 창립 멤버이고 이 투쟁을 이끈 지도자이다. 생태주의의 예수라고 일컬어지는 프란츠 알트(Franz Alt), 기후변화 문제에 최고의 전문가인 하르트문트 그라슬(Hartmund Grassl) 교수 등은 이곳에 수십 번씩 왔다갔다고 한다. 이런 전국적 인사들의 지원이 큰 힘이 되었다고 한다. 그러나 이들을 지지한 쇠나우 주민들의 깨인 시민의식이 없었다면 어떻게 이 일이 가능했겠는가. 이제 이들은 쇠나우를 넘어서서 전독의 전기의 5퍼센트 공급을 장담하고 있다. 현재도 이미 베를린과 함부르크 시에 사는 사람들까지 총 25만 3천 가구에 이 전기회사가 전기를 공급하고 있다. 쇠나우의 주민들이 모두가 아스트릭스와 오벨릭스임에 틀림없다.

꿈의 주거단지로 변한 군대 막사

하루쯤은 이 산림에서 자고 갔으면 했지만 부득이 산을 내려올 수밖에 없었다. 오후에는 프라이부르크의 태양열에너지 시설, 보봉(Vauban) 지구의 신주택단지 등을 돌았다. 프라이부르크 시내 곳곳은 태양도시 · 환경도시로서 시설과 기관, 단체로 가득하다. 태양에너지로 자급자족하는 솔라 하우스, 태양에너지 국제운동단체(ISES), 태양 전지판이 깔린 스타디움, 자전거 주차장인 모빌레 등이 바로 그것들이다. 이런 시설들에 대해서는 비교적 국내에도 잘 소개되어 있다.

보봉 지역은 특기할 만하다. 원래 프랑스 주둔군의 병영이었던 이 곳을 1992년 프랑스군이 철수하면서 생태적 주거단지로 재개발한 것이다. 군인들의 막사에 불과했던 건물들에 목재를 활용하여 단장을 새로이 하거나 공동의 광장을 만들고 나무를 심었다. 1995년 처음 시의회에서 이곳의 활용방안에 공청회를 열어 생태적인 주거단지로 하자는 결의가 있었으나 실제 이것을 추진한 것은 이 지역 주민들의 모임인 '포럼 보봉' 이었다. 이들은 태양열을 주에너지원으로 사용하자는 것과 자동차를 최소화하자고 결의했다.

실제로 이곳에는 자동차를 많이 주차할 곳도 없었다. 동네 곳곳에는 자전거를 세워두는 장소가 곳곳에 있었다. 원래는 사회복지단체들이 길가 쪽으로 몇 군데 입주하였고 나중에는 젊은 사람들과 국가로부터 사회복지 지원을 받는 사람들이 입주하였다. 비교적 가난한 중산층 이하의 사람들이 사는 지역이다. 이곳을 둘러보면서 여기가 한 때 병영이었다고 믿을 사람은 아무도 없을 것이라고 생각하였다. 대담한

환경수도라 불리우는 프라이부르크
프랑스군 주둔지역이었던 보봉지구를 친생태적 주거단지로 만들었다.

색채로 단장한 건물들과 아이들의 자연스런 놀이터와 작은 물길과 나무들이 보봉의 명성에 어울렸다.

먹을 과일과 양말 몇 개를 사려고 인근 슈퍼마켓에 들어갔다. 나오면서 보니까 우리나라에는 그 흔한 비닐봉지도 눈에 띄지 않았다. 모든 시민들이 각자가 가지고 온 장바구니나 가방에 그대로 넣고 있다. 너무도 당연한 일이지만 신기하게만 보였다. 환경수도라고 일컬어지는 프라이부르크는 이런 일상화된 시민정신에 기반하고 있는 것이다. 헬리오트롭[15]을 보기 위해 그 건너편 마을의 이곳저곳을 걷다보니 더욱 기가 막혔다. 마을에는 작은 광장들이 있어 어린이들이 놀고 있었고 작은 연못과 작은

15 헬리오트롭(Heliotrop)이라고 하는 태양열 주택은 이른바 '태양 건축가'로 잘 알려져 있는 롤프 디슈(Rolf Disch) 씨가 직접 설계해서 살고 있는 곳이다. 이 주택은 태양의 움직임에 맞춰 회전하는 원통형 3층 목조주택으로서 태양에너지를 생산하여 자족하는 친환경적 주택으로 널리 알려져 있다.

개울이 물과 사람의 관계를 가까이 만들고 있었다. 동네가 끝나는 지점에는 포도밭이 널려 있고 그 너머 중턱까지 마을들이 이어져 있다. 천국이 따로 없다.

 ## 어느 호텔의 환경선언

내가 이틀 잠을 잔 카톨리셰 아카데미(Kaholische Akademie)가 여느 호텔과는 다르다는 것을 대번에 알 수 있었다. 호텔방마다 놓인 두툼한 『친환경정책 선언집』은 말할 것도 없고 실내 디자인과 아침식사 메뉴 등 아주 특별한 것이었다. 누가 이러한 정책을 만들고 집행하는지 책임자를 만나고 싶다고 했다. 한나 레흐만(Hanna Lehmann), 바로 그 사람이었다.

우연하게도 이 여성은 저 유명한 태양주택 헬리오트롭의 안주인이었다. 롤프 티슈 씨의 부인이었던 것이다. 현재 이 주택에서 10여년 살았는데 모든 것이 실험적이어서 처음에는 낯설고 힘들었지만 지금은 편리하고 유용하단다. 거기에 사는 것을 자랑스럽게 생각한다. 그런데 너무 많은 손님들이 찾아오는 게 제일 어려운 문제라고 한다. 10분마다 태양을 따라 자동적으로 돌게 되어 있는 이 주택은 밤이면 다시 되돌아온다. 여기서 생산되는 전기는 자신들이 쓰는 것의 5~6배가 되어 나머지는 전기회사에 판매한다. 이 태양열 주택을 짓는데 필요한 자금은 여동생이 하는 초콜릿 회사 덕분이었다. 이익을 많이 남겨 이 주택의 건축자금을 주었다는 것이다.

카톨리셰 아카데미에서 채택하고 있는 여러 가지 원칙이 있었다. 우선 교통정책이다. 원래 있던 여러 차를 다 없애고 두 대만 업무용으로 남겼다. 특별한 볼 일이 있는 사람만 이용할 수 있다. 그 대신 자전거를 48대를 사서 직원과 고객이 사용할 수 있도록 하였다. 자동차와 자전거 키를 두는 곳(key box)이 따로 있다. 또한 독일 철도(DB)가 하고 있는 '자동차 함께 타기운동'에도 열심히 참여한다. 이 건물은 철저히 금연건물이다. 지붕에는 태양열 전지판을 얹어 자체 생산하는 전기를 사용한다. 나머지 부족한 전기는 쇠나우의 EWS로부터 공급받는다. 빗물을 모아 여러 용도로 쓴다. 이런 것을 포함하여 종합적인 에너지 정책을 세웠다. 호텔의 종이와 휴지도 재생용지로 만든 것뿐이다.

특히 부엌에서의 식사와 식품에 관한 정책은 특별하다. 절대 냉동음식과 GMO식품, 첨가물이 들어간 식품, 패스트푸드는 쓰지 않는다. 이 지역에서 생산된 식품, 계절에 따라 나는 식품만 쓴다. 친생태적으로 재배되어 제조된 와인만 쓴다. 심지어 오렌지 주스는 물 부족국가인 제3세계에서 생산되는 것이므로 구매하지 않는다. 이런 여러 가지 노력으로 유럽공통의 친환경기관 인증을 받았다.

그러나 이 모든 것이 하루아침에 되지는 않았다. 더구나 위에서 누가 이렇게 저렇게 하라고 해서 된 것이 아니라 직원들 스스로 논의하고 결정해서 만들어갔다고 한다. 직원은 모두 25명, 이들은 신학, 사회학, 철학, 환경과 개발문제, 예술과 문화 등 다방면에 걸쳐 공부하여 친환경정책의 이론에 친숙해지는 한편 직접 모범적인 시설이나 기관을 방문하기도 했다. 쇠나우의 EWS를 방문한 것은 물론이다. 이 사업에 환경은행의 재정적 지원도 있었다. 이곳의 CI 컨셉은 몹시 동양적이고 선적인 분위기다. 로고도 붓으로 그은 일자(一字) 모양이다. 조용하고 깨끗하고 차분하다. 프라이부르크 시내의 한 디자이너가 해준 것이라고 한다. 이 모든 일이 좋은 사람들의 네트워크와 스스로의 노력에 의해 이루어진 것이다.

이들의 《친환경정책 자료집》에는 이런 글이 실려 있다.

> 당신이 스스로 할 수 있는 것을 하느님께 요청하는 것은 난센스다.
> Es ist sinnlos, von den Gottern zu fordern,
> was man selber zu leisten vermag.

 성인교육의 천국 독일, 국민의 수준이
나라의 수준을 좌우한다

7월 11일 일요일 저녁 뉘른베르크를 거쳐 뮌헨으로 왔다. 여기서 일주일쯤 머물 예정인데, 그동안 강정숙 선생 댁에서 묵기로 했다. 이쪽 일정은 전적으로 강정숙 선생이 다 마련해주었다. 독일에서 오래 살고 다양한 활동을 해온 분이니까 내가 원하는 것을 말씀드리면 모두 척척 주선해주었다. 이런 여행이라면 참 할 만하다. 내가 직접 일정을 짜고 접촉해서 약속을 잡는다는 것이 얼마나 어려웠던가.

강 선생 그리고 그의 남편과 더불어 식탁에 앉았다. 점심 겸 저녁을 먹고 왔는데 된장찌개를 해두셨다고 강권하신다. 그런 면에서는 그녀도 아직 한국 사람이다. 식사를 하고 난 뒤 이런 저런 이야기꽃을 피웠다.

독일의 기부 이야기

강 선생 남편 알렉산더 그레고리 씨는 원래 법대를 졸업하고 변호사가 되었다. 그러나 왠지 변호사 일은 싫어 몇 년 후에는 직업을 아예 바꾸었다. 교회기관(Evangelisches Bildungswerk Munchen)에서 평생교육을 담당하고 있다. 동시에 가족과 친구 몇 사람이 모여 다문화 사회를 위한 재단도 설립해 운영하고 모금에 관해 강연도 한다고 한다. 매번 프로젝트를 따기 위해 수십 개의 제안서를 써야 하고 다시 또 그 결과를 리포트로 써야 하는데 그 제안서와 리포트 모두의 철학이 각각 달라야 하므로 여간 골치 아프고 힘든 일이 아니었다고 한다.

자신도 이런 일을 하면서 모금운동의 전문가가 되었다고 한다. 현재 모금에 관한 책을 썼고 세 번째 개정판이 곧 출간된다. 재미있는 것은 기부자들의 협회도 있지만 모금가들의 네트워크도 있어서 자신의 책이 기본내용은 같이 하되 사례나 지역사정을 조금씩 달리하여 프랑크푸르트, 쾰른 등에서 출간될 예정이라고 한다. 물론 그 저자는 그 지역에서 모금을 하는 사람들이다. 그 지역은 그 지역사람이 잘 알고 잘

한다는 지방주의를 이야기한다. 어디서나 확인할 수 있는 일이지만 지방자치가 독일만큼 잘 되고 있는 곳은 없다. 바로 이런 의식 때문이다.

그러나 알렉산더 그레고리 씨는 여전히 독일의 기부문화는 미국보다 훨씬 뒤떨어져 있다고 말한다. 그것은 독일은 세율이 높고 정부가 그 많은 세금을 가지고 사회복지 등 많은 영역을 직접 다 운영하고 지원하기 때문이라는 것이다. 개인이나 기업에게 기부를 권하면 '우리가 세금 내서 정부가 다 하는데 왜 돈을 또 내야 하느냐'는 반응이란다. 최근 정부재정이 펑크가 나고 지원이 끊기면서 오히려 독일의 모금업계는 좋은 기회를 맞고 있다는 것이 그의 역설적인 설명이다.

평생교육 이야기

1. 이 많은 프로그램이 돌아가다니!

알렉산더 그레고리 씨가 일하는 교회기관에서는 연간 약 6천 개의 프로그램을 운영하면서 성인교육을 담당하고 있다. 가톨릭 기관에서도 6천여 개, 노동조합에서도 2~3천 개의 프로그램을 가지고 시민들에게 다양한 기회를 제공한다. 그중에서도 특히 '국민대학'(Volkshochschule)은 주목할 만하다. 연간 약 1만 3천 개의 코스를 제공하고 있다는 것이다. 국민대학은 완전히 평생교육만을 전문으로 하는 대학이다. 나중에 그 프로그램집을 받아보니 전화번호부가 모두 같았다. 도대체 이렇게 많은 프로그램이 사람을 끌어내고 폐강되지 않고 지속된다는 것이 신기하기만 하다. 얼마나 독일사회가 성인교육을 중시하고 있는지 알 수 있다. 뮌헨에서만 이 정도이니 전국적으로 어떤 규모인지 잘 상상이 안 간다. 성인교육·평생교육의 천국이라 할 만하다. 그의 이야기는 계속 이어진다.

2. 인포테인먼트(Infotainment)

코스나 프로그램에 참여하는 시민들로부터도 돈을 받기는 한다. 특히 직업적 전문성을 갖는 강좌나 프로그램은 좀 비싸고, 정치적인 것이나 교양적인 강좌나 프로그램은 좀 싸다. 그러나 그것은 전체 비용의 10~20퍼센트 밖에 안 되고 나머지는 교회나 시·주·연방정부, 심지어는 유럽연합으로부터도 지원을 받아 충당한다.

여러 기관들이 이런 프로그램을 추진하다보니 경쟁도 된다. 얼마나 재미있는 내용과 제목으로 사람들을 끌 수 있을지 고민하게 된다. 다른 지역, 다른 단체, 다른 나라의 평생교육 프로그램까지 보고 연구한다. 인기 있는 프로그램은 아침부터 장사진을 이룬다. 정치인들이 강사로 나서는 강좌는 재미없어 한다. 인기가 별로 없기 때문이다. 그러나 내용을 잘 포장해서 정치적 프로그램인 줄 모르고 왔다가 사실상 그런 내용을 자연스럽게 전달하는 것이 중요하다고 한다. 그만큼 여기서도 카피가 중요하다. 어떤 사회단체나 개인이 좋은 아이디어를 가져오면 대환영이다. 이런 프로그램은 내용도 내용이지만 일단 재미있어야 하기 때문에 인포테인먼트(Infotainment: Information+Entertainment)라는 말이 생겨나기도 했다.

또한 성인교육에 종사하는 기관들의 책임자들이 정기적으로 만나 각자의 프로그램 가운데 중복을 피하고 중심적인 테마를 나누어 짜는 등의 노력을 한다고 한다. 서로 고유한 영역과 고유한 고객을 가지게 된다. 경쟁 속의 협력인 셈이다.

3. 새로운 직업과 사업의 창출

알렉산더 그레고리 씨가 이야기하는 또 하나의 재미있는 사례이다. 자신의 교육기관에서 정식의 사회복지사 외에 또 다른 직업을 창출해낸 다는 것이다. 예를 들어, 노인들을 위해서 책을 읽어주거나 함께 이야기를 하거나 시장이나 극장을 가주는 사람이 필요하다. 기본적으로 이들은 자원활동가이기는 하지만 그래도 하나의 교육기관에서 전문적인 훈련을 받고 증명서를 받으면 본인으로서도 훨씬 자랑스럽고 이 일을 부탁하는 사람들도 신뢰감이 들기 마련이다. 뮌헨에서도 좋은 아이디어라고 하여 이것을 제도화하고 있다고 한다. 그러면서 조금의 돈도 받을 수 있다고 하니 하나의 직업이 창출된 것이 아니고 무엇인가.

4. 국민의 수준이 나라의 수준이다

사실 세상은 급변하는데 사람이 변하지 않을 수 없다. 중·고등학교나 대학에서 배운 것을 가지고 평생 살 수는 없다. 끊임없이 새로운 것을 배우고 자기 것으로 하지 않으면 안 된다. 그래서 이들 기관들이 제공하는 교육의 내용도 그 코스의 가지 수만큼이나 다양하다. 자신의 전문영역을 키울 수도 있고, 취미생활을 영위할 수도 있다. 이곳에서 전문지식을 쌓아 직장을 구하거나 옮길 수도 있고 자신의 인격을 실현하기도 하며 좋은 사람들을 만나기도 한다. 한 국가와 한 사회의 힘은 그 국민과 그 사회 구성원의 지식과 능력, 인격과 수준에 좌우될 수밖에 없다. 우리나라도 정부가 큰 성인교육기금을 만들고 그 기금으로 각종 학교와 사회단체의 평생교육 프로그램을 지원하고 여러 좋은 명승지에 공간을 만들어온 국민이 교육에 참여할 수 있게 하는 것은 어떤가?

회사의 매니저가 되려면?

7월 12일 월요일 아침 9시 30분. 보험회사로 유명한 알리안츠(Allianz)를 방문하는 것으로 뮌헨에서의 공식 일정을 시작한다. 그 유명한 영국공원 바로 옆에 위치해 있다. 바깥에서 보는 것과는 달리 내부는 굉장히 장중한 느낌이다. 과거 궁정 건물의 일부를 매수한 것인데 지금은 공원 옆에 이런 건물을 짓거나 매수하는 것이 사실상 불가능하다고 한다.

내 앞에는 지금 멋진 여성이 두 사람 앉아 있다. 알리안츠에서 자원활동을 담당하고 있는 안체 테레(Antje Terrahe) 양과, 리히터케테(Lichterkette)라는 다문화운동단체에서 책임자로 일하는 하리에트 아우스텐(Harriet Austen) 양이다.

'리히터케테(Lichterkette)' 라는 말은 '촛불의 행진(체인)' 이라는 말이다. 1992년 독일 로스톡 리히텐하겐(Rostock Lichtenhagen)에 있는 소수민족 주거지에 신나치들이 불을 질러 수명의 사상자가 발생하여 여기 사는 소수민족뿐만 아니라 독일인들에게도 큰 충격을 주었다. 그해 12월 3일 뮌헨에서만 40만 명이 모여

알리안츠에서 자원활동을 담당하고 있는 안체 테레(좌)와 다문화운동단체인 리히터케테의 책임자인 하리에트 아우스텐

인종주의를 비난하고 희생자들을 추모하는 시위를 벌였다. 물론 평화적이었다. 모두가 손에 손에 촛불을 들었다. 사람들이 거리를 메우고

촛불이 세상을 밝혔다. 바로 이 평화로운 촛불시위를 기리며 다시는 이런 일이 없도록 다문화사회의 이해와 관용을 촉진하는 운동을 벌이게 된 것이 바로 리히터케테의 설립 배경이다. 정부의 보조금을 받지만 여전히 모자란다. 지난 5년 동안 알리안츠가 사무실 비용을 댔고 지금은 또 다른 기업에서 지원을 받고 있다고 한다.

그러나 재미있는 것은 알리안츠가 매니저를 승진시키는 방식이다. 매니저 후보가 되면 3년의 훈련기간을 가진다. 직장 내의 리더로서 다양한 경험과 훈련을 쌓는 것이다. 그런데 이 과정에서 반드시 거쳐야 하는 것이 있다. 바로 사회단체에서 실시하는 훈련 프로그램에 참여해야 하는 것이다. 특히 그 매니저 후보 가운데 25명이 바로 이 '리히터케테' 라는 단체에서 훈련을 받았다. 회사 안에서만 오래 일하다보면 근시안이 되기 쉽다. 확연히 다른 사회여건과 환경을 이해하고 사회적 기능을 배우는 것이 굉장히 중요하다고 보는 것이다. 실제로 일반 사원이 아니라 간부급에 있는 회사원으로서 그가 정책수립과 기획, 마케팅과 세일즈, 그 어느 부서를 책임지든 올바로 사회를 이해하고 사회적 관계를 잘 형성하지 않으면 제대로 그 부서를 이끌 수 없다. 이런 점에서 알리안츠의 승진 훈련과정은 우리나라 기업도 배울 만하다.

알리안츠가 리히터케테와 하고 있는 또 다른 공동 프로젝트는 알리안츠의 여러 부서들이 돌아가면서 이 단체의 여러 활동에 직접 참여하는 일이다. 예컨대, 한 부서 모든 구성원이 이민자 가족의 어린이들을 위해 온 종일 함께 놀아주는 프로그램이다. 이런 행사를 위해서 부서원들은 뷔페, 파티, 게임, 복장 등을 준비해야 한다. 이 과정은 그 아이들과 가족들에게도 도움이 되지만 참여하는 부서원들에게도 서로 다른 시각에서 사회를 바라볼 수 있고, 부서원 전체의 통합과 회사의 아이덴티티 확립에도 도움이 된다는 것이다. 누이 좋고 매부 좋은 일이 아닐 수 없다. 윈윈이라는 게 바로 이런 것을 두고 말하는 것이 아닐까.

자원활동과 관련한 알리안츠의 또 다른 특징은 직원 각자가 자원활동을 벌일 수도 있지만 이것을 그룹으로 하기를 권장한다는 점이다. 알리안츠의 직원들은 각자가 재정·홍보·세일즈·IT 등 전문영역이 있고 이것이 결합되어 한 단체를 돕게 되면 엄청난 효과를 발휘할 수 있다는 점에 주목한 것이다. 현재 5명이 5개 그룹을 조직하여 각자 단체들을 돕고 있다. 그러나 실험적일 뿐이고 자원봉사활동이 발전한 미국에 비교하면 초보적인 단계라고 겸손해 한다. 그 모습도 아름다워 보인다.

다음으로 재미있는 일은 매칭 사업이다. 종업원 가운데 누군가가 어떤 단체에 자원활동을 하고 있는데 자신이 회비나 기부금으로 100유로를 내면 회사는 거기에 두 배를 더해 200유로를 내준다. 기업의 입장에서 보면 종업원들을 통해 비공식적 관계를 확대하는 것이다. 이런 관점과 생각을 갖는 것이 중요하다.

알리안츠는 거대 다국적기업이다. 각 나라의 지사들은 각자 독립적으로 사회공헌활동을 벌일 수 있다. 회사가 설립한 재단도 여럿 있다. 본사에는 문화재단과 환경재단이 있다. 북미에는 사회복지재단이 있다. 현재 자원봉사활동을 관장하는 직원이 세 명 있다. 자꾸 이런 일을 하다 보니 안체 테레 양을 주위에서는 '소시얼 레이디(Social Lady)'라고 부른다고 한다. 이것은 이익추구가 전부인 기업의 문화풍토에서는 별로 좋은 호칭이 아니다. 그렇게 불리는 게 승진 등에서 장애가 될 수도 있지만 자신이 하는 일이 좋은 것은 틀림없다고 미소 짓는다.

다문화사회를 위해 평생을 바친 운동가

독일 전체에는 이주민과 난민이 약 29만 명 가량이 있다. 그중에 10퍼센트 가량이 독일 국적을 취득하였고 나머지는 그대로 불안정한 위치에 있다. 이탈리아, 그리스, 포르투갈, 코소보, 크로아티아, 마케도니아 등 남유럽 출신이 제일 많고, 터키인이 그 다음이고, 이란·이라크 출신도 많다. 아시아인들과 러시아·폴란드 출신이 최근 많이 늘고 있다. 언제 추방될지 모르거나 아니면 계약이 끝나면 돌아가야 한다. 이들에게 가장 중요한 것은 안정된 신분이지만 동시에 이들은 독일 사회에서 많은 어려움을 겪기 마련이다. 이것을 해결하기 위해 존재하는 단체가 이게(IG: InitiatvGruppe)이다. 이 단체에서 하는 일은 다음과 같다.

첫째, 이들에게 독일어를 가르친다. 언어 소통이야말로 이들의 생활을 안정시키는 지름길이다. 현재 연간 약 1,200명의 인원이 교육을 받고 있고 15~20명의 전문 교사들이 이들을 교육한다. 여성과 아이들에게 특별 교육코스가 있다.

둘째, 유치원을 운영한다. 특히 어머니들이 교육을 받는 동안 아이들을 책임져줄 사람이 필요하다. 바로 이 유치원은 그 어머니들이 마음 놓고 공부할 수 있도록 해준다.

셋째, 제3세계로부터 온 사람들에게 전문직종 교육을 실시한다. 이런 교육 없이는 이들이 제대로 실업자 신세를 면하기 어렵다. 경리, 요리사 등의 교육이 바로 그것이다.

넷째, 특히 16~19세의 젊은이들을 위해 직업교육을 실시한다. 주된 것이 컴퓨터 교육이다. 그리고 전문직종 교육기관(Berufsschule)에 보내기도 해서 이들이 사회에서 제대로 자리 잡을 수 있도록 한다.

다섯째, 여기서 소수민족이나 난민집단들이 다양한 행사와 문화
활동을 할 수 있도록 장소와 공간을 제공한다.

상근자가 61명이나 되고 일년 예산이 330만 유로나 된다. 독일 시
민단체로서는 큰 편이다. 이것을 모두 끌어가는 이 단체의 사무총장 만
프레드 보슬(Manfred Bosl) 씨는 계속 싱글벙글 웃는 인상이다. 정부로
부터의 예산이 끊겨 모두 힘들어하는 상황인데도 적어도 그의 표정에
서는 전혀 느낄 수 없다. 사무실 아래 위층을 돌아다니며 소개시켜주는
동안 만나는 여러 사람들, 특히 어린이들과도 뭔가 한마디 대화를 나눈
다. 그의 이런 성품이 지치고 힘든 많은 제3세계의 난민들에게 큰 위안
을 주리라는 생각이 들었다.

노벨상을 탄생시킨 비결, 막스플랑크연구소

막스플랑크연구소는 하도 유명해서 꼭 한번 방문하고 싶었다. 건
물에 들어서는 순간 딱 질렸다. 최고로 고전적인 도시 주변에서 최고로
현대적인 멋진 건축물이었기 때문이다. 건물만이 훌륭한 게 아니라 그
연구의 수준 또한 대단하다. 이 연구소는 1948년 설립 이후 15명의 노
벨상 수상자를 낳았고, 2003년 한 해 12만 5천 편의 논문과 출판물을 간
행했다. 그 산하에 79개의 개별 연구소가 있고, 12만 2천 명의 직원을
거느리고 있는데 그 가운데 4,200명이 과학자다. 연간 13조 유로의 돈
을 쓴다. 52퍼센트의 비용이 화학·물리학 연구에, 36퍼센트가 생물학
및 약학에, 그리고 인문학을 위해서는 12퍼센트가 사용된다.

그러나 따지고 보면 여전히 자기들은 작은 연구소라고 한다. 독일 전체 연구비의 2퍼센트밖에 쓰지 않는다는 것이다. 독일 전체로 보면 69퍼센트에 해당하는 360억 유로의 돈이 기업의 개발연구 비용이고, 나머지 연방정부가 17퍼센트인 90억 유로, 주정부가 14퍼센트인 73억 유로, 비영리단체의 경우 단지 1퍼센트 등으로서 총합계 524억 유로를 연구비용으로 쓴다. 어마어마한 규모이다. 그러나 2퍼센트를 쓰면서 노벨상 수상자를 15명이나 배출했다니 그 생산성을 평가할 만하다. 나를 안내하는 베르톨드 나이체트(Berthold Neizert) 박사는 뮌헨기술대학만큼의 숫자와 규모에 불과한데 그 결과는 엄청나지 않느냐고 반문한다.

막스플랑크연구소의 특징은 무엇보다도 먼저 기초연구에 집중한다는 것이다. 이 연구소는 이런 슬로건을 내세운다. "지식은 언제나 적용에 앞선다." 기초지식이 건전하고 충분해야 응용이 가능하다는 것이다. 기본이 안 되어 있는데 말단지엽적인 지식이 제대로 형성될 리 만무하다. 이렇게 이루어지는 기초연구는 다른 산업에 당연히 이전된다. 그러니까 막스플랑크연구소는 모든 기업이나 민간연구의 초석이 되고 기반이 되는 것이다.

또 하나 중요한 철학은 학문의 상호 연관성을 중시한다는 사실이다. 다른 보통의 과학연구소와 달리 사회과학과 인문학 분야를 포괄하고 있는 이유이다. 또한 아무리 기본연구가 중요하지만 역시 사람을 중심에 둔다는 원칙을 갖고 있다. 훌륭한 연구자와 과학자를 기르고 모셔오는데 온갖 힘을 기울이는 이유이다. 그러기 위해서는 젊은 연구자들도 중요하다. 지금 막스플랑크연구소에는 약 9,600명의 젊은 과학자들이 있다. 그 절반은 외국인이다. 포스트닥, 인턴과 펠로우 등 다양한 지위의 젊은 과학자군이다. 이들 중에서 막스플랑크연구소를 이끌어갈

동량이 많이 나온다. 막스플랑크연구소는 모든 분야에서의 연구를 추진하는 게 아니라 아주 핵심적인 부분을 선택적으로 그리고 집중적으로 연구한다. 그리고 대학과는 상호 보완적인 관계를 유지한다.

아주 중요한 또 하나의 원칙은 연구의 독립성이다. 비록 85퍼센트의 재정을 정부지원에 의존하지만 정부나 정치권이 연구소에 개입하거나 영향을 미치지는 않는다. 그것은 헌법에 학문과 연구의 자유가 보장되어 있기 때문이지만 그보다도 원자력이나 X-Ray 같은 중대한 발명들이 기초연구에서부터 나왔음을 다들 잘 알고 있기 때문이다. 향후 매년 3퍼센트씩 연간 예산을 증대하기로 이미 정부·의회와 합의되어 있다. 지금의 어려운 경제사정에 비추어보면 큰 결단이다. 이렇게 막스플랑크연구소는 정부로부터 전폭적인 신뢰를 받고 있고 또한 연구소는 그것을 증명해야 한다.

독립성의 또 다른 측면은 바로 내적 독립이다. 막스플랑크연구소의 회장은 개별 연구소의 소장을 채용하고 이들이 연구자와 직원을 채용한다. 그러나 개별 연구소의 소장을 뽑을 때도 연구소 자체 내의 추천과 외부 심사를 거쳐 이루어지기 때문에 사실상 회장 개인이 채용하는 게 아니다. 그 과정이 1년쯤 걸린다. 일단 개별 연구소의 소장이 되면 거의 영구직이다. 개별 연구소마다 2명에서 10명의 소장이 있는데 전체로서는 270명의 소장이 있다. 일반 과학자들은 12년의 임기를 보장받는다. 그러나 젊은 과학자들이 9,600명이나 대기 중이기 때문에 역동성을 보장받는다.

그 외에도 막스플랑크연구소가 유명한 것은 연구의 수준을 유지하는 것이다. 연구수준을 평가하고 유지하기 위한 엄격한 기준과 절차를 가지고 있다. 독립적인 자문위원회를 가동하고 있고 그 위원의 3분의 2는 외국인이다. 막스플랑크연구소는 거대한 연구집단이다. 76개나 되는 개별 연구소가 그 안에 있기 때문이다. 따로 독립하면 어떠냐고 물어보니 서로 함께 모여 있고 본부가 모금과 재정·지원 업무를 하면 개별 연구소는 오히려 연구에만 몰두할 수 있지 않느냐고 반문한다. 여러 가지 바른 원칙과 철학, 그리고 경쟁력과 생산성을 갖추고 있으니 그 반문에 동의할 수밖에 없다. 우리도 효과적인 연구기관들을 재정비하여 16명이 아니라 1명이라도 노벨상을 타는 과학자들을 만들어야 하지 않을까.

 홈리스를 위한 잡지

7월 13일 화요일 오전 10시. 홈리스를 위한 잡지사 BISS를 찾아가면서 왜 이런 좋은 곳에 이런 잡지사가 있어야 하는지 의문이 들었다. 바로 영국공원 옆에 있었기 때문이다. 그러나 건물에 들어서는 순간 건물이 텅 비었다. 간신히 작은 표지판을 따라 2층 한구석에 있는 이 잡지사를 찾을 수 있었다.

BISS는 홈리스를 위한 잡지다. 이른바 길거리 잡지(street paper)다. 독일에는 30여개 내외의 길거리 잡지가 있지만 각자 독자적으로 운영이 되고 있고 이름도 다르다. 베를린에서만 3개의 길거리 잡지가 있다. BISS는 1993년 창립된 독일에서 가장 오래된 길거리 잡지이다. 3만 5천부 가량이 나간다. 홈리스들이 이를 판매하여 부당 1.50유로 대금 가운데 70센트는 잡지사에 내고 80센트를 홈리스가 가져간다. 홈리스는 그걸 팔아 가난을 벗어날 수 있는 기회를 갖는다. 현재는 25명의 홈리스들과 계약을 맺어 판매원으로 쓰고 있다. 그러니까 5명의 사무실 직원까지 하면 이 작은 잡지가 30명의 고용창출효과를 내고 있는 셈이다.

　이 잡지가 다른 길거리 잡지와 다른 점은 오래되었다든지 흑백 두 색으로만 책을 낸다든지 하는 것만은 아니다. 이 잡지의 편집방침 가운데 중요한 것은 '아름다운 사연'을 소개하지 않는다는 것이다. 오히려 이 잡지에는 매달 특집이 실리고 그 특집에는 홈리스와 빈곤계층의 관점은 가지되 일반 잡지와 다름없는 품격을 갖추도록 노력한다. 이 번호의 특집은 '왜 우리는 기억하고 잊는가'이다. 여기에는 홈리스에 관한 시정부의 문서보관소 기록을 소개한다든지, 알츠하이머병 환자들이 어떻게 기억을 회복하는가, 기억과 망각에 관한 심리적 치료법, 독일의 통일문제를 비롯한 정치적 이슈에 관해 왜 우리는 기억하고 망각하는가, 나치에 저항한 숄형제의 기억 등에 관한 글과 인터뷰 등이 실려 있다.

뮌헨에서 발간되고 있는 홈리스들을 위한 잡지 《BISS》

　이러한 원칙의 핵심은 홈리스를 위한 잡지라고 홈리스의 어려운 사정이나 자선을 구하는 식의 글을 싣지 않는다는 것이다. 뿐만 아니라 이 잡지에는 외부의 전문적인 작가들도 글을 싣지만 홈리스 스스로의 글을 싣도록 적극 장려하고 있다. 만약 글을 직

베를린 시네에서 마주친 홈리스
그는 《motz》라고 하는 홈리스들을 위한 신문을 팔고 있었다. 유창한
영어로 대화하는 그를 보면서 홈리스도 하나의 직업임을 알 수 있었다.

접 쓸 수 없는 사람들은 매주 수요일 이 사무실을 방문해서 이 잡지사 직원들에게 자신의 주장과 사연을 들려주어 간접적으로 쓸 수도 있다.

부수당 받는 70센트로 모든 것이 해결되지는 않는다. 여기에 기고하는 작가들이나 기고자들에게도 원고료를 지급한다. 그러나 상근 기자들 외에 편집위원회가 열리는데 편집위원들은 자원봉사 차원에서 일한다. 7·8월의 통합호를 고려하면 1년에 11번 간행하고 편집회의는 한달에 한 번 간행 때마다 열리므로 11번 모이는 셈이다. 포스터의 디자인은 전문회사에서 무료로 해준다. 원래 세무 상담원이었던 데닝거(Denninger) 씨는 사회사업가였던 남편의 권고에 따라 자원활동을 하다가 아예 전업 운동가로 나섰다. 이렇게 발이 빠진 것이 자신의 일생에서 최고의 결정이었다고 자랑스럽게 말한다.

이 건물은 가톨릭 기관의 소유라고 한다. 그런데 느닷없이 얼마 전 갑자기 퇴거를 요구했다고 한다. 임대료도 제대로 내고 특별한 잘못도 없었는데 갑작스런 퇴거를 요청하고 더 나아가 이달 30일까지 안 나가면 전기와 수도를 끊겠다고 협박까지 했다고 분노한다. 내가 봐도 어떻게 가톨릭 기관이 그럴 수 있는지 이해가 안 간다. 홈리스들을 위한 잡지라면 오히려 초청해서 무료로 입주하게라도 해야 하는 게 아닌가. BISS가 한국으로 본사 사무실을 옮긴다면 내가 기꺼이 무료로 있을 곳을 주선해줄 텐데.

새로운 주거 모델 - 사회주의적 주택조합

강정숙 선생의 친구 중에 특별한 주택에 사는 분이 있다고 하여 늦은 시간에 만나게 되었다. 기젤라 프람하임(Gisela Framheim)이라는 분이다. 난민단체에서 심리치료를 담당하고 있는 여성이다. 이분이 사는 주택은 여러 사람이 투자해서 공동주택을 마련하고 함께 중요한 사안을 결정하는 공동체적 주거방식을 따르는 특별한 곳이다. 일종의 주택조합(독일말로는 게노센샤프트 Genossenschaft)이라고 불린다. 프람하임 씨가 참여한 주택조합의 결성과정과 운영 내용은 다음과 같다.

우선, 기초자금의 각출 및 조합의 구성. 주택조합을 구성하려는 사람들이 모여 조합을 결성하고 여기에 참여하는 사람들은 1,500유로씩 출자한다. 이 돈은 조합사무실의 운영에 사용된다. 조합원을 모집하기 위해 언론에 광고를 냈다. 뮌헨에서는 최초의 주택조합이었기 때문에 사람들의 관심이 컸다. 법에는 7명만 있으면 가능하다. 실제로는 500여 명이 모였다.

둘째, 주택의 건축과정. 주택의 규모가 각자 다를 수 있기 때문에 회원들이 부담하는 건축비도 다르다. 프람하임 씨의 경우는 150평방제곱미터를 소유하는 대신 1만 5천 유로를 부담했다. 이 주택조합 회원은 500명이나 되고 주택도 여러 채가 된다. 조합원들 중에서 함께 살 사람들을 서로 정한다. 한 주택의 건축의 전 과정은 거기에 살기로 합의한 조합원들이 모여 전적으로 결정한다. 건축가를 결정하는 것은 물론이고 설계도면, 공유면적, 회의실 등의 공유공간 등은 모두 조합원 회의에서 결정된다. 생태적 의식을 가진 사람들이 많기 때문에 공해가 유발되는 건축자재를 쓰지 않는다든지 햇빛을 많이 받아들이는 방법을 강구하는 등의 건축방식이 채택되었다.

셋째, 입주 후의 주택운영과 조합원회의. 입주한 이후에는 조합원 회의가 매달 한 번씩 열린다. 정원관리, 아이들 놀이터 관리, 공동회의실 사용과 파티 개최, 내부 규정 등에 관한 결의나 원리주의적 종교인 등이 있어 갈등이 존재한다. 그러나 모두가 동의하는 실용적 해결책이 마련된다. 예를 들어, 일요일에는 아이들이 너무 시끄럽게 놀게 되는데, 아예 일요일에는 주거 공간 안의 놀이터에 놀지 못하게 하자는 견해가 있었으나 놀게는 하되 각자 조용히 놀게 해서 방해가 되지 않도록 하자는 정도로 마무리되었다.

넷째, 장애인의 입주. 프람하임 씨의 건물에는 장애인이 한 사람 살고 있다. 이 경우 시에는 그 소유의 땅을 싸게 팔았다. 여기에는 계단 외에 2개의 엘리베이터가 설치되어 하나가 다른 사람에 의해 사용될 경우 장애인이 언제나 쓸 수 있도록 추가 배치되었다. 장애인을 위한 특별한 문도 설치되었다. 추가비용은 장애인협회가 후원자를 찾았다. 특별한 시설에 살던 장애인이 이렇게 일반 주택에 함께 사는 것은 특별한 경우이며 보통 사람들에게도 새로운 경험이다.

다섯째, 입주자들의 성향. 사회복지종사자, 교사, 번역가, 간호사, 사회주의자, 시민운동가, 노조 간부 등 다양한 사람들이다. 노동자계급은 별로 없다. 그들은 오히려 더 좋은 집을 원하는 경우가 많다. 제법 돈을 내야 하기 때문에 아주 가난한 사람들이 들어오기는 어렵다. 그들이 집을 지을 때는 지방정부가 돈을 보조한다.

여섯째, 입주자의 권리. 입주자는 조합원으로서 자신의 점유 부분을 소유하고 팔 수도 있다. 그러나 원래 투자한 금액만 반환받고 이익을 취할 수는 없다. 투기를 막기 위해서다. 실제로 이 정도의 주택을 소유하려면 투자액의 네 배는 더 든다. 그러기 때문에 한 번 조합원이 된 사람은 자식 때까지 계속 조합원으로 남는 경우가 많다. 임대료 상당의 돈도 낸다. 이것은 은행이자 · 운영비 등 실질적인 비용이다.

주택조합은 우리나라에도 있지만 독일의 이러한 주택조합은 상당히 다르다. 무엇보다 수익을 내고 되팔 수가 없기 때문이다. 그야말로 사회주의적 요소가 강하다. 원래 주택조합은 1920년대 독일 사민당 정부에 의해 도입된 제도다. 주택을 투기의 대상으로 삼는 것을 막고 공동체적 요소를 강화하는 목적에서였다.

실제로 이렇게 싸고 좋은 주택을 소유할 수 있지만 그렇게 인기가 있는 것은 아니라고 한다. 사람들이 돈 있으면 누구나 '나의 집'을 원한다. 상당한 돈을 내야 하므로 가난한 사람에게는 그림의 떡이다. 결국 의식 있는 중산층만이 참여할 수 있다. 심지어 이주노동자들의 경우에도 돈 벌면 자기 고국에 투자하기를 원하지 이런 곳에 참여하지는 않는다. 인간은 자본주의적이고 개인적인 성향을 강하게 가지고 있는 탓이다. 1920년대에는 전 독일에서 수천 개의 주택조합이 있었는데 많은 경우는 전체 주택을 건설업자에게 팔아버렸다고 한다. 모든 조합원이 동의하면 가능하기 때문이다.

한때 우리나라에서도 토지의 공개념이 깊이 논의되었으나 도루묵이 되고 말았다. 지금 아파트업자들의 투기와 폭리를 막기 위한 분양원가 공개마저 거부되고 있는 상황이다. 다시 원점에서 과연 토지와 주택 정책을 어떻게 해야 할지 생각해볼 때이다.

직접민주주의의 새로운 지평

1995년 이후 2001년까지 바이에른 주에서 총 1,003건의 주민투표 제안이 있었다. 그중에서 160건은 법률적으로 요건이 닿지 않아 거부되고, 140건은 시의회가 좋은 의견이라며 수용하여 투표조차 할 필요가 없었으며, 578건은 실제로 투표가 이루어졌다. 이것을 보면 독일에서 얼마나 풀뿌리 수준에서의 직접민주주의가 잘 이루어지고 있는지 알 수 있다.

이 배경에는 바로 '좀더 많은 민주주의(Mehr Demokratie)' 라는 단체가 있다. 이 단체는 주민투표(국민투표)를 시 · 군('군' 은 우리나라 면과 비슷하다), 주, 연방정부, 심지어는 유럽연합 차원에서 도입함으로써 직접민주주의를 강화하는 데 그 활동의 중심을 삼고 있다. 15년 전인 1988년 창립할 때만 해도 주 차원의 주민투표를 규정한 곳은 7곳, 시 · 군 차원의 주민투표를 규정한 곳은 1곳뿐이었다. 1955년부터 1989년까지 그 숫자가 같았다. 그러나 '좀더 많은 민주주의' 가 생긴 이후 달라졌다. 엄청난 운동을 했기 때문이다. 지금은 각 주에 이 단체의 지부가 다 생겨났고 활동가도 수십 명으로 늘어났다.

원래 바이에른 주에서도 주민투표법이 없었던 것은 아니었다. 그러나 1단계로 2만 5천 명의 주민 서명을 받아야 하고 2단계로 90만의 서명을 2주 안에 받아야 하며, 3단계로 전체 주민의 다수가 그 투표에서 지지해야 안건이 통과될 수 있었다. 이것은 물리적으로 불가능하다. 뿐만 아니라 1년간의 토론기간과 그때 제공되는 토론의 기회와 제공되는 정부의 수준도 다를 수 있다. 말하자면 주민투표가 주민의 의사를 반영할 수 있는 실질적 내용을 갖추고 있어야 한다. 주민투표에도 질적 차이가 있는 것이다.

1995년 드디어 바이에른에는 제법 괜찮은 수준의 주민투표법이 제정되었다. 종래보다 요건이 훨씬 완화되었으며 전체 주민이 아니라 투표수의 과반수만 획득하면 통과되도록 하고 있다. 이어 함부르크와 튀링겐 주에서도 도입하였다. 연이어 다른 주에서도 도입하여 이제 베를린만 남았다. 내용에서는 여전히 수준과 질적 차이가 있어 그 개정운동도 계속 벌이고 있다. 그래서 이 단체는 각 주의 주민투표의 실질적 내용을 다양하게 분석하여 랭킹을 매기고 있다. 최고로 우수한 스위스를 1로 하여 바이에른이 2.45점으로 독일에서는 1등, 함부르크가 2등, 베를린이 5.3점으로 꼴찌다.

이 단체는 좋은 주민투표제도를 각 주와 시·군 차원에서 도입하도록 하는 것과 아울러 일단 도입된 제도가 잘 운영될 수 있도록 자문과 지원을 아끼지 않고 있다. 어느 지역에서 문의전화가 오면 어느 누구의 편도 들지 않고 그 투표의 절차가 공정하고 성공적으로 이루어지도록 전문적인 지식과 정보를 제공한다. 그래서 정부로부터는 돈을 일절 받지 않는다. 현재 4천 명의 회원과 6천여 명의 정기적 후원자로 재정을 독자적으로 충당한다. 주민단체들로부터 자문료도 받지 않는다.

앞으로의 과제는 두 가지다. 연방 차원에서의 주민투표 도입이다. 법안이 나와서 과반수의 의원들의 지지를 받았다. 그러나 이것이 가능하려면 헌법이 개정되어야 하고 그러기 위해서는 3분의 2 이상의 연방의원들의 지지가 있어야 한다. 두 번째 향후 과제는 유럽연합 헌법에 주민투표 규정을 삽입하는 것이다. 사실 유럽의회에서 각국 주민들의 운명을 결정하는 법률이 전체 법률의 3분의 2가 만들어지는데도 사람들은 별로 의식을 못한다. 심지어는 유럽의회뿐만 아니라 각국 행정부 대표들의 모임인 유럽 의회도 각종 형태의 법률을 만든다. 말하자면 행정부가 법을 만드는 셈이다.

이것은 자치와 직접 민주주의와는 너무도 멀다. 이것을 개선하고 유럽연합을 주민들의 통제 안에 두고 가시적으로 만드는 것이 바로 주민투표 도입의 취지이다. 유럽 전체의 주민투표를 도입하려면 비용이 많이 들어가지만 1년에 수십 번을 하는 것도 아니니까 그 정도의 비용은 부담해야 하는 것 아니냐고 이 단체의 사무국장 로만 후버(Roman Huber)씨는 주장한다. 유럽연합 전체 투표권자가 3억 5천만 명이고 1인당 1유로가 들어가는 것은 사실이지만 군대와 전쟁에 들어가는 비용을 생각해보라고 말한다. 아무튼 전자투표 등 간편한 방법에 대한 연구를 진행하고 있다고 한다. 이 단체를 보면서 민주주의에는 끝이 없다는 사실을 새삼 깨닫게 된다.

 ## 바이에른 주의 유일한 민선 녹색당 시장

이렇게 먼 줄은 몰랐다. 뮌헨으로부터 거의 두어 시간이 걸린다. 오스트리아의 잘츠부르크를 겨우 30여 킬로미터 남겨놓은 지점에서 좌회전하여 15킬로미터 더 가면 바깅 암 제(Waging am See)가 나온다. 정말 호수 위의 작은 마을이다. 주민이 겨우 6,500명이라고 한다. 이 시의 시장이 바로 셉 닥센베르거(Sepp Daxenberger) 씨이다. 시 청사 2층으로 올라가니 시장실에는 아무도 없다. 이곳저곳을 구경하고 있는데 그

'바깅'이라는 조그만한 시의 닥센베르거 시장
농부 출신인 그는 바이에른 주의 유일한 녹색당
출신 시장이기도 하다.

가 들어왔다. 병원 갔다 오는 길이라며 반긴다. 헐렁한 바지와 티셔츠 차림이다. 시장으로서의 면모와 권위가 전혀 보이지 않는다. 사방으로 펼쳐진 책상 위에는 서류들이 가득 널려 있다.

그는 원래 농부였다. 사실은 지금도 농사를 짓고 있다. 10마리의 젖소와 15헥타르 정도의 농지가 있다. 그러나 시장의 업무도 적지 않다. 지금은 주객이 전도된 입장이다. 마침 부모와 함께 살고 있어 부모님이 주로 농사를 짓고 자신도 시간 나는 대로 거든다. 지금은 90퍼센트의 시간을 시장 업무에, 나머지 10퍼센트 업무를 농사에 투자한다.

군대 복무시절 환경을 우선하고 평화를 주창하는 녹색당이 마음에 들어 가입하였다. 그게 1981년의 일이었다. 그후 열심히 활동하다가 바이에른 주의회 의원을 두 차례 역임하였다. 그러다가 1996년 이곳 바깅 시의 시장에 출마해서 당선이 되었다. 2002년에 재선되었다. 이때 바이에른 지방에서는 압도적인 CSU 후보와 무소속후보를 물리치고 76퍼센트의 득표를 얻었다. 지금은 그 사람들을 부시장으로 영입해서 함께 일하고 있다.

시장으로서 그가 공약하고 또한 주창한 것은 환경, 시민참여, 견고한 시 재정이다. 환경문제는 재생가능에너지 확대를 위해 태양열 전지 설치의 확대, 에너지 절약체계 확립, 상수원보호와 하수정화시설 강화, 자전거길 정비 등이었다. 시민참여 확대정책으로 청소년위원회를 만들어 청소년들이 직접 참여하여 토론할 수 있는 기회를 만들고, 이 지역사회에 중요한 정보와 시정 소식을 담은 신문을 1년에 4회 발간하고 있다. 그 외에도 시의 주요 현안들을 놓고 벌이는 시민토론회, 시민들이 누구든지 원하면 시장과 만날 수 있는 면담제를 도입하였다. 주민 1인당 180유로의 부채를 현재는 80유로로 줄여 전국에서 비교적 튼튼한 시 재정을 만들었다. 기업을 유치하여 세원을 넓히고 수공업을 장려하고 관광증대를 통한 소득 확대를 꾀했다. 자신이 주력하고자 하는 나머지 임기 동안의 집중사업은 병원의 설립을 비롯한 사회복지의 증대이다.

재미있는 것은 이 시청을 바깅 시만 쓰는 것이 아니라 1,500명 주민이 사는 이웃의 타칭(Taching) 시와 2,000명의 본베르크(Wonneberg) 시가 함께 사용한다는 사실이다. 건물만 함께 쓰는 것이 아니라 아예 집무도 서로 위탁한다. 현재 닥센베르거 시장이 나머지 두 시장의 업무까지 다 보고 있는 것이다. 나머지 두 시장은 직선으로 선출되었지만 명예직이고 큰 문제는 상호 의논하지만 사소한 일상 업무들은 닥센베르거 시장이 전결한다. 세 시는 하나의 공동시를 구성하여 닥센베르거 시장이 위원장을 맡고 있다. 독일 사람들의 실용적 행정운영방식이라 하지 않을 수 없다. 작은 시에 시장이 상근하여 월급을 축낼 필요가 없지 않은가.

닥센베르거 시장은 이미 유명인사다. CSU가 지배하는 바이에른 지방에서 아주 소수당에 불과한 녹색당 후보로서 압도적으로 시장에 연거푸 당선되었을 뿐만 아니라 정말 평범한 농부 출신이기 때문이다. 28살 때 주의원이 되었고 33살 때 시장이 되었다. 지금은 녹색당의 바이에른 주 위원장이다. 녹색당에는 교수·기자·변호사 등 쟁쟁한 사람이 많지만 그들은 모든 힘을 다해 일하지 않는다. 그에 비하여 그는 온 열성을 다해 참여하고 일했다. 그것이 그의 성공비결이다. 바이에른 주에서 지난 총선에서 녹색당은 8퍼센트, 이번 유럽의회 의원 선거에서 12퍼센트로 급성장했다. 그의 인기가 조금은 반영되었다. 녹색당은 이런 좋은 사람들을 가진 것이 성공의 요소가 아닌가 싶다. 아무리 좋은 이념도 사람을 통해 나타나기 때문이다.

이 순박한 시장님은 이야기가 끝났는데도 계속 아래 카페에서 차 한 잔 하고 가라고 자꾸 권한다. 케이크가 맛있다고 해서 하나씩 시켜 먹었다. 하기야 지금은 이미 업무시간이 끝났으니 그는 자유시간이다. 월급은 4,500유로 정도 되는데 주의회 의원 때보다 적다고 한다. 그러나 일은 훨씬 더 많아져 바쁘다고 한다. 그에게는 세 아들이 있는데, 특히 장남이 뮌헨에서 주의원으로 근무할 때보다 더 보기 어렵다면서 불평한다고 한다. 사람 좋아하고 일 좋아하는 사람은 어디 가도 있는가 보다. 이런 시장을 우리가 수입이라도 해야 하지 않을까?

 새로운 공화국을 선포하다

이건 하나의 공화국이다. 헌법이 있고 재판소가 있고 국회가 있다. 이건 하나의 민주공화국이다. 직접 학생들이 투표하고 학생들이 판사가 되고 의원이 된다. 중요한 사안은 전체 학생과 학부모, 교사들이 참여로 결정한다. 교장도 단지 한 표뿐이다. 보통선거권이 실현된 것이다. 이들은 이것을 그리스 시대의 민주제도를 본떴기 때문에 폴리스

(Polis)라고 부른다.

하에스 암 게하르트-하웁트만-링(HS am Gerhart-Hauptmann-Ring), 이것이 이 학교의 정식 이름이다. 우리나라의 중학교에 해당하는 이 학교는 공부에 크게 취미가 없는 아이들을 상대로 직업훈련을 시키는 학교이다. 이런 학교에 다니는 아이들에 대해 사람들은 마약을 한다거나 흉기를 가지고 다니고 폭력적이라는 등의 편견을 갖고 있다. 더구나 이 지역은 터키 등 제3세계 출신 주민들이 많다. 부모들 자체가 아이들 교육에 관심도 없고 능력도 없다. 거의 절망적인 상태에 있는 이 아이들을 위해 이 학교의 교사 두 분이 이런 엉뚱한 제안을 하였다. 학생들의 자치를 완전히 보장하는 새로운 방식의 교육을 해보자는 것이었다. 1996년의 일이었다. 교장 선생도 선뜻 동의했다.

이렇게 해서 차츰 하나하나씩 자치적 제도가 실시되기 시작했다. 학생들은 투표를 해서 자신의 대표로 판사, 학교위원회(국회) 위원을 선출한다. 판사로 뽑힌 학생들은 잘못을 한 학생들에 대한 처벌과 징계를 한다. 교사·학생, 심지어는 부모나

뮌헨의 '하에스 암 게하르트-하웁트만-링' 중학교
이곳은 하나의 독립된 공화국이다. 학생들이 선출한 재판관과 의원들이 학교 행정을 담당한다. 개교 $33\frac{1}{3}$주년을 기념하자는 기발한 아이디어도 학생들의 머리에서 나왔다.

이웃동네사람조차도 처벌을 요청할 수 있다. 언젠가는 동네 사람이 어

떤 학생이 자기 집 정원에서 담배를 피웠다고 징계를 요청해왔다. 학생 판사들은 모든 사안을 심사하고 본인의 항변을 들어 처벌과 징계의 수위를 결정한다. 이들은 4주 동안 법원을 방문하고 변호사를 초빙해서 재판에 대해 공부와 훈련하기 때문에 정말 판사같이 잘 한다고 한다. 물론 교장 선생님이 이에 대해 번복하거나 다르게 결정할 수 있는 권한을 가지고 있기는 하지만 아직 그런 적은 한번도 없다고 한다.

학교위원회는 각 반의 교사·학생·학부모 등이 각 1명씩(한 반에 3명×20개반=60명)으로 구성된다. 각 반에서는 대변인을 선출하는데 이 학생이 학교위원회 위원도 하고 학생의 다양한 의견을 수렴하는 역할을 한다. 학교위원회는 학교에서 일어나는 각종 문제와 해결방안을 논의한다. 학교의 행사와 이벤트, 파티 등도 여기서 논의한다. 아주 중요한 문제는 전체 학생과 전체 교사, 그리고 학부모들이 모여 투표를 한다.

하인츠 훼크스트(Heinz Hochst) 교장 선생님께 상급 교육관청이나 기관에서 이런 것을 싫어하지 않느냐고 하였더니 교육 관련법에 정해진 커리큘럼만 잘 지키면 상급기관에서 간섭하지 않는다고 한다. 실제로 이 학교의 이러한 민주적 운영의 결과는 대단했다. 무엇보다 취업률이 압도적으로 높아졌다. 2003년의 다른 하우프트슐레(Hauptschule)[16] 평균 취업률이 50퍼센트에 머문데 비하여 이 학교는 75퍼센트를 상회했다고 한다. 학교가 재미있고 민주적이면 그만큼 공부도 잘할 수밖에 없지 않을까.

> 16 직업학교나 업종별 도제, 하급 공무원을 준비하는 학생들을 대상으로 하는 독일의 학교 형태

이 학교의 명성이 널리 알려지면서 이미 다른 학교에서도 이를 모방하는 사례가 많아졌다고 한다. 우리나라 교육기관들도 이런 사례를 벤치마킹했으면 좋겠다. 훼크스트 교장 선생님은 내가 자세히 물으니 신이 났는지 학교 헌법을 복사해오는가 하면 그동안 학교 관련 신문

스크랩 북을 가져오기도 한다. 또한 일일이 학교의 이곳저곳을 안내해 주었다. 한쪽 벽에는 자랑스러운 학생 판사들이나 학교위원회 위원들의 사진이 걸려 있다. 학생과 교사들이 모두 결정하고 자신은 한 표밖에 행사 못하니 당신은 무력한 교장이 아니냐고 했더니 대답이 걸작이다. "힘은 행사하지 않을 때 큰 것이지 막상 행사하면 힘을 잃게 된다." 역시 철학이 있는 교장 선생님이다.

 고문피해자를 돕는 레퓨지오

세상은 변하고 발전한다는 신념을 나는 가지고 있다. 그런데 예외 없는 원칙은 없고 또한 나아지지 않는 부분도 있구나 하는 실망을 금하지 못할 때도 있다. 바로 오늘 뮌헨의 난민 및 고문희생자 구호단체인 레퓨지오(Refugio)를 방문하고 난 후의 인상이다.

지금은 많은 나라에서 형식적 민주주의가 자리를 잡고 있는 마당에 이제 고문은 조금씩은 사라지고 있지 않느냐고 첫 질문의 운을 뗐더니 이 재단의 사무총장은 천만의 말씀이란다. 물론 정치적 고문자의 숫자는 줄고 있는 것이 사실이지만 인종차별에 의한 고문은 전혀 줄어들지 않고 있다고 한다. 그 범주도 아시아, 아프리카, 동유럽 등 전 세계에 걸쳐 있단다. 예를 들어 독일에는 중국의 위구르족 사람들도 많은데 이들의 독립운동이나 저항운동이 심하게 탄압받고 있으며 그 와중에 고문 피해자도 많다고 한다.

문제는 독일 법원이 정치적 망명자의 요건을 정치적 이유에 한하고 인종적 이유에 의한 것은 포함시키지 않고 있는 것에 있다. 2003년 5

만 500명의 난민 가운데 1.6퍼센트만 정치적 이유에 의한 망명자로 인정했으며 1.8퍼센트를 제네바협정에 따른 난민으로, 그리고 다시 1.8퍼센트 정도가 보류상태이고 나머지는 모두 거부됨으로써 조만간 독일을 떠나야 하는 것으로 결정되었다. 독일에 와서 이런 체류자격을 인정받는 것은 대단한 행운이 아닐 수 없다.

전국에 산재한 도시마다 독일로 오는 난민들은 배치된다. 이들은 최종 체류허가가 날 때까지 이곳에서 대기한다. 수용소에 수용되는 것은 아니지만 일정한 주거와 활동의 제한을 받는다. 여러 단체들이 지역마다 이들을 돕고 있지만 역부족인 경우가 많다. 이 단체의 2003년 예산은 110만 유로였는데, 연방·주정부 그리고 유럽연합의 지원금과 20퍼센트 정도의 정기후원자들의 돈에 의해 운영된다. 그러나 정부 돈은 계속 줄어들고 모두가 힘들어한다. 유럽 전체가 그렇다고 아우성이다.

2003년 한 해 이 단체가 도운 사람은 480명으로, 그 가족 600명까지 치면 거의 1천여 명에 이른다. 고문과 가혹행위 때문에 받은 상처는 쉽게 치료되지 않는 경우가 많다. 이 단체에는 전문 의사와 심리상담사가 있어 이들의 치료를 담당한다. 아이들에 대해서는 예술치료(art therapist)가 동원되기도 한다. 보통 이러한 상처들은 가족이 함께 공유하는 경우가 많기 때문에 그룹치료나 가족치료를 받는다. 도저히 여기서 다 받아줄 수가 없어 다른 병원에 안내하는 경우가 가장 가슴이 아프다고 한다. 한참 치료를 진행하여 거의 다 나았다고 생각하는데 본국으로 귀국해야 한다고 하여 다시 도지는 경우에도 견디기 힘들다. 그러나 여기 온 사람들의 병이 나아진다거나 체류허가를 받았을 때 가장 기쁘다고 한다. 자신의 일이 아니라 남의 일로 이렇게 일희일비하는 이 사람이야말로 천사에 다름 아니다.

독일에서 불붙는 커뮤니티재단들

강정숙 선생의 남편 알렉산더 그레고리(Alexander Gregory) 씨마
저 내 일정 마련에 나섰다. 함께 어제 저녁에 이야기하던 중에 독일에
서 커뮤니티재단운동의 전도사 역할을 하는 사람이 뮌헨 부근에 살고
있다면서 바로 전화를 걸었다. 그리고 오늘 저녁 한국식당에서 그 분이
저녁을 내겠다고 한 것이다. 좋은 이야기와 더불어 저녁까지 얻어먹게
생겼다.

니콜라우스 터너(Niklolaus Turner) 씨가 그 사람이다. 원래 이 분
은 어느 가족재단의 사무총장으로 일해왔다. 지금도 거기서 월급을 받
고 있고 그것이 주업이다. 그러나 미국의 커뮤니티재단을 알게 되고 독
일의 커뮤니티재단(보통 독일에서는 시민재단이라고 부른다)에서 실
무그룹 위원장을 맡으면서부터 그는 바로 이 시민재단의 전도사가 되
었다. 지금은 전국에 강연도 다니고 시민재단 실무자들과 다양한 경험
을 교환하고 있다.

원래 독일에서 시민재단은 베텔스만재단의 오너인 라인하르트
몬(Reinhard Mohn) 씨가 그 중요성을 알고 미국의 커뮤니티재단운동
의 중심적 역할을 하고 있는 존이라는 여성에게 도움을 요청했고 그녀
가 독일에 수차례 와서 강연과 조직을 통해 노력하면서 시작되었다고
한다.[17] 지금은 거의 붐이라
고 할 정도로 독일 전역에서
시민재단이 생겨나고 있다.
그러나 독일의 시민재단은

17 최초의 독일의 시민재단은 1997년 1월 1일 베텔스만 재단의 라
인하르트 몬 씨가 주도해서 그 지역에서 만들어진 스타트스티프통
귀터스로(StadtStiftung Gutersloh)였다. 이어서 1997년 12월 31일 31
명의 기부자가 하노버시민재단을 만들었고, 1999년 1월 13일 드레스
덴 시민재단, 같은 해 3월 23일 함부르크 시민재단, 같은 해 5월 3일
퓌어스텐펠트-브루크(Furstenfeldbruck)시민재단, 같은 해 7월 26일
베를린시민재단이 연이어 출범했다.

미국의 커뮤니티 재단과는 다른 성격을 갖고 있다고 한다.[18] 미국의 커뮤니티 재단은 돈이 많기 때문에 주로 여러 단체의 활동이나 도움이 필요한 사람에게 직접 지원하는 하는 일(이른바 grant-making)이 대부분이지만 독일의 시민재단은 주로 자신의 프로젝트를 직접 수행하는 것이 특색이라고 한다. 그 프로젝트와 활동이 언론에 보도되고 그것이 계기가 되어 모금이 이루어진다는 것이다. 독일의 시민재단이 벌이고 있는 캠페인이나 프로젝트 몇 가지를 소개하였다.

[18] 독일의 시민재단의 특징을 10가지로 요약해서 설명하고 있다. 그러나 애매한 경우도 있고 인증을 하기에 상당히 어려운 경우가 적지 않다고 한다. ①시민재단은 비영리?자선 기관으로서 대중적 이익과 시민사회를 위한 적극적이고 지원적인 역할을 수행한다. ②시민재단은 전형적으로 여러 사람의 기부자에 의해 설립된다. ③시민재단은 경제적으로 그리고 정치적으로 독립적이다. 특정 정치적 집단이나 종교적 집단, 특정 기부자나 기업에 종속되지 않는다. 정치적이거나 행정적인 기관들이 재단의 의사결정에 영향력을 행사하지 않는다. ④ 시민재단은 정확히 정의된 영역에서만 활동한다. ⑤ 시민재단은 기금을 끊임없이 축적한다. ⑥시민재단은 다양한 범주의 지역적 요구를 충족한다. ⑦시민재단은 시민의 참여를 장려하는 프로그램을 지원하고 시민들이 스스로 돕는 수단을 제공한다. ⑧시민재단은 그 활동을 공개하고 그 지역의 시민들 모두가 그 프로젝트와 프로그램에 참여할 수 있는 기회를 촉진한다. ⑨시민재단은 지역의 비영리단체 네트워크를 조정할 수 있다. ⑩시민재단은 그 활동을 참여와 투명성을 보장하는 방법으로 벌인다.

로어 작스니(Lower Saxony) 주 법무장관을 지낸 한 형법학교수는 하노버 시민재단을 만들었는데 여기서 하는 대표적인 일은 어떻게 하면 젊은이들이 주먹 대신에 대화를 통해 갈등을 해소할 수 있는지 다양한 연구를 젊은 형법학자들에게 용역을 주어 해결책을 내놓는 것이라고 한다. 이른바 '캄 다운 프로젝트(Calm Down Project)'로 불린다. 베를린의 한 시민재단은 의무교육이 제공되는 연령이지만 부모의 무관심과 본인의 학습의욕 상실로 학교에 나가지 않는 학생들을 찾아내고 접촉해서 이들을 학교로 보내는 운동을 펼치고 있다. 이렇게 보면 독일의 시민재단은 그 자체가 하나의 시민단체라고 할 수 있겠다.

터너 씨는 한국에서도 적용될 수 있는 몇 가지 아이디어와 조언을 내놓았다. 첫째, 시민재단의 날을 정하라는 것이다. 독일 시민재단은 여러 논의를 거쳐 10월 1일을 시민재단의 날로 정했다고 한다. 주말도 아니면서 공휴일도 아니고 아주 춥지도 덥지도 않은 날을 특별히 골랐다는 것이다. 이날은 전국적으로 시민재단을 알리는 다양한 활동을 벌인다. 길거리 정보지 나눠주는 일과 모금활동은 기본이다. 둘째, 도대체 시민재단의 정의와 기준이 뭔지에 대해 사람들은 헷갈리는데 그걸 명확히 정하는 게 필요하다. 독일 시민재단의 실무자들은 10가지 기준을 정했다고 한다. 셋째, 어느 특별한 기관과의 긴밀한 관계를 만들지 말라는 것이다. 예컨대 한 시민재단이 그 지역사회의 폴크스방크와 특별한 관계를 맺으면 뮌헨에 있는 수백 개 다른 은행은 소홀히 할 수밖에 없다는 것이다. 넷째, 조세 관련 조언자(공인회계사와 세무사), 의사와 약사, 심지어 미장원의 미용사를 자신의 편으로 끌어들이는 게 중요하다는 것이다. 이들은 고객들과 지속적인 관계를 맺으며 그 고객의 의사결정에 큰 영향을 미친다는 것이다. 미용사는 고객과 정기적으로 만나며 적어도 1~2시간씩 직접 대화할 수 있는 몇 안 되는 직업 중의 하나란다. 참 재미있는 지적이다.

그리고 무엇보다 작은 인연이 큰 결과를 낳는다며 아주 극적인 사례를 들었다. 한스 쾨니히(Hans Konig)이라는 교수가 있었다. 그는 가톨릭 교구 산하의 어느 연구소에서 신학을 가르치고 있었는데 어느 날 교황의 주장에 반기를 들었다. 그러자 가톨릭측은 그의 연구소에 대한 지원을 끊고 말았다. 이 소식이 언론에 보도되자 바덴바덴에 사는 어느 노인이 직접 이 연구소를 찾아왔다. 비서가 없다고 하는데도 부득부득 연구실로 들어온 이 노인은 다짜고짜 이 연구소를 운영·유지하는 데 얼마의 돈이 필요하냐고 물었다. 황당해 하면서도 한스 교수가 대답했더니 그는 즉시 한스 교수가 말한 500만 유로를 보내주었다. 그 사람이 바로 카운트 본 그뢰벤(Count von Groeben)이라는 노인이다. 그는 교황에 도전하는 한스 교수의 기백과 이론을 지지하고 그를 탄압하는 가톨릭에 반감을 가진 것이다. 이 소식이 또 전해지자 이번에는 스위스의 한 할머니가 한스 교수에게 70유로의 수표를 동봉한 편지를 보내면서 몇 가지 질문을 했다. 이번에도 한스 교수는 성실히 답변을 했더니 이번에는 10만 유로를 보내주었다고 한다. 행운이 한꺼번에 온 것이다.

옆에 있던 알렉산더 그레고리 씨도 또 다른 사례를 든다. 어느 한 재단의 컴퓨터에는 기부자의 내역이 모두 적혀 있는데 고양이 이름도 포함되어 있었다. 기부 내역을 담은 편지를 보낼 때는 반드시 고양이 안부까지 묻곤 했는데 나중에 그 할머니는 모든 재산을 그 재단에 냈다는 것이다. 그리고 어느 교회단체에서 어떤 어린이로부터 10유로 모금을 해서 탄자니아에 보냈는데 나중에 그 어린이에게 3페이지짜리 답신이 왔다. 그것은 금방 화제가 되었고 이 아이를 평생의 기부자로 만들었을 뿐만 아니라 가족과 주변의 모든 사람들을 기부자로 만든다는 것이다. 작은 것이 세상을 바꾸는 법이다. 유쾌한 저녁이었다.

 남북을 잇는 가교 남북 포럼

남북 포럼(Nord-Sud Forum)은 뮌헨에서 제3세계와 남북문제를 고민하고 이를 해결하기 위해 활동하는 50여개 단체들이 15년 전에 만든 단체이다. 서로 업무가 많이 다르지만 동시에 보편적인 부분도 많기 때문에 토론회를 개최하고 활동을 조정하며 공동의 발전을 도모한다. 남북 포럼이 하고 있는 특기할 만한 활동을 정리해본다.

첫째, 하라레 프로젝트(Harare Project)이다. 뮌헨과 짐바브웨의 수도 하라레의 자매결연사업이다. 그러나 보통 양쪽 시장이 악수하고 문서 교환하는 식의 행사가 아니라 풀뿌리 시민 간의 교류를 내용으로 하는 시민적 자매결연이다. 대안적 도시 제휴방식이라고 말한다.

둘째, 아마존 보호사업이다. 아마존은 인류의 마지막 자연유산으로 그 보존은 모든 인류의 책임이다. 유럽의 여러 단체들이 합동하여 아마존의 개발을 억제하고 자연자원을 보존하기 위한 공동의 노력을 다하고 있다.

셋째, 뮌헨 카페(Munchen Cafe) 사업이다. 이미 본 카페(Bonn Cafe) 사업처럼 여기서도 대안무역으로서 커피 원료를 수입하여 제조한 다음 이를 시민들에게 파는 것이다. 수입과 제조는 GEPA와 하청 중소기업이 해준다. 판매는 직접 관장한다. 선물로 준 이 커피 겉봉지에는 아젠다 21 카페(Agenda21 Kaffe)라고 써 있다.

남북 포럼이 중심이 되어 만든 것이 바로 '하나의 세계 집(Eine Welt Haus)' 이다. 시청의 소유 건물을 3년 계약으로 빌린 것이다. 물론 계속 연장해서 쓸 수 있다. 물론 뮌헨시장이 가장 보수적인 CSU 출신이 되면 달라질지도 모르겠다고 우려한다. 여기에 무려 74개의 단체들이 입주해 있다. 물론 모든 단체가 다 사무실을 가지고 있는 것은 아니다. 매주 한두 번씩 모여 회의를 하고 자원활동가들이 이 단체들을 꾸려가는 경우가 대부분이다. 이 건물에는 독일의 다른 많은 시민단체 건물처럼 식당도 있고 도서관도 있다. 2층 베란다에는 수십 명이 앉을 수 있는 공간이 있고 여기서 맞은편 건물의 흰 벽에 영화를 그대로 쏘아서 볼 수도 있다. 그리고 보니 옆 건물의 한쪽 벽은 주인의 동의를 얻어 대작의 그림을 하나 그려놓았다. 이곳에서 맛있는 점심을 아주 싼 값에 먹고 나왔다.

제9장
괴팅겐, 브레멘과 함부르크

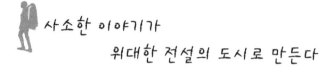

사소한 이야기가
위대한 전설의 도시로 만든다

7월 17일 밤 뮌헨을 떠나 괴팅겐에 도착하였다. ICE로 무려 다섯 시간이 걸렸다. 그래서 18일 일요일 하루는 괴팅겐, 19일 월요일은 브레멘을 즐길 것이다. 토요일·일요일은 공휴일과 휴가를 기어코 쉬는 독일 사람들과 약속을 하기 어렵기 때문에 자연스럽게 나에게도 좋은 공휴일이 되곤 하였다. 그런데 이번에는 월요일까지 덤으로 더 내어 이 두 도시를 짧지만 알차게 볼 수 있는 기회를 만들었다. 사실 독일의 도시라는 게 다들 작아서 대도시라고 해도 인구가 수십만을 넘지 않는다. 괴팅겐이 14만 명, 브레멘은 50여만 명에 지나지 않는다. 그러나 브레멘은 한자도시로서 그 자체가 하나의 주에 해당한다.

18일 일요일은 독일 날씨답게 변덕이 심한 날이었다. 오전에는 그래도 괜찮았다. 도심을 다 구경하고 심지어는 1년에 한 번 이 지역에서 벌어지는 '포수들의 퍼레이드'까지 구경할 수 있었다. 오후가 되자 엄청난 폭우가 쏟아졌다. 독일에서 처음 보는 날씨였다. 그 빗속에서도 멈추지 않고 괴팅겐 대학과 유태인들의 시나고그 등을 모두 찾아보았다. 워낙 도시가 작으니까 하루면 웬만한 곳을 다 돌아다닐 수 있었다.

괴팅겐은 수학자 가우스와 동화작가 그림 형제의 도시다. 중앙역을 나오면 바로 가우스를 기념하는 원추형의 하얀 건물을 만날 수 있다. 도심으로 걸어가는 길에는 가우스가 관측한 대로 행성의 위치를 재배치·표시하여 둠으로써 걸어가는 사람들이 마치 천문학의 세계로 들어온 것처럼 느끼게 해주고 있다. 시청사 앞에는 누구나 사진을 찍는

브레멘 음악대 조각상
브레멘에는 전설과 동화의 사연들로
가득찬 도시이다.

'거위 소녀 리첼'의 동상이 있다. 그림 형제의 동화인 「거위치기 하녀」
에 나오는 주인공 리첼을 형상화한 것이다. 동화 하나가 도시의 상징이
된 것이다. 브레멘의 경우는 훨씬 더하다. 도시 전체가 동화와 사연으
로 꽉 차 있다.

　우선, 중앙역에서 시청광장으로 들어가는 길에 돼지치기 조각상
이 있다. 돼지치기와 여러 마리의 돼지가 브론즈 조각으로 길 한가운데
에서 사람들을 유혹한다. 중세 브레멘 시절에 사람들이 돼지를 몰고 이
거리를 지나갔다는 것이다. 사람들이 이 돼지와 돼지치기 위에 올라타
고 사진을 찍는다. 특히 아이들에게 인기가 이만저만이 아니다.

또한 시청 광장에 바로 들어서면 나타나는 것이 브레멘 음악대이다. 주인에게 버림받은 당나귀, 개, 고양이, 닭이 악대를 조직해서 브레멘으로 살 길을 찾아서 떠나는 동화 속의 이야기를 형상화한 것이다. 당나귀 다리를 잡고 소원을 빌면 소원이 달성된다고 한다. 정말 아무것도 아닌 동화를 이 도시의 상징물로 사용하고 있다. 이 네 마리의 동물이 든 형상이 온갖 형태로 팔리고 있다.

그리고 시청 광장 한가운데 서 있는 롤란트 상은 1404년 세워진 조상이다. 당시의 젊은 기사의 상을 구현한 이 조각은 한자도시로 부를 축적했던 브레멘의 자유와 독립을 상징한다. 브레멘 사람들은 롤란트 상이 받침대에서 무너져 내리지 않는 이상 도시는 몰락하지 않는다고 믿는다고 한다.

그런데 롤란트 상 아래를 자세히 들여다보면 한 남자가 고통스럽게 웅크리고 있는 모습을 볼 수 있다. 옛날 엄청나게 부자인 한 백작에게 가난한 사람들이 경작할 땅을 나누어달라고 요청하였다. 인심 좋은 백작 부인이 그들의 대표가 하루 종일 걷는 만큼의 땅을 주겠다고 약속했다. 그러나 백작은 재산이 축나는 것을 걱정하여 앉은뱅이 거지를 지정하였다. 그런데 그 앉은뱅이가 죽을힘을 다하여 하루 종일 몸을 끌어 엄청난 면적을 차지하였다. 그러나 그 가련한 거지는 곧 죽고 말았다고 한다. 이 상은 바로 그 거지를 기리고 있다.

시청 전면에 있는 부조상은 바로 암탉과 병아리를 든 여성이다. 폭풍우가 치는 날 엄마 닭들이 병아리들을 데리고 높은 언덕으로 올라가고 있었다. 동네 사람들도 이들을 따라 언덕으로 올라가 홍수를 피할 수 있었다. 사람들은 그곳에 취락을 형성하였다. 이것이 바로 브레멘의 발상지 설화이다.

중세의 거리를 재현한 뵈트허(Buttcher) 거리를 조금만 들어가면 왼쪽으로 붉은 벽돌 건물 한쪽 구석에 7명의 사람의 형상을 발견할 수가 있다. 바로 7명의 게으름뱅이 전설을 간직하고 있다. 뼈 빠지게 일해도 가난을 면할 수 없었던 한 농부에게 7명의 아들이 있었다. 이들은 허구한 날 놀기만 하였다. 그런데 외지로 나가 종적을 감추었다가 다시 돌아오더니 물고랑을 내고 제방을 만들었다. 그때부터 베저 강의 범람이 멈추었고, 습지는 경작지로 바뀌었다. 그곳에 일곱 채의 집을 짓고 밭을 만들었다. 그리고 일곱 명의 신부를 데리고 왔다. 이웃이 채소를 먹는 토끼를 쫓기 위해 밤샘을 하는 동안 이들은 밭에 가시 울타리를 촘촘히 치고 잠을 즐겼다. 이웃사람들은 강가까지 가서 물을 길러오곤 했는데 이들은 어느 날 길거리에 우물을 파서 아내들이 편하게 물을 길을 수 있게 하였다. 부지런하지만 미련한 사람들에게 지혜와 경종을 울리고 있다.

오후 3시쯤 되었는데 뵈트허 거리 끝 무렵 한 건물 앞에 사람들이 잔뜩 몰려 있었다. 그 건물 한 쪽 벽면에서 인형들이 나와 종을 치기 시작하였다. 유명한 마이센 도자기로 만들어진 종이 청아한 소리를 내는 것이다. 뮌헨 신시청의 유명한 종보다는 작지만 우아한 모양과 아름다운 소리를 가지고 있었다.

이렇게 브레멘은 어찌 보면 아무것도 아닌 것을 잘 가꾸고 상징화하고 형상화하여 작은 동화의 왕국으로 가꾸었다. 여행기에 나오는 유명한 조각과 조상(彫像)만이 있는 게 아니다. 시내 곳곳에 아름다운 조각과 사연 있는 조상들이 즐비하다. 가게와 건물과 집들도 100년, 200년 된 것들이 흔하다.

앞에서 이야기한 뵈터허 거리와 성 페트리 성당 옆쪽으로 나 있는 슈노어(Schnoor) 거리는 중세 시대의 브레멘을 그대로 보여주고 있다. 좁은 골목과 다닥다닥 붙어 있는 건물들은 하나같이 과거의 사연을 전해주고 있는 듯하다. 볼거리도 많고 살 것도 많다. 얼마 전 서울에서 피맛골 보존을 둘러싸고 서울시청과 문화단체 간의 논쟁이 있었다. 서울시청 직원들도 이런 곳을 와보아야 할 것이다.

 한 진보적 경제학자의 생각

12시 30분에 브레멘 대학 구내식당에서의 약속을 위해 대학으로 향했다. 그 길에 광대한 면적의 시민공원(Burger Park)을 지나쳐야 했다. 그 안에 호수도 있고 놀이터도 있고 식당도 있다. 하늘 높이 쑥쑥 자란 거대한 수목의 바다가 부럽기만 하다. 대학에 거의 도착했을 때 보이는 상어 형상을 한 브레멘과학센터 건물이 이채롭다. 한가롭기만 한 도시가 대학 본부와 식당에 이르면서 오가는 수많은 학생들로 번잡해진다. 중국 학생들이 많이 눈에 띈다. 베를린이나 그 어디에서도 관광객은 압도적으로 중국 사람들이 많다. 바야흐로 중국의 시대가 오고 있다는 느낌이다.

홀거 하이데(Holger Heide) 교수는 외국인 같지가 않다. 그는 여러 한국인 제자들을 통해 한국과 인연을 맺어 그의 논문과 책들이 번역되어 있다. 한국의 노동운동에 대한 관심이 지대하다. 여러 차례 한국도 방문하였고 면밀하게 관찰해왔다. 노조가 뽑은 지도자가 경영자측과 협상을 벌여 내린 결론을 불신임하고 다시 새로운 노조 지도부를 뽑는 것을 그는 제일 이상하게 여긴다고 한다. 한국 노동운동의 활력을 보면서 그는 매우 고무되지만, 민주주의는 결국 한 번 뽑은 대표에 대해 기본적인 신뢰를 보내는 것이 기초가 아닌가라는 강한 의문을 가지고 있는 것이다.

내가 처음 독일 노동운동단체들을 소개해달라고 했을 때 그는 독일 노동운동은 너무 제도화되어 있어 볼 게 없다고 했다. 지금도 그는 이렇게 말한다. 독일은 해외 침략정책을 통해 부를 획득하였고 독일 노동운동은 그 투쟁을 통해 성과를 얻었다. 그러면서 노동조합은 체제내화하였고 그들 자신도 자본주의 사회의 한 축이 되었다. 내부 구조는 관료화되었고 조합 내 사회주의자와 이상주의자들은 고립화되었다. 노동조합은 스스로 이기적이어서 환경문제를 포함한 사회적 아젠다들을 남의 일로 간주한다. 1990년대 노조도 환경문제를 제기는 했지만 여전히 자신의 작업장과 직장 확보가 더 우선적이라고 생각한다. 이러는 동안 실업률은 높아가고 노조원은 계속 줄고 있는 상황이다. 임금도 줄고 있다. 노동조합의 영향력은 과거보다 현저히 약화되고 있다고 한다.

최근 노조운동의 일부가 떨어져 나와 사회주의 좌파 정당을 만든다는 이야기로 화제가 옮아갔다. 독일에는 진정한 좌파 정당이 없다고 그는 말한다. 그러나 이 새로운 움직임의 성공 가능성에 대해서 그는 회의적이다. 강력한 풀뿌리 사회운동과 시민들의 의식 변화 없이 정당도 성공하기 어렵다는 것이다. 그에 비하면 녹색당의 경우, 당시 강력한 환경운동과 친환경 의식이 독일을 휩싸고 있었다. 핵 발전 반대 데모에 20~30만 명의 시민이 참가했다. 아래로부터 변화와 개혁에 대한 열망이 축적되고 있던 시기였다. 그는 오늘날의 녹색당의 성공은 우연이 아니라고 본다.

2004년 3월, 그는 브레멘대학에서 은퇴했다. 교수로서 그는 SEARI(Social Economic Action Research Institute)를 이끌었다. 주류 경

제학자와는 달리 그는 대안적 경제학자였다. 그리고 추상적인 이론보다는 구체적인 실천과 행동을 중시했다. 그러나 오늘날 대학을 채우고 있는 경제학자들은 모두가 미시적인 경제이론가들이다. 1970년대 브레멘 대학의 창립도 68학생운동의 소산이었다. 창립 직후 대부분의 교수요원들이 젊었고 모두가 학생운동의 세례를 받은 사람들이었다. 그도 1972년 브레멘대학에 왔다. 그러나 점차 조금씩 보수적인 사람들로 채워졌다. 그리하여 그가 은퇴한 후 SEARI를 책임질 교수조차 없게 되었다. 할 수없이 대학기관에서 독립시켜 단체로 등록하기에 이르렀다. 여기 대학에서도 독일사회의 보수화를 보게 된다.

노인을 위한 특별한 재단

노령화사회는 전 지구촌에서 목도할 수 있는 현상이다. 독일이라고 예외는 아니다. 이런 시대의 특징을 간파하고 비영리적 영업활동을 가장 잘 하고 있는 단체 중의 하나가 바로 브레멘의 하임스티프퉁(Heimstiftung)재단이다. 이 재단은 전적으로 노인에 대한 서비스 제공이 가장 본질적인 업무이다. 이를 몇 가지로 분류해보면 다음과 같다.

첫째, 간호 서비스(nursing care). 육체적 질병 또는 장애 때문에 혼자는 살기 어려운 노인들을 위해 각종 간호 서비스가 제공된다. 이 재단이 제공하는 시설에 입주하고 있는 사람들이 2,200명이나 된다. 간호사가 상시 배치되어 있다.

둘째, 아파트입주 개호(介護) 서비스. 이 재단이 소유·관리하는 아파트(flat)에 입주한 노인은 현재 900명이다. 혼자서도 살 수는 있지만 안전과 유사시의 보호가 필요한 경우에 이런 서비스가 유용하다. 언제든지 필요한 경우 간호사를 호출할 수 있고 이럴 경우 간호사는 열쇠를 가지고 그 아파트를 방문한다. 보통 아파트와 마찬가지의 임대료를 내고 개호 서비스를 받는 경우 그만큼의 비용을 더 낸다. 평소에는 딸이 돌보다가 휴가를 가면 그 휴가기간 동안 재단측에 돌보아달라고 요청할 수 있다. 세탁·식사·목욕 등 전면적 또는 부분적 돌보기가 가능하다. 개호의 정도와 내용에 유연성이 있어 좋다.

셋째, 레지던스 서비스. 거의 호텔에 맞먹는 좋은 시설을 제공한다. 현재 800여 명이 이용하고 있다. 다양한 예술활동과 여가활동이 가능하다. 친구들을 위해 파티를 열어달라고 하면 거기에 맞는 수준의 파티가 준비된다.

나중에 다른 사람에게 이야기를 들어보니 이 재단이 청구하는 비용이 엄청나게 비싸다고 한다. 물론 재단이니까 관계하는 개인이 돈을 벌어가지는 못한다. 이 재단의 국장급에 해당하는 가브리엘레 베커-립(Gabriele Becker-Rieb) 씨는 노인들을 위해 더 서비스할 수 있는 주택과 건물이 더 필요하기 때문에 돈을 받지 않을 수 없다고 한다. 충분히 이해가 되지만 한편으로는 너무 장삿속으로 하는 것이 아닌가 하는 생각도 들었다.

여기서 일하는 사람은 1,400명이나 되고 그 가운데 절반은 간호사다. 나머지는 건물관리, 세탁, 청소, 요리, 설거지 등 다양한 전문직종의 사람들이다. 제2차 대전 직후에 홀로 된 노인들을 위해 시작한 이 재단은 당시 파괴되지 않은 5개의 집에서 사업을 시작하였다고 한다. 현재 브레멘 내에서만 20여개의 건물로 늘었다. 노령화 사회를 가장 잘 활용한 셈이다. 다른 재단이나 사회복지단체가 노인뿐 아니라 청소년, 빈곤

문제 등 다양한 분야를 다루는 데 비해 이 재단은 오직 노인문제만 다루었기 때문에 성공했다고 가브리엘레 씨는 설명한다. 이 재단에서 배울 수 있는 또 다른 아이디어들이 있다.

첫째, 주거공동체(Wohngemeinschaften)의 발상. 이 사업은 당장 하고 있는 것은 아니고 구상단계의 미래 사업이다. 대학생들이 주로 이용하고 있는 주거공동체 형태를 발전적으로 변형시켜보자는 것이다. 혼자 살면 무엇이든 비싸게 되는데 그 대신 함께 살면 그만큼 싸게 살 수 있다는 것에 착안한 것이다. 사람은 누구나 늙게 되고 이런 경우를 대비하여 친한 사람들 5~10여 명이 모여 함께 살기로 결정하면 이 재단에 도움을 요청할 수 있다. 공동주택을 마련하는 방법, 가정부가 필요하거나 갑자기 병이 나거나 위기상황이 오면 어떻게 대처할 수 있는지 등에 대해 컨설팅을 해준다. 한 작은 집단이 공동으로 자신의 생활을 자유롭게 영위하면서 동시에 어려운 점을 이 재단이 모두 해결해주는 것이다.

둘째, 재단 내 기업과 기관들의 창립. 이 재단은 산하에 여러 가지 회사나 기관들을 설립하여 운영하고 있다. 현재 간호전문회사, 요리전문회사, 간호사훈련학원, 훈련전문회사, 단기간의 인력공급회사 등이 바로 그것이다. 필요한 업무를 직접 재단에서 다하지 않고 독자적인 기업의 형태로 설립하여 운영하고 있는 것이다. 이 경우 기업은 개별적으로 독립성을 갖고 운영되지만 모체가 재단이므로 통제·관리가 가능하다. 이 기업들은 재단을 위해서도 일하지만 외부의 다른 기관을 위해서도 일할 수 있다. 효율성과 수익성이 생겨나기 마련이다.

셋째, 개별적 수요에 대한 컨설팅 업무. 많은 노인들은 자신의 집에 그대로 살면서도 다양한 도움을 필요로 한다. 그동안 살던 집에서 이사 가기가 쉽지 않은 것이다. 혼자 살게 되는 경우 잔디 깎기 등 집안 잡무나 요리 등의 일에서부터 장애가 생기는 경우 간호, 시장보기, 외출 등의 도움이 필요하다. 이 경우 이 재단은 그 수요에 가장 적절한 지원을 하게 된다. 맞춤형 복지 서비스를 전달하는 것이다.

비영리단체라고 어영부영할 일이 아니다. 수수료를 너무 많이 받는다니 조금 이해하기 힘들지만 효과적으로 업무를 발전해나가고 있는 일은 배워야 할 점이다.

 ## 만인에게 평등한 인터넷 세상을 향하여

스티프퉁 디지털 샹센(Stiftung Digitale Chancen) 재단은 디지털 격차를 줄이기 위한 노력의 일환으로 시작되었다. 브레멘 대학 허버트 쿠비섹(Herbert Kubicek) 교수의 주창에 따른 것이었다. 1997년부터 미국과 유럽의 명망 높은 학자들 그룹이 정기적으로 정보화 사회에서 뒤떨어진 청소년들을 위해 학습과정을 제공하려는 목적에서 개최된 회의가 있었다. 이른바 '10대와 기술 컨소시움(Teens and Technology Consortium: TTC)'이 그것이다. 여기서 이루어진 발상에 따라 이 재단이 설립되었다. 이 재단은 브레멘대학, 독일정부, AOL 등이 공동으로 출자하여 만들었다. 최소 자본금은 5만 유로인데 그것을 초과하였다. 베를린과 브레멘에 두 개의 사무실이 있는데 각각 2.5명이 일하고 있다. 이 재단의 주요사업과 활동을 살펴보기로 하자.

첫째, 인터넷에 관한 데이터베이스의 제공이다. 인터넷이 가능한 모든 곳을 망라하고 그곳의 전화번호, 주소, 비용, 이용가능 시간, 훈련

프로그램 여부, 유해 사이트 접근방지 장치 여부, 외국어 제공 여부 등을 수록한다. 이른바 PIAP(Public Internet Access Point) 프로젝트이다. 현재 7천여 개의 접근 가능한 곳을 수록하고 있다. 상업적 인터넷 카페는 영업 실적 여하에 따라 변동이 심하다.

둘째, 인터넷 카페에 대한 서비스다. 특히 인터넷 카페를 시작할 때 필요한 자금, PC, 직원, 인터넷 라인, 이용시간 등에 대한 종합적 자문을 제공한다. 그러나 비영리·비상업적 카페에 한한다.

셋째, 훈련 프로그램을 제공한다. 청소년을 다루는 사회복지 활동가들에 대한 전문적인 인터넷 활용법이 그런 예이다. 특히 YMCA는 청소년문제를 많이 다루고 있기 때문에 공동사업으로 여러 캠페인을 벌이고 있다. 특히 청소년들의 학교 숙제하기, 직업 찾기 등이 그런 캠페인과 프로젝트의 예이다.

넷째, 인터넷 사각 지대에 대한 서비스다. 특히 노인, 불우 청소년, 농촌지역에 대한 서비스를 제공한다. 농촌에는 고속인터넷이 없기 때문에 일정한 곳에 고속인터넷을 설치하는 작업을 추진한다.

다섯째, 좋은 웹사이트 디자인에 대해 상을 수여한다. 이른바 '벌상(Biene Award)'이다. 벌(Biene)은 장벽 없이 자유롭게 날아다니므로 장애물 없는 웹사이트를 권장한다는 취지이다. 2003년에는 170여 곳의 후보 중에서 베스트팔렌 주 경찰청 웹사이트가 수상하였다. 시각장애인들이 아무런 어려움 없이 경찰의 공고나 사건 소식을 들을 수 있도록 디자인했다는 점이 높이 평가받았다고 한다.

여섯째, 매년 5일 저녁 연속으로 베를린에서 e-인클루션(e-inclusion) 관련 회의를 연다. 이른바 '디지털 통합에 관한 베를린 회의(Berlin Talks on Digital Integration)'이다. 주제는 청소년, 이민자, 장애인, 농촌지역, 홈리스, 수감자 등이다. 홈리스도 특정한 곳을 지정하여 인터넷을 즐길 수 있도록 하는 방안이 논의되었다. 수감자들의 경우 인터넷 훈련을 받게 한 뒤 일정한 이수증과 자격증을 주어 나중에 취업이 가능하도록 하는 방안이 논의되었다. 이 모든 방안이 참 재미있다. 이 재단의 노력에 따라 컴맹이 없어질 날도 멀지 않은 것 같다.

유럽 최고의 전자정부로 선정된 브레멘 주정부

독일에서도 최고로 작은 브레멘 주정부가 유럽의 최고의 전자정부(e-Government)로 선정되었다는 소식을 듣고 전자정부 담당자를 찾았다. 브레멘 주정부 재정부(Bremen Senator fur Finanzen)의 하랄드 크라우저(Harald Krauser)라는 사람이다. 브레멘 주정부의 전자정부 발전의 기초도 브레멘대학의 쿠비섹 교수의 역할이 컸다고 한다. 한 사람의 비전이 여러 방면에서 세상을 변화시키고 있음을 실감한다.

1992년 시민들의 인터넷 접근권을 보장하기 위한 인포-키오스크(info-kiosk) 설치운동이 첫 번째 프로젝트였다고 한다. 이것을 기반으로 해서 1995년에는 정치인, 기업인, 노동조합, NGO들이 모여 웹사이트 www.bremen.de를 창설하기로 합의했다. 동시에 관련 기관들이 모두 웹사이트를 만들기로 결의하였다. 그 다음 단계로 누구나 쉽게 접근하고 이해할 수 있도록 통상의 언어로 재구성하였다. 1996년에는 모든 기관들이 웹사이트를 독자적으로 디자인하고 운영하되 주정부 웹사이트에 링크와 동시에 쉽게 검색이 가능하도록 하였다. 최신 정보를 계속 업데이트하여 네티즌들의 신뢰확보에 노력하였다.

그 이후 독일에서도 인터넷 붐이 일었으나 선발주자인 브레멘은 우위를 지켰다. 연방정부의 지원정책에 제일 우선적으로 응모하여 가장 많이 그리고 먼저 지원을 받았다. 1999년부터 2003년 사이에 매칭펀드로 약 1천만 유로를 지원받았다. 이에 힘입어 전자정부의 기능을 한층 더 강화하였다. 그 당시로서는 낯설었던 전자서명제도를 도입하였다. 정부뿐만 아니라 도서관, 교육기관, 기업들도 사용하도록 촉진하는 정책을 폈다. 다음으로 직업카드나 건강카드를 본인의 동의에 따라 작성하고 기관끼리 공유하는 노력을 기울였다. 물론 정보의 집중에 대하여는 많은 논쟁이 있었지만 자발적 참여라는 조건하에서 시행이 되었다. NGO들의 경우에는 웹사이트 운영능력이 부족한 경우가 적지 않아 주정부에서 그 운영자에 대한 월급을 지급한다.

현재 주정부 웹사이트 운영자는 편집 직원이 4명이 일한다. 이렇게 해서 시민생활의 모든 정보가 이 곳에서 제공된다. 베이비 시터 정보까지 다 있다. AIDS라는 단어를 치니까 이 문제를 다루는 단체나 기관이 모두 다 보이고 그중의 하나로 들어가서 거기서 제공하는 모든 서비스를 확인할 수 있게 되어 있다.

그런데 재미있는 것은 주정부 웹사이트 운영을 별도의 회사를 만들어 책임지게 한다는 점이다. 50명의 직원이 일하는 '브레멘 온라인 서비스'는 브레멘 주정부가 55.1퍼센트, 도이체 텔레콤(Deutsche Telekom)이 15.0퍼센트, 스파르카세(Sparkasse)은행이 15.0퍼센트 등의 지분을 가지고 있다. 독립적인 회사 형태의 운영이 보다 효과적이고 생산적일 것으로 보인다. 행정조직과 운영의 묘가 돋보인다.

독일 전체로 보면 적지 않은 문제가 가로놓여 있다고 한다. 독일의 주정부들은 통합보다는 분권을 주장하고 있기 때문에 연방정부 차원에서의 통합적 운영이 어렵다는 것이다. 특히 바이에른 주나 뷔템베르크 주가 소극적이다. 주 단위의 운영이 심화되고 있다. 그러나 브레멘 주정부가 웹사이트의 여러 기준을 표준화하는 노력을 선도하고 있다고 한다. 또한 한국과 달리 휴대폰과 인터넷의 결합이 약하기 때문에 모바일 통신 영역에서의 후진성이 우려된다고 말한다. 한국을 한 번 다녀간 크라우저 씨는 한국은 젊은 나라여서 기술 수준도 빠르게 변화 발전한다고 부러움을 토로한다. 외국인으로부터 그런 말을 들으니 괜히 기분이 좋다.

 ## 한 법학교수로부터 듣는 유럽법의 미래

클라우스 지베킹(Klaus Sieveking) 교수는 브레멘 법대에서 이민법, 유럽법 등을 가르친다. 고맙게도 내가 묵고 있는 집까지 와주었다. 그는 먼저 이민법에 관한 설명으로부터 시작하였다. 여전히 많은 문제가 있지만 그래도 독일의 이민법은 많은 발전을 거듭했다는 게 그의 결론이다. 5년 동안 EU지역에서 살면 누구든 영주권을 부여받는다고 한다. 제3세계의 사람들이 보다 부유한 땅에서 더 좋은 기회를 가지기 위해 모여들고 이들을 막아보려는 것이 미국과 유럽 등 부자나라의 이민법의 골자였다. 그러나 그런 중에서도 이 정도의 발전이라도 있는 게 신기하다. 물론 5년 동안 세금도 내고 합법적인 신분으로 살아야 한다는 걸 의미한다.

유럽의회나 유럽평의회서 제정되는 법은 대체로 회원국 정부를 구속해서 그것을 국내법으로 제정할 의무를 진다. 따라서 유럽법이 직접 해당 국가의 법률로 전환되는 것은 아니다. 그러나 유럽법의 영향은 갈수록 커지고 있고 특히 농업분야에서의 유럽법은 직접 적용이 되기도 한다. 학생뿐만 아니라 교수도 끊임없이 유럽법의 동향을 주의하고 배우지 않으면 안 된다고 강조한다.

지베킹 교수가 최근에 낸 저작은 『청소년들의 자원활동 서비스에 대한 유럽법의 동향(European Voluntary Service for Young People)』이다. 이것은 유럽 각국에서 자국 또는 타국의 청소년들이 어떻게 노동허가, 보험혜택, 손해배상책임, 감독 등에 관한 현 상황과 문제점, 그리고 대책을 논하고 있다. 국경을 넘어 청소년들이 벌이는 자원활동은 그 사회에도 도움이 되겠지만 무엇보다 청소년 자신들에게 유익한 도움이 될 것임이 분명하다. 법학자로서는 이런 새로운 분야에도 공헌을 할 수 있구나 하는 생각이 들었다.

지베킹 교수는 여성법에도 관심이 많다. 얼마 전 남편의 구타 때문에 피신해온 여성이 국가를 상대로 낸 소송에서 부인과 아이들을 위해 정부는 피난처와 더불어 생존할 수 있는 최소한의 돈을 지급해야 한다고 판결했다고 한다. 이것은 하나의 사례에 불과하지만 앞으로 입법화되지 않겠느냐는 것이 그의 전망이다.

 ## 자동차 없는 도로를 꿈꾸다

브레멘에 살고 있는 작곡가 강은수 선생과 잠깐 다니러 온 남편이자 내 친구인 유경훈 씨 부부가 놀러 왔다. 그레고리 여사와 함께 차를 마시면서 내일 면담을 끝내고 브레멘을 떠나기 전 남는 두어 시간을 어떻게 보낼지에 관해 토론을 하다가 그러면 아예 지금 좋은 마을이 있는데 가보는 게 어떠냐고 이야기가 급진전되었다. 느닷없이 밤 8시에 출발해서 독일에서는 유명한 화가 오토-모데존(Otto-Modersohn) 박물관이 있는 피셔후데(Fischerhude)를 방문하기로 했다. 그레고리 여사가 가르쳐준 대로 가다보니 녹색 글씨로 자전거 표시가 되어 있는 길이 계속 이어졌다. 아무래도 심상찮은 게 자전거를 타거나 인라인 스케이트를 타거나 아니면 조깅을 하는 사람만 보인다. 차라고는 구경하기 어렵다. 유심히 안내판을 보니 경찰의 허가를 받은 차량만이 출입할 수 있다고 적혀 있다. 아뿔싸! 자전거 전용도로를 우리가 달리고 있었다. 미안한 일이지만 우리는 뒤로 다시 돌아가 자동차도로를 찾았다.

　　실수로 길을 잘못 들었지만 좋은 발견을 했다. 상상만 해도 즐거운 일이다. 자전거와 사람만 다닐 수 있는 길이 이렇게 좋은 들판 한가운데 있다니! 이곳 일대는 예전의 농촌 집들과 황무지, 나무와 물길이 잘 보존된 곳이다. 특히 우리나라 초가지붕같이 생긴 집들이 곳곳에 서

빈터 그레고리씨
세계인권선언의 조문들을 일일이 공원의 곳곳에 새겨 놓았다. 시민들의 휴식공간을 인권의 테마공원으로 바꾸었다. 이 아이디어를 실행에 옮긴이가 빈터 그레고리씨이다.

있다. 자동차도로마저 시속 30킬로미터로 제한하고 있다. 이런 발상을 하는 공무원들이 기특하고 갸륵하다.

피셔후데는 사실 니더작센 주에 속한다고 한다. 서로 이웃한 브레멘 주와 니더작센 주가 상호 협의하여 친환경시스템과 자동차 없는 도로를 만들어내고 있는 것이다. 브레멘 주는 좁은 면적에도 불구하고 광대한 면적의 자연보존지구를 지정하고 그 지구 내에서의 개발제한은 물론이고 농민의 경작활동 일부도 제한하고 있다고 한다.

그러나 이런 일이 어찌 저절로 되겠는가. 오늘 브레멘주의 지역 신문에 따르면 크리스틴 벰바흐(Christine Bembacher)라는 여성은 1만 2천 명의 서명을 모아 홀로란트(Hollerland) 지역의 개발을 반대하는 항의 기자회견을 열었다고 한다. 똑똑한 주민이 똑똑한 공무원을 가질 수 있는 것이다.

너무 늦게 도착해서 동네를 한 바퀴 돌아보는 것으로 만족해야 했다. 예술가들이 사랑할 만한 동네. 공기가 너무도 신선해서 심호흡이 저절로 이루어질 지경이다. 벌써 서쪽에는 노을이 붉게 물들고 있다.

 홈리스의 집 디아코니아

기독교의 사회복지기관이라고 할 수 있는 디아코니아(Diakonia)가 운영하는 홈리스 보호시설을 방문하였다. 브레멘 중앙역에서 수백 미터 떨어진 곳에 7층짜리 건물이 있다. 근처에는 벌써 홈리스가 진을 치고 있어 금방 그 건물이 바로 디아코니아 건물이라는 것을 알 수 있다. 원래 땅은 시 소유인데 건물은 기독교측에서 지었다고 한다.

이 기관의 특징
은 홈리스들의 상황과
상태를 정확히 진단하
여 거기에 맞는 다양
한 대우와 접근을 하
고 있다는 점이다. 알

홈리스 보육시설의 책임자 뮐러 사무국장과 직원

코올이나 마약 중독이 있는 경우, 정신장애와 지체 장애가 있는 경우, 개
선 가능성이 높은 경우와 낮은 경우를 모두 판별하여 각각 다른 처우를
하고, 같은 성격의 홈리스라고 하더라도 각 단계를 설정하여 개선상황을
점검하고 있다.

개선이 힘든 사람들의 경우 공동 숙식하다가 상황이 나아지는 사
람들은 소수의 사람들이 사는 아파트로 옮겨간다. 거기서 더 잘 적응하
는 사람들은 혼자서 쓰는 아파트로 다시 옮겨간다. 만약 중간에 사고를
치거나 문제가 생기면 다시 원래의 위치로 되돌아가기도 한다. 이 과정
에서 판단과 결정은 담당 사회복지 전문가들이 하지만 최종적인 결정
은 비용을 대는 브레멘 시정부의 담당 공무원들이 한다.

현재 이 기관이 확보하고 있는 것은 45개의 침대와 32개의 장기
체류시설이다. 브레멘 시 정부와의 계약 아래 운영되고 있는데 2003년
디아코니아 총 예산 400만 유로 가운데 180만 유로가 홈리스 시설 운영
에 사용되었다. 대부분의 돈은 시정부에서 나오고 나머지 교회나 특별
한 모금행사를 통해 작은 부분이 모금된다.

브레멘 시내에 살고 있는 홈리스는 대체로 300~400명이다. 그중
30~80명은 그야말로 길거리에서 잠잔다. 지금 이 시설에서 확보하고
있는 침대와 시설은 거의 꽉 차 있다. 그런데 경기악화와 사회복지 후

퇴로 말미암아 홈리스는 더 늘어날 것으로 이 단체의 사무국장 뮐러 (Karsten Muller) 씨는 비관적으로 전망한다.

그런 상황에서 시 지원이 줄어들면 이들은 방치될 수밖에 없는 것이다. 장기실업자들이 많아지고 실업수당은 과거 원래 월급의 50퍼센트를 주었는데 이제는 345유로와 주택임대비용과 광열비 230유로, 합쳐서 500~600유로밖에 지급이 안 된다. 그것도 지급기간이 짧아지면서 홈리스가 늘 것은 뻔하다는 것이다. 풍요로웠던 독일 사회의 어두운 면이다.

 ## 연방정부, 주정부가 따로 없는 제3세계 지원

브레멘 시정부의 제3세계 지원 담당 공무원 케어스턴 달베르크 (Kerstin Dahlberg) 씨는 마치 NGO 활동가 같다. 말끝마다 "불공정하고 불의한 국제질서"를 달고 다닌다. 하기는 공무원이 되기 전 지금의 남편과 함께 1년 동안 온 세계를 여행하면서 세상을 제대로 볼 수 있는 기회가 있었다고 한다. 1989년부터 15년째 이 일을 담당하면서 많은 NGO들과 협력하는 과정에서 자신도 반쯤은 NGO 활동가가 되어버렸다고 고백한다.

브레멘 시정부의 제3세계 지원은 몇 가지 특징을 지니고 있다. 무엇보다도 지역적으로 집중한다. 지금 집중 지원지역은 인도의 푸네라는 곳이다. 서부사하라, 중앙아메리카, 나미비아 등에도 지원하고 있지만 뭄바이 인근의 푸네라는 가난한 지역에 친환경적 기술, 위생시설 등을 집중 지원하고 있다고 한다. 처음에는 민간단체의 지원 프로젝트를 돕다가 지금은 시당국은 물론이고 브레멘의 대학, 상공회의소 등이 모두 나서 포괄적이고 종합적인 지원책을 마련하고 실천하고 있다. 브레멘 시와 푸네 시는 이름 그대로 자매도시가 되었다고 한다.

NGO와의 파트너십은 브레멘시의 제3세계 협력의 좋은 모델이다. 우선 이 지역의 NGO들과 '발전과 인권을 위한 브레멘 인포(Bremen Info Center for Development & Human Rights)'라는 센터를 만들었다. 이 주제에 관심 있는 시민과 학생들에 대한 서비스도 수행한다. 그리고 작지만 알찬 도서관도 이 센터에 설치되어 있다. 관련 영화나 연극, 전시회도 이 공간에서 이루어진다. 이렇게 하여 브레멘 시정부는 시민단체, 그리고 시민과 더불어 이 사업을 추진한다.

실제로 제3세계 지원이나 경제협력이 단지 제3세계만의 문제는 아니다. 불공정한 무역과 세계질서는 바로 선진서방국가들의 책임이 크다. 이러한 문제들을 시민들이 잘 아는 게 중요하다. 현재 60만의 브레멘 시민들은 60만 유로의 제3세계 협력기금을 내고 있다. 시민 1인당 1유로씩 내는 셈이다. 전에는 100만 유로쯤 되었는데 조금 줄어든 셈이다. 내년에는 더 줄지 않을까 하는 것이 달베르크 씨의 걱정이다. 이 대목에서 수심이 그득한 그녀의 얼굴을 보면서 세상의 희망을 읽는 것은 역설일까.

 ## 공동체운동, 레벤스가르텐에서 배운다

먼 길이다. 브레멘에서 두 번이나 갈아타고 니엔베르크(Nienberg)라는 곳으로 와서 다시 한 시간쯤 버스를 타고 간다. 그러나 너무 좋다. 독일의 시골길은 넓은 밀밭과 때로는 옥수수와 감자밭, 해바라기 농장,

노란 유채꽃 단지 등을 지나서 좋다. 곳곳에 사랑스러운 시냇물과 무서울 정도로 어두운 숲 속을 통과하기도 한다. 레벤스가르텐은 이 버스의 종점이다. 내 무거운 짐을 버스기사 아저씨가 내려준다. 그러고 보니 다른 손님은 없다. 전세를 낸 것이다.

마을 입구에 주민들이 만들었다는 용이 드러누워 있다. 마을회관 앞의 나무 의자들이 자연스럽고 인상적이다. 프랑케 엘사제어(Franke Elsasser)라는 분이 안내를 맡았다. 이미 많은 사람들이 다녀가기 때문에 능숙하다. 질문을 하려니 일단 한 번 돌아보면 많은 질문이 해소될 것이라고 한다. 이 분이 안내해준 장소들을 차례로 가본다.

선(禪) 공부방 회관 한쪽에는 일본 냄새가 확 풍기는 선방이 있다. 일본에서 선 공부를 한 독일 사람이 여기 살면서 지도를 하고 있다. 차를 마시는 공간과 홀로 명상을 할 수 있는 방이 따로 있다. 매일 아침 6시 30분부터 아침 명상이 시작된다. 문은 언제나 열려 있다.

식품 보관 장소 이 공동체에서 유기농 식품을 공동 구매한 것이나 아니면 개인적으로 사 둔 식품들을 보관하는 작은 창고가 있다. 각자가 필요한 만큼 가져가고 그 대신 적어 두고 나중에 계산한다.

새로운 삶과 공동체적 영성을 추구하는
레벤스가르텐 마을 입구
표지판 조차 태양열 에너지로 꾸며져 있다.

서점 좋은 책들을 골라 판매하는 곳이다. 세미나 교재들도 여기서 판다.

어린이 비디오 가게 기증한 비디오들을 모아 아이들이 비디오 가게를 만들고 운영한다. 스스로 이 가게의 치장도 이 동네의 어린이들이 다 했다. 그 수익도 자신들이 알아서 처분한다.

교환 부티끄 원래 온실로 쓰던 곳을 개조해서 지금은 동네 사람들이 쓰던 헌 물건을 교환하는 장소로 쓴다.

저에너지 건축 이곳은 본래 나치의 화약 공장이 있었던 곳이고 그것을 영국군이 접수해서 쓰던 병영이었다. 대부분의 마을 건물이나 가옥들은 그때 병사들이 쓰던 것을 개조한 것이고 다만 새롭게 지은 한 동의 저에너지 건축물이 있다. 태양열을 충분히 흡수하면서 동시에 에너지 방출을 적게 하도록 설계하였다. 특별한 흙벽돌을 만들어 습기와 열기를 잘 조절할 수 있도록 사용하고 있다. 난방은 기름이 아니라 쓸모없는 나무들로 만든 조각을 태워 해결한다.

외콜로기아(Okologia) 건축자재상이다. 주민 중의 한 사람이 운영하고 있다. 친환경적인 태양에너지 전지판이라거나 벽돌, 목재 등을 판매한다.

세미나 하우스 및 숙소 원래 영국군이 병원으로 썼던 건물을 개조해서 세미나룸과 회의실로 쓰고 있다. 동시에 21개의 침대가 있어 회의에 참석한 외부인사들이 묵는 숙소가 되기도 한다. 개인 집에 수용할 수 있는 인원까지 합치면 100명의 손님을 치를 수 있다고 한다. 물론 공동취사가 가능한 부엌이나 화장실도 있다. '땀 흘리는 천막'. 회의실 건물 맞은편 숲 속에는 인디언들이 캠프파이어하는 장소 같은 곳이 나온다. 실제로 인디언 촌에서 오래 산 한 사람이 그곳에서 배워온 대로 실행하고 있는 곳이다. 빨갛게 불에 데운 돌을 천막 안에 놓고 옷은 벗거나 입거나 마음대로 한 채로 노래도 하고 기도도 하고 고백이나 고민을 털어

놓기도 한다. 엄마의 자궁 안처럼 그곳은 어둡고 따뜻하고 땀이 나는 곳이다. 그러다가 바깥으로 나오면 완전히 새로운 세상이 된다.

주차장 이 공동체에 사는 9명이 4대의 자동차를 공동으로 이용하고 있다. 달력을 놓고 누가 언제 사용할지 적어 놓는다. 열쇠는 그곳에 언제나 있다. 과거에는 태양열에너지 충전기가 있었다. 지금도 전기에너지로 충전하는 시설이 있다. 친환경적인 에너지 정책의 모습이 엿보인다.

학교 버스 킬로미터나 떨어진 곳에 '발도프' 라는 좋은 대안학교가 있어 학부모 몇 명이 공동으로 작은 버스를 사서 그곳으로 통학시킨다.

신전 세상의 모든 신들을 모시는 작은 '신전' 이 있다. 누구나 자신이 모시고 싶은 신 하나를 여기에 모실 수 있다.

마을회관과 사무실 마을회관 안에 사무실이 있다. 이곳에서 회의도 하고 소임을 맡은 사람들이 일을 보기도 한다.

카페 차도 마시고 담소를 즐길 수 있는 카페도 만들었다.

개인 주택 여기 사는 구성원들은 각자 자신의 공간을 가진다. 개인 주택과 프라이버시의 권리를 가진다. 그러나 그 주택들은 각자가 사거나 임대를 내야 한다. 공동체가 마련해주는 것이 아니다.

이러한 것을 살펴보면서 그녀는 공동체 마을의 역사와 현재의 여러 모습들을 설명해주었다. 영국군이 물러나면서 이 건물과 땅 일체를 베를린의 한 가족이 매수하였다. 가족휴양소를 만들 생각이었다. 그런데 가족 중 한 사람이 스코틀랜드를 여행하면서 핀드혼 공동체를 보면서 생각을 바꾸었다. 그런 공동체를 독일에도 만들자는 생각이었다. 그는 이 생각을 신문에 광고로 냈고 여러 사람들이 응했다. 9명의 어른과 3명의 어린이가 모여들었다. 그들은 실업수당을 받으며 실업자로 살면서 이 공동체를 만드는데 온 힘을 바치기로 결의했다. 이때 레벤스가르텐의 모든 기초가 이루어졌다. 지금은 70여 명의 성인과 30명의 어린이, 그리고 비회원 10~15명으로 늘어나 있다.

이 공동체의 회원이 되려면 일단 여기 와서 한 달이나 몇 주씩 지내보라고 권고한다. 그러고도 좋다고 하면 자신이 알아서 이 마을의 빈집을 사거나 임대를 얻어야 한다. 그러고도 1년을 일종의 준회원으로 남는다. 보통 회원은 한 달에 28유로씩 내는데 준회원은 50유로씩 낸다. 그만큼 이 마을에 축적된 기초에 나중에 참여하는 것이기 때문이다. 모든 회의에 참여는 할 수 있지만 투표권은 없다. 1년 후에 회원 모두가 그 사람에 대해 의견을 말하고 토의하고 그리고 한 달 뒤 결정한다. 그러나 이렇게 1년을 지낸 후에 거부된 사람은 거의 없다.

2년에 한 번씩 뽑는 회장단이 있다. 이들은 중요한 회의의 일시를 정하고, 회계업무를 처리하고, 월 1회 집회의 의안을 준비하는 게 중요한 역할이다. 중요한 것은 모두 한 달에 한 번씩 열리는 회원 총회에서 결정된다. 일주일 전에 중요한 사안은 그 내용을 공지해야 한다. 보통 손들어 만장일치로 결정하지만 반대자가 있는 경우 다시 원점으로 돌아가 토론을 시작한다. 계속 반대가 있는 경우 제3의 대안이 없는지 찾아본다. 다수의 동의가 중요하지만 소수의 의견도 존중하는 것이다.

이 주민의 3분의 1은 공동체 마을 바깥에 직장을 가지고 있고, 나머지는 마을 안에서 직장을 가진다. 서점을 운영하고 심리치료소를 여는 등이 바로 그것이다. 소수는 은퇴 후 연금이나 실업수당으로 사는 사람도 있다.

이 공동체 생활에서 최고의 덕목은 관용이라고 한다. 아까 수많은 신을 모셔놓은 곳을 보았다. 누구나 자기가 원하는 신을 모실 수 있는 것이다. 정신적 수양을 위해 자신에게 맞는 방법을 골라 수행할 수 있다. 그러다 보니 이 공동체에는 규칙이 없다. 각자가 알아서 한다. 프라이버시도 보장한다. 상대방에게 해가 되지 않는 일이라면 무엇이든 할 수 있다. 그렇지만 아무런 문제없이 이 공동체가 유지되고 있다.

세 가지 공동의 행사가 있는데 참선, 여러 노래를 함께 부르는 카펠라, 그리고 여러 나라의 것을 가져온 원무(圓舞)가 그것이다. 이것을 함께 하면서 공동체 의식도 키우고 각자의 영성 훈련도 한다. 세상만사가 너무 강하면 깨지고 부러지기 쉬운 법이다. 느슨하고 부드러우면 쉽게 깨지지 않는다. 레벤스가르텐은 이렇게 느슨하지만 강한 공동체라는 느낌이 들었다.

 바텐메어, 독일의 새만금

수년 동안의 투쟁도 무위로 돌아가고 결국 새만금 갯벌은 사라지고 말 것인가. 참으로 비극적인 일이다. 그러나 독일의 바텐메어 갯벌은 너무나 대조적이다. 장장 450킬로미터에 이르는 긴 해안의 갯벌이 너무도 잘 보존되고 있다. 심지어 독일만이 아니라 서로 국경을 달리하는 네덜란드, 덴마크가 함께 협조해가면서 이 갯벌을 보존하여 자손만대에 물려주고자 하는 것이다.

내가 찾은 곳은 브레멘에서 1시간여 기차를 타고 닿는 빌헬름스하펜(Wilhelmshaven)의 바텐메어 국립공원. 국립공원으로 지정되었다는 것 자체가 이미 이 갯벌의 가치를 국가적으로 인정하고 이를 보존하겠다는 의지의 표현이다. 재미있는 것은 국립공원 사무소와 독립적으로 국제교육센터를 설립하고 여기서 국제적 이해와 협력, 시민교육을 담당하고 있다는 사실이다. 연방과 주, 시가 재정을 주로 부담하지만 환경단체도 함께 참여하여 운영의 주체가 되는 반관반민의 기관이라고 한다. 박물관 입장료, 강사료 등의 비용도 재정 원천이 된다. 독립적이지만 법령에 의해 활동이 규제된다.

이 교육센터가 마침 내가 숙박하기로 한 호텔 바로 옆에 있는 것도 큰 인연이다. 센터 앞에 서니 어디선가 갈매기 우는 소리가 요란하다. 진짜인 줄 알았더니 마이크에서 나오는 소리다. 우리를 안내하기로 한 조저 스태브(Roger Stave) 씨는 미국인이다. 독일어를 못한다고 했더니 특별히 배려한 모양이다. 그는 데아데 장학생으로 독일에 왔다가 아주 눌러 앉았다고 한다. 박물관 안에는 해양 동물과 생태계가 얼마나 중요하고 다양한 세계를 이루고 있는지를 아주 재미있는 방식으로 전시·설명하고 있다. 일방적이고 평면적이기보다는 쌍방의 입체적인 전시와 설명이 이루어진다. 사람을 궁금하게 하고 스스로 생각하게 한다. 전시를 보고 설명을 듣다 보니 두어 시간이 지나버렸다. 전시 방법은 정말 배울 만하다.

새만금을 둘러싼 한심한 논쟁 속에서 전북도민들이 오히려 개발을 원하지 않았던가. 만약 이런 좋은 전시장 하나 있고 그걸 통해 시민들의 생각이 바뀌어 있었다면 새만금의 그 좋은 갯벌을 버리는 일은 결단코 없었을 것이다. 바텐메어 갯벌의 보존상황을 보면서 더욱 가슴이 아프다. 막상 갯벌로는 안내해주지 않아 조금 섭섭했지만 우리가 자전거를 빌려 타고 가보기로 하고 그곳을 나왔다.

봅스베데, 예술인 마을을 가다

이곳을 그대로 두고 갈 수는 없었다. 다시 브레멘으로 와서 중앙역에 짐을 맡겨놓고 40여 분간 버스를 타고 예술인 마을 봅스베데 (Worpswede)에 갔다. 이곳은 1884년 한 미술학도가 발견하여 관심을 가짐으로써 예술인 마을로서의 역사가 시작되었다. 프리츠 메켄젠(Friz Mackensen)이라는 사람이었다. 그는 친구인 오토 모더존, 한스 암 엔데 (Hans am Ende) 등을 이곳으로 데려왔다. 많은 화가들이 친구 따라 '강남'으로 온 것이다. 1889년 이후에는 하인리히 포겔러(Heinrich Vogeler) 같은 유명한 화가도 함께 하였고 마침내 결성되었다. 이윽고 마리아 라이너 릴케도 합류하여 예술인촌으로서의 봅스베데를 더욱 풍성하게 만들었다.

이곳은 예술가들이 푹 빠질 만큼 자연이 아름답다. '악마의 황무지 (Teufelsmoor)'의 한 부분인 이곳 봅스베데 역시 황무지와 작은 습지와 시골길과 목초지들로 가득 차 있다. 화가들이 그림 그리기에는 안성맞춤의 풍경을 연출하고 있다. 100년이 지났는데도 이런 풍경은 별반 바뀌지 않았다. 초기에 이곳에 모여들어 예술의 혼을 불태웠던 화가들의 집들은 박물관이나 미술관으로 바뀌어 있다. 하나의 마을이 되다 보니 치과의사와 상점과 호텔과 동물병원, 은행들이 들어서 있다. 그러나 이들 상업시설마저도 예술적으로 지어져 있어 크게 거부감을 주지는 않는다.

이곳의 주요 볼거리를 잘 표시해둔 지도를 가지고 그 길을 따라 돌았다. 그러나 하루 종일 돌아다녔는데도 아직 못 가본 곳이 있다. 갤러리, 박물관, 작은 카페 등이 보석처럼 가득 차 있다. 결국 아쉬움을 남기고 떠날 수밖에 없다. 이곳저곳에서 이런저런 자료를 마구 챙겼다. 어떤 자료에 보니까 전 세계의 예술인촌을 네트워킹하는 사이트도 있다. 언젠가는 우리나라 예술가들과 함께 이런 마을들을 한번 돌아보고 싶다. 그리고 우리도 이런 마을을 여기저기 가지고 싶다.

 ## 시민에게 열려 있는 함부르크 시청

저녁 약속까지는 자유롭다. 먼저 시청으로 갔다. 시청은 언제나 중심에 있다. 그리고 거기에는 광장이 있고 사람들이 있다. 도시를 보고 사람들을 만나려면 시청으로 가야 한다. 함부르크 시청도 마찬가지다. 시청 안으로 들어가니까 와자지껄하다. 사진도 찍고 의자에 앉아 있기도 하다. 안내데스크의 앉아 있는 여성은 친절하기 그지없다.

시청 안쪽 벽에는 시장과 시의원, 행정조직, 민원해결방안 등이 자세히 적혀 있다. 특히 민원인들이 언제 어디에서 누구를 만나고 연락해야 하는지를 보여주고 있다. 시민사무소(Bürgebüro)라는 곳이 눈에 띄었다. 안내 데스크에 있는 분에게 그 책임자를 만날 수 있느냐고 했더니 당장 전화로 연락해주었다. 5분이 안되어 책임자가 내려왔다. 용건을 물어 그냥 민원해결 시스템을 알고 싶다고 했더니 자신의 명함과 몇 가지 자료를 가져왔다. 시민정보 서비스센터는 시장 직속기구로서 민원사항 가운데 긴급하거나 중요한 사항은 직접 보고한다고 한다. 그리고 다른 부서에도 회람하거나 조정해서 그 문제가 해결되도록 한다. 그러나 그것은 지시가 아니라 협력관계라고 한다. 아무튼 이렇게 예고 없이 부탁했는데도 한 외국인에게도 친절하게 대하는 모습이 보기 좋다. 벽에는 이런 문구가 크게 써 있다. "Achtung! Anlaufstelle für Anliegen - Das Bürgerbüro(주의! 도움을 청하는 곳)."

1.5유로를 내면 거의 30~40분 동안 함부르크 시청의 이곳저곳을 설명을 들으며 볼 수 있다. 시청사를 처음 설계하고 건축한 7명의 건축가들의 서명이 담겨 있는 책상, 대화재로 소실한 전 시청사 지하실에서 건져낸 찌그러진 조각품, 그 대화재를 견뎌내고 살아남은 함부르크 시민의 의지를 담은 피닉스(불사조) 그림, 게르마니아 여신의 그림, 시의회 본회의장, 시장 접견실, 대회의실, 역대 시장들의 그림, 20세기 초반 아직 여성이 공개적으로 담배 피우는 것이 금지되어 있던 시절 용감하게 담배를 피고 있는 시장 부인의 사진 등을 보고 그 설명을 듣고 있노라면 함부르크의 역사와 시장과 그 시민들이 친근하게 다가온다. 사실 독일 어디를 가더라도 이런 가이드는 흔하다. 그냥 훑고 지나가는 것이 아니라 전문가가 보태는 설명과 더불어 깊은 이해를 하게 된다.

 ## 함부르크의 세 지식인

저녁에는 재독화가 송현숙 씨와 힐트만 교수 부부의 집에 묵기로 했다. 함부르크의 교외지역의 산속에 있는 집이어서 저절로 기분이 상쾌해진다. 오늘 저녁에는 특별히 두 분이 초대되었다. 오랫동안 함부르크에서 목회 활동을 해 온 프레이타그(Justus Freytag) 목사와 판사로서 근무하고 있는 클라우스 슐로스 씨가 그들이다. 모두가 한국에도 관심이 많은 분들이다.

자연히 정치 이야기가 먼저 화제에 올랐다. 녹색당에 대해서 힐트만 교수가 혹평한다. 녹색당이 사민당과 함부르크 지역의 연정을 펴면서 문화부 장관이 녹색당 출신이 되었는데 함부르크 대학 예술대학 부학장이던 자신은 65세가 되었다고 정년을 시키면서 67세 되던 음대 부학장은 두 번째 연임을 시키더라는 것이다. 개인적 감정으로서가 아니라 객관적 평가를 해달라는 말도 덧붙였다. 그것은 마치 혁명시기의 마오쩌둥이 많은 인민들에게 희망을 주다가 막상 권력을 잡으면서 독재자로 변한 것이나 마찬가지라고 비유한다. 좀 비유가 지나치다고 생각되지만 권력의 속성과 본질을 지적한 것이 아닌가 싶다.

슐로스 판사는 녹색당이 주민들과 접촉하면서 좋은 관계를 가지다가도 정부 안으로 들어가면서 전국적 정책을 고려하다 보면 지역적 과제가 중요성을 잃는 게 아닌가 하고 분석하였다. 사민당 역시 노동자 이익을 대변하는 정당인데 정부권력을 담당하면서 반드시 노동자 이익만 대변할 수 없게 되는 것과 마찬가지라고 본다. 그것이 바로 정당의 딜레마라는 것이다.

사회운동으로 화제가 옮아갔다. 프레이타그 목사는 사회운동에 관해서 두 가지가 중요하다고 역설한다. 첫째는 내부적 민주주의다. 운동 자체가 경직화되고 관료화되면 안 된다는 것이다. 정당은 그렇게 되는 것이 필연적이라고 하더라도 사회운동이 그렇게 되면 외부적으로 운동을 이끌어갈 명분과 힘을 잃고 만다. 둘째, 지역 주민들의 참여를 촉진하고 이들과의 굳건한 관계를 형성하지 않으면 안 된다는 것이다. 바로 시민들의 일상적 생활 속에 운동이 뿌리박지 않으면 안 된다는 것인데 어쩌면 당연한 말이지만 사회운동가들의 영원한 숙제를 그가 말하고 있다.

한때 함부르크에서도 사회운동이 활발했었다. 이른바 주택점거 운동도 요란했는데 지금은 몇 개의 점거주택이 본인들의 모금과 시정부의 지원으로 사회운동단체들이 자연스럽게 소유하게 되었다고 한다.

온라인 프로젝트 - 함부르크 시민의 선택

데모스(Demos: Dephi Mediation Online System)는 지역 · 연방 · 유럽 차원에서의 인터넷상의 대규모의 시민참여, 결과중심주의적 대중 논쟁을 지원하는 새로운 온라인 플랫폼이며 새로운 방식을 지향한다. 시민과 그 대표 간의 거리는 점점 커지고 있다. 결정은 충분하게 시민들에게 전달되지 않고 있으며 만약 시민들의 경험이 정치적 과정에 보다 더 부드럽게 반영될 수 있다면 보다 더 효과적인 결정이 이루어질 수 있을 것이다. 우리들의 꿈은 모든 시민들이 그들의 관심, 기술적 기능, 수입이 어떠하든 간에 논쟁과 결정과정에 보다 활발하고 효과적으로 참여하도록 동기를 부여하고 가능하게 함으로써 정치적 과정을 보다 더 민주적으로 만들고자 하는 것이다. 이 목적을 달성하기 위해서 데모스는 대중적 소통 수단으로서 인터넷의 잠재력을 극도로 활용할 것이다.

이런 취지 하에 시작된 데모스 프로젝트는 유럽연합의 지원으로 유럽의 4개 도시-런던, 밀라노, 볼로냐, 마드리드-가 공동으로 시작한 연구 · 실험 작업이다. 이 프로젝트는 함부르크 시의 전폭적 지원 하에 함부르크 기술대학의 연구진이 수행하였다. 무엇보다 이 프로젝트는 함부르크 시의 미래를 시민들이 온라인상으로 참여하여 그려보는 작업이었다. 이 작업을 특별하게 만든 요소는 다음과 같은 것들이었다.

① 데모스는 민주적 의사결정과정에 시민들이 참여하는 것을 촉진하는 새로운 접근법을 고도화된 기술적 시스템과 결합하고 있다.

② 데모스는 분명한 방법론적 기초를 가지고 있다. 그것은 갈등해결, 논쟁과 중재와 같은 입증된 접근법에 기초하고 있다.

③ 데모스는 정치적 논쟁을 분명한 여러 단계로 나눈 과정으로 조직화하고 있다.

④ 데모스는 목적 지향적이다. 다른 전통적 토론광장과는 달리 데모스는 합의된 기간 안에 분명한 결과를 얻기 위해 디자인되었다.

⑤ 데모스는 즐겁게 참여하고 그 과정에 열정적으로 참여할 수 있도록 특별히 제작되었다.

⑥ 데모스는 다양한 관심과 견해를 서베이 기술이나 조정 또는 데피(Dephi) 방법으로 다루는 수많은 방법들을 동원하고 있다.

⑦ 데모스는 논의의 요약, 시각적 정리 등을 통해 대규모의 논쟁이나 논의에 대해 참가자들이 쉽게 따라갈 수 있도록 편의를 제공하고 있다.

⑧ 데모스는 순전히 웹에서만 논의가 진행되도록 함으로써 인터넷의 상호 소통의 가능성을 극대화하고 소통의 속도와 규모를 크게 하고 있다.

⑨ 데모스는 지방정부가 그들의 시민에게 시민패널이나 조정기능 행사를 통해 유연한 소통의 도구를 제공하도록 디자인되었다.

⑩ 데모스는 e-참여가 가능한 어떤 상황에서도 사용될 수 있다.

이렇게 하여 가장 정치적인 이슈로서 20~30년 후의 함부르크의 미래가 어떤 것이어야 하는가가 논의의 주제로 정해졌다. 그 주제는 '성장하는 도시(Growing City)'로 상징화되었다. 독일의 인구는 계속 줄고 있고 경기악화로 말미암아 이미 많은 도시들은 인구감소→세금축소→투자감소→도시 위축의 형태로 악순환을 겪고 있다고 한다. 그런 상황에서 함부르크는 이를 극복하고 이 도시를 더욱 매력적인 도시로 만들기 위해 인터넷 공간을 시민들의 창발적 아이디어와 논의의 장으로 공개한 것이 바로 데모스 프로젝트였다. 1단계로서 브레인스토밍, 2단계로서 깊고 수준 높은 논의의 장 마련, 3단계로 결론을 정리하고 이 것을 전문가위원회에 전달하는 과정으로 진행되었다.

한 달 동안 방문자 8천 명, 기고자 4천 명, 페이지뷰어 140만, 채택된 아이디어 57개 등의 성과가 나타났다. 특히 방문자의 75퍼센트가 다음의 이런 유사한 과정이 있다면 참여하겠다는 긍정적인 의사표시가 있었다고 한다. 물론 실무자들의 고충이 적지 않았다. 때로는 밤중에 술 취한 듯한 사람의 글이 올라오기도 했다고 한다. 그러나 이들의 의견까지도 잘 요약해서 계속 올리고 토론을 촉발시키는 것이 전적으로 진행을 책임진 사람들의 몫이었다. 이렇게 한 달 동안 진행된 토론 과정에서 정리된 시민의 의견 중에는 재미있는 아이디어들이 많았다. 그 가운데 몇 가지를 살펴보자.

수상주택(Floating Lofts) 이른바 '떠다니는 집(swimming house)'의 발상이다. 함부르크는 엘베 강의 하구로서 암스테르담이나 밴쿠버, 베니스 못지않게 수상 도시이다. 강의 지류와 운하가 곳곳에 눈에 띈다. 이 곳에 수상주택들을 대규모 건설함으로써 이 도시의 매력을 증대시키고 젊은층의 유입을 꾀해보자는 생각이다.

투명한 공장(Transparent Factory) 함부르크에는 한자도시의 맹주답게 거대한 공장들이 많다. 이 공장들의 벽면을 유리로 처리하면 생산품들을 만드는 전 과정을 외부에서 볼 수 있게 만든다. 관광객과 주민들의 호기심을 끌 주요한 계기가 될 것이라는 발상이다.

다리는 건너라고만 있는 것이 아니다 함부르크에는 또한 어느 도시 못 지않게 다리가 많다. 그런데 모든 다리는 그냥 차와 사람이 지나갈 뿐 이다. 그러나 여기에 사람들이 머물고 즐기고 먹고 마시고 노는 곳으로 만들 수 있다는 것이다. 거기에 상가, 광장, 시장, 집 등이 지어지고 많 은 행사가 이루어지도록 하자는 제안이다. 특히 이탈리아 플로렌스의 '폰더베큐어' 라는 곳이 하나의 모델로 검토되었다.

함께하는 공동주택 청년 · 노인 · 장애인이 함께 사는 주택을 만들어보 자는 제안이다. 이른바 공생사회를 향한 실험을 해보는 것이다.

빛의 도시 함부르크는 위도가 높은 곳으로서 겨울에는 오후 4~5시면 완전히 깜깜해진다. 이곳에 다양한 밤의 행사를 준비하여 함부르크를 빛의 도시로 만들자는 것이다.

이러한 제안들은 이미 전문가위원회에 의해 채택이 되고 시장에 게 전달된 상태이다. 그 가운데 실행되고 있는 것도 있고 부서들 간의 이견 때문에 지연되고 있다고 한다. 언제나 새로운 사업과 정책의 추진 에는 이견도 있고 저항도 있는 법이다. 그러나 온라인에 의한 시민들의 제안과 논의과정을 거친 결론은 무게를 지니기 마련이다. 한시적으로 일정한 주제를 놓고 생각들을 모아내고 논의를 거쳐 결론을 마련해 보 는 데모스 프로젝트는 민주주의를 한 단계 더 발전시키는 신선한 발상 이 아닐 수 없다.

시민을 위한 포탈 사이트

250만 명의 방문
1,130만의 페이지 뷰어
외국에서 6만 여명의 방문

　　인터넷 문화가 발전한 한국의 입장에서 보면 2004년 4월까지의 이런 웹사이트 방문결과가 대단하다고 보기 어렵다. 그러나 380만 명의 인구를 가진 베를린 시 웹사이트를 방문한 숫자가 170만 명밖에 안 된다고 하면 약간 상황이 달라진다. 함부르크 시의 인구는 200여만 명에 불과하기 때문이다. 결국 인구의 문제라기보다는 인터넷 사이트를 활용하려는 시와 시민의 자세와 의지 문제이다. 함부르크시의 포탈 사이트 Hamburg.de는 다른 시와는 다음과 같은 점에서 다르다.

　　첫째, 함부르크 시의 공공정보만이 아니라 함부르크 시와 관계된 모든 기업 · 단체 · 시민의 정보를 모두 포괄하는 그야말로 함부르크 시의 포탈 사이트를 지향하고 있다. 관광안내, 기업활동, 학교와 강의 등이 모두 포함되어 있다. 여기만 들어오면 함부르크 시와 관련된 모든 정보가 있고 문제의 해결이 가능하다.

　　둘째, 공공기관과 민간기관의 파트너십이 형성되어 있다는 점이다. 함부르크 시는 이름과 인력, 정보를 제공하고 기업은 돈을 투자하여 하나의 공공기업을 설립하였다. Hamburg.de는 결국 이 회사가 운영하는 셈이다. 특히 돈은 함부르크에 소재한 세 은행이 투자하였다. 함부르크 시 공무원이 50여 명이 사이트를 위해 일하고 있고, 공공기업

함부르크시의 시민을 위한 포탈사이트 Hamburg.de의 운영자
프리드하임 크루제와 동료

으로서 Hamburg.de에서 일하
는 사람은 27명이 된다.

셋째, 단순히 정보만 산
만하게 집적하고 있는 것이 아
니라 데이터베이스를 만들고
있다는 것이 또 하나의 특징이
다. 이러한 정보 집적 및 분류 시스템을 이들은 데비스(Debis)라고 부른
다. 운전면허증을 갱신하려면 그 단어 하나만 치면 어디서 어떻게 그
절차를 취할 수 있는지 다 보여준다. 뿐만 아니라 운전면허에 관련된
다양한 정보가 동시에 접근 가능하다. 현재 시청에서 제공하는 서비스
가 2천여 개 되는데 이걸 하나로 통합해서 효과적으로 정보를 제공하는
과제가 진행 중이다.

넷째, 함부르크 시에 존재하는 다양한 기관과의 파트너십을 형성
하여 Hamburg.de를 강화시키고 있다. 이들 기관의 웹사이트와 단지
링크만 해준다면 네티즌들은 새로운 홈페이지 사이를 들락날락해야 하
는 불편이 크다. 그런데 Hamburg.de 안에 파트너 홈페이지를 별도로
만들어놓고 기본적인 정보를 다 집적하고 제공해준다면 하나의 포탈
사이트 안에서 모두 해결이 가능하다. 현재 이런 파트너가 60여 개 되
고 그 기관으로부터 연간 3만 유로를 받는다.

다섯째, 이러한 포탈 사이트를 운영하면 엄청난 비용이 든다. 그
러나 Hamburg.de는 공공기업으로서 독립채산과 비용최소화를 시도하
고 있다. 파트너들의 사용료, 광고료, 기술지원료, e-mail 뉴스레터 구독
료 등으로 수익모델을 만들고 있다. 흑자를 내기는 어렵지만 다른 포탈
사이트가 가지는 엄청난 적자규모를 생각하면 이러한 시도는 성공적이

라고 판단하고 있다.

　　브레멘 시의 전자정부 노력과 더불어 이런 방식의 공기업 창립, 독자적인 재정과 운영도 고민해볼 만하다. 더구나 시청의 업무를 온라인상으로 통합 운영·제공하는 일과 민간기관 사이트와의 효율적인 통합 또는 연계운영도 생각해보아야 할 것 같다.

에필로그

여기저기 인사하고 이것저것 정리하고 드디어 8월 8일 귀국길에 올랐다. 프랑크푸르트로 와서 대한항공을 타니 벌써 고향에 온 것 같다. 근 3개월 동안 제대로 인터넷을 할 수가 없어 한국의 소식은 간간히 전해 듣기만 했다. 비행기 안에서 보여주는 〈KBS 9시 뉴스〉와 그 속의 사람들이 모두 낯설다.

서울은 30도가 넘는 불볕더위가 계속되고 있다고 한다. 좀더 독일에 머물면서 그 더위를 피해갔으면 하는 생각도 있었다. 그러나 이 여름의 폭염을 맛보지 않으면 어찌 그 시원하고 아름다운 가을을 만끽할 수 있겠는가. 나는 다시 그 소란과 번잡함과 과로와 온갖 세상사들이 기다리고 있는 한국 사회와 그 폭염 속으로 뛰어들기 위해 가고 있다.

부록
면담자 목록

♠ 면담자 목록은 면담 순서와 일자에 따라 작성되었다.
♥ 전화번호에서 독일국가번호(49)는 생략하였다.
♣ 주소와 연락처는 받은 명함에 있는대로 계재하였다.

【베를린지역 1 : 2004. 5. 13~5. 26】

Mr. Jurgen Maier(환경과개발에 관한 독일 NGO 포럼 사무총장)
Director, German NGO Forum on Environment and Development
Am Michaelshorf 8-10, 52177 Bonn
TEL: 0228-359704 / e-mail: chef@forumue.de /www.forumue.de

Ms. Anna Gyorgy(여성운동가/웹사이트 중심 운동단체 책임자)
Coordinator, Women and Life on Earth
Marien str. 19/20, 10117 Berlin, GERMANY
TEL: 49-30-284821 70

Mr. Sven Hansen(TAZ신문 아시아 데스크)
Editor Asia-Pacific Desk, die tageszeitung
Kochstr. 18 D-10969 Berlin
TEL: 49-30-2590-2242 / hansen@taz.de

Mr.Taichiro Kajimura(유태인전문 일본인 프리랜서)
Flotowstr.3, 10555 Berlin
TEL: 030-399-4378 / FAX: 030-399-4489

Ms. Esther Keller(베를린 시청 아시태평양주간 담당 공무원)
Projektkoordination, Asien-Pazifik-Wochen
Der Regierende Burgermeister von Berlin Senatskanziel
Berliner Rathaus. 10173 Berlin
TEL: 030-9026-2270 / e-mail: esther.keller@skzl.verwalt-berlin.de

【독일남부 및 본(BONN) 지역 1 : 2004. 5. 27 ~ 2004. 6. 6】

Mr. Erhard Renz(태양열에너지 시민운동가)
Qutenbergstr. 8, 68642 Bürstadt
TEL: 06206-8800 /e-mail: Erhard.Renz@t-online.de

Mr. Michael Sailer(환경연구소 부소장 /독일원자력안전위원회 위원장)
Nuclear Technology & Plant Safety Division, Öke Institut
Elisabethenstra. 55-57, D-64283 Darmstadt
TEL: 06151-8190-20 /e-mail: sailer@oeko.de /www.oeko.de

Mr. Gerhard Schmidt(환경연구소 연구원)
Nuclear Engineering & Plant Safety
Elisabethenstra. 55-57, D-64283 Darmstadt
TEL: 06151-8191-17 /e-mail: g.schmidt@oeko.de

Mr. Stephen Kurth(환경연구소 연구원)
Nuclear Engineering & Plant Safety
Elisabethenstr. 55-57, D-64283 Darmstadt
TEL: 0651-8191-18 /e-mail: kunth@oeko.de

Mr.Heinz Schneider(만하임 환경백화점 직원)
Markt Haus Mannheim
Flossworthstr. 3-9, 68199 Mannheim
TEL: 0621-83368-44 /e-mail: heinzscheneider@markthaus-mannheim.de

Dr.Leonhard Haaf(타우버 솔라 -태양에너지기업. 의사. 녹색당 시의원)
Tauber Solar Management GmbH
Wüzburgerstr. 23, 97941 Tauberbishopsheim
TEL: 09341-8453-39 /e-mail: info@tauber-solar.de /www.tauber-solar.de

Mr. Bene Muller(재생에너지시민기업가)
Managing Director, solar complex GmbH
Ekkenhard str. 10, 78224 Singen
TEL: 07731-789547 /e-mai: box@solarcomplex.de /www.solarcomplex.de

Dr.Paul Pasch(에버트재단 동남아 책임자)
Division for International Cooperation
Head of South East Asia Desk, Friedrich Ebert Foundation
Godesberger Allee 149 D-53175 Bonn

Mr. Heiner Knauss(EED 동남아 및 동아시아 책임자)
Head of Southeast-and East-Asia Desk, EED
Ulich-von-Hassel Str. 76, D-53123 Bonn
TEL: 0228-810121 /e-mail: heiner.knauss@eed.de

Dr.Bernhard Walter
Advisor for the Anti-Poverty-Action 2015
EED, Bread for the World
Ulich-von-Hassel Str. 76, D-53123 Bonn

TEL: 0228-8101-2307 /e-mail: Bernhard.Walter@eed.de

Mr.Martin Klupsch /Mr.Elmer Schulze Messing(대안무역 지역점포 운영)
Welt Laden Bonn
Maxstrasse 36, 53111 Bonn
TEL: 0228-697052 /e-mail: info@weltladen-bonn.de

Dr. Paul G. Armbuster(독일협동조합연합 국제부장)
Head of International Relations Department
DGRV(Deutcher Genossenschafts und Raiffeisenverband e.V)
Adnauerallee 127, Raiffeisenhaus D-53113 Bonn
TEL: 0228-106-353 /e-mail: armbuster@dgv.de

Dr. Brigitta Hermann(여성활동가/국제무역감시/경제학박사)
Senior Advisor World Trade and Food Issues, German Watch
Kaiserstr. 201, D-53113 Bonn
TEL: 0228-60492-15 / e-mail: hermann@germanwatch.org /www.germanwatch.org

Dr. Ludger Reuke(은퇴후 자원활동가)
Senior Advisor Development Policy, German Watch
Kaiserstr. 201, D-53113 Bonn
TEL: 0228-60492-13 / e-mail: Reuke@germanwatch.org

Mr.Peter Runge(발전 관련 NGO연합체 부회장)
Co-ordinator, VENRO
Kaiserstr. 201, D-53113 Bonn
TEL: 0228-94677-13 / e-mail: p.runge@venro.org

Mr.John Young(대안무역 품질확보 기관)
Trade Auditor, Fairtrade Labelling Organizations International
Goerresstr. 30 D-53113 Bonn
TEL: 0228-2493-0 /e-mail: j-young@fairtrade.net

Mr.Peter J. Croll(본 군축센터 소장)
Director, Bonn International Center for Conversion
An der Elisabethkirche 25, 53113 Bonn
TEL: 0160-9051-1504 /e-mail: croll@bicc.de /www.bicc.de

Mr.Jens Martens(기업책임.세계경제문제 전문가)
Member of Board, WEED(World Economy, Ecology & Development)
Bertha-von-Suttner-Platz 13, D-53111 Bonn
TEL: 0228-76613-12 /e-mail: jens.martens@weedbonn.org

【베를린지역2 : 2004. 6. 7 ~ 6. 18】

Mr. Ali-Markgraf(자전거운동가)
Rothenbücherweg 55a, 14089 Berlin
TEL: 030-361-6568

Ms. Sivia Bender(생태농업단체)
Dip.-Ing.agr. Bioland e.V. Berliner Büro
Marine str. 19/20, 10117 Berlin
TEL: 030-2848-2302 /e-mail: berlin@bioland.de

Ms. Katina Schubert(민사당 PDS 중앙위원)
Mitglied des Parteivorstandes, PDS
Kleine Alexanderstr.28, 10178 Berlin
TEL: 030-24009-592 /e-mail: katana.schubert@pds-online.de /Mobile: 0171-685-3625

Mr. Benedikt Haerlin(미래재단 사무총장)
Director, Zukunftsstiftung Landwirtschaft, SOS(Save Our Seeds)
Marienestr. 19, 10117 Berlin
TEL: 030-240-47146 /e-mail: haerlin@zs-l.de

Dr.Roland Bank(기억.책임.미래재단 법률책임자)
Legal Adviser, Stiftung Erinnerung, Verantwortung und Zukunft
Markgrafenstr. 12-14, 10969 Berlin
TEL: 030-2848-2302 /e-mail: bank@stiftung-evz.de

Dr. Beate Hasenjager(독일 의회 간부)
Chief of Personnel, Deutscher Bundestag
Platz der Republick 1, 1011 Berlin
TEL: 030-227-33050 / e-mail: beate.hasenjaeger@bundestag.de

Mr. Friedolin Strack(독일전경련 BDI 아시아 책임자)
APA Cordinator Germany, Regional Director Asia-Pacific
International Affairs, Federation of German Industries(BDI)
TEL: 030-2028-1423 / e-mail: F.Strack@bdi-online.de

Anna Luhrmann(녹색당 의원. 최연소 당선)
Mitglied Des Deutschen Bundesdages
Fracktion Bundnis 90/ Die Grunen, Platz der Republik 1, 11011 Berlin
Under den Linden 50, 10117 Berlin
TEL: 030-227-71995 /e-mail: anna.luehrmann@bundestag.de /www.anna-luehrmann.de

Prof. Hans Maretzki(통독당시 주북한 대사)
Flora Str. 71, 14469 Potsdam
TEL: 0331-520-146 /H.P: 0175-6737-594

【구 동독 지역 : 2004. 6. 19 ~ 6. 27】

Ms. Susanne Scharff(여성도서관 대표)
Representative, MONAliesaA e.V. Liepzig
B - Goring str. 152, Haus der Demokratie, 04277 Leipzig

Ms. Regina Schild(슈타지 라이프치히 사무소장)
Aussenstellenleiterin,
Die Bundesbeauftragte fur die Unterlagen Staatssichertheitsdienstes der ehemaligen Deutschen
    Demoktratischen Republik Aussenstelle Leipzig
Dittrichtring 23, 04109 Leipzig
TEL: 0341-2247-3211 /e-mail: astleipzig@bstu.de

Ms. Jimtrauf Hollitzer(슈타지박물관 및 시민위원회 대표)
Gedenkstatte Museum in der "Runden Ecke"
Burgerkomittee Leipzig e.V
Dittrichring 24, PSF 10 03 45, D-04003 Leipzig
TEL: 0341-961-2443 /e-mail: mail@runde-ecke-leipzig.de

Mr. Michael Wildt(시민운동기록보관소)
Projektleiter, Archiv Burgerwewegung Leipzig(슈타지기록보관소장)
Katharinenstr.11, 04109 Leipzig
TEL: 0341-861-1626 /Mobil: 0172-990-5573 /e-mail: info@archiv-buergerbewegund.de

Ms. Monika Keller(시민운동기록보관소)
Leiterin Archiv, Archiv Burgerwewegung Leipzig
Katharinenstr.11, 04019 Leipzig
TEL & e-mail - 위와 같음

Dr.Rainer Eckert(라이프치히 역사연구소장)
Direktor, Zeitgeschictliches Forum Leipzig
Grimmaische str.6, 04109 Leipzig
TEL: 0341-2220-100 / e-mail: eckert@htg.de

Mr. Mattias Eisel(라이프치히 프리드리히 에버트 재단 대표)
Leiter des Buros, Friedrich Ebert Stiftung
Burgerstr. 25, D-04109 Leipzig
TEL: 0341-960-2431 /e-mail: Mattias.Eisel@fes.de

Dr. Hinrich Lehmann-Grube(전 라이프치히 시장)
Gustav-Mahler -Strasse 7. D-04109 Leipzig
TEL: 0341-912-1077

Studentenpfarrer Stephen Bickhardt(라이프치히 대학생 담당목사)
Alfred-Kastner str. 11, D-04275 Leipzig

TEL: 0341-391-3620 /e-mail: stephen.bickhardt@t-online.de

Dr.jur. Michael Hebeis(드레스덴 변호사)
Rechtanwalt, Schaffer & Partner
Blasewitzer str.9, 01307 Dresden
TEL: 0351-404-560 /e-mail: mjh@schaffer.partner.de

Dip.-Ing. Susanne Reichle(드레스덴 어린이 미술교육운동가)
Verwaltung und Jugendarbeit
Villa Salzburg, Tiergartenstr.8, 01219 Dresden
TEL: 0351-476-900 /e-mail: villa-salzburg@t-online.de

Mr.Stefan Mertenskotter(드레스덴 환경센터 사무국장)
Geschaftsfuhrer, Umweltzentrum Dresden
Schutzengasse 16-18, 01067 Dresden
TEL: 0351-4943-500 /e-mai: uzd@uzdresden.de

Mr. Wilfried Ripp(드레스덴 시민재단 책임자)
Geschaftsfuhre, Burgerstiftung Dresden
Barteldesplatz 2, 01309 Dresden
TEL: 0351-315-810 /e-mail: info@buergerstiftung-dresden.de

【루르지역 : 2004. 6. 28 ~ 7. 7】

Dr. Horst-Udo Niedenhoff(독일경제연구소 노사문제 연구위원)
Institut der Deutschen Wirtschaft Koln
Gustav-Heinemann-Ufer 84-88, 50968 Koln
TEL: 0221-4981-736 /e-mail: niedenhoff@wkoeln.de

Ms. Sophie Hennis(난민지원단체 사무국장)
Allerwelthaus Koln e.V
Kornerstr. 77-79, 50823 Koln
TEL: 0221-510-3002 /e-mail: awhkolen@web.de /www.allerweltshaus.de

Mr. Walter Scheffler(경계없는식당 대표)
Vereinsvorsitzender, grenzenlos e.v.
Kronprinzenstrasse 113, 40217 Dusseldorf
TEL: 0211-392437

Dip.Soz, Jurgen Wascher(티센크룹제철 인사.교육담당 책임자)
Bereichsleiter-Bildung-Seminarzentrum, Personalservice
ThyssenKrupp Stahl AG
Franz-Lenze-Strasse, 47166 Duisburg
TEL: 0203-5247-260 /e-mail; juergen.waescher@tks-cs.thyssenkrupp.com

Dr.-Ing. Gunnar Still(티센크룹제철 부사장 /환경담당 책임자)
Senior Vice President, Corporate Division Environment
TyssenKrupp Steel AG
Kaiser-Wilhelm-Strasse 100, D-47166 Duisburg
TEL: 0203-522-4989 /e-mail: gunnar.still@tks.thyssenkrupp.com

Mr.Gerd Nickoleit(대안무역단체 GEPA 정책책임자)
Head of Policy Department, GEPA
Gewerbepark Wagner, Bruch 4, D-42279 Wuppertal
TEL: 0202-26683-79 /e-mail: gerd-nickoleit@gepa.org

Mr.Christof Lutzel(GLS은행 홍보담당)
Pressesprecher, GLS Gemeinshaftsbank eG
Oskar-Hoffmann-Str.25, 44789 Bochum
TEL: 0234-5797-178 / 0173-278-6963 /e-mail: christof.leutzel@gls.de

Mr. Diether Heesemann(전 쾰른교회 제3세계담당 목사)
Karl-Kotzenberg-Str.8 , D-60431 Frankfurt
TEL: 069-53-23-62

Mr.Uli Weinzerl(아헨 평화상 위원)
Eynattener Str. 24 F, D-52604 Aachen
TEL: 0241-79558 /e-mail: uli.weinzerl@t-online.de

Mr.Gerhard Diefenbach, Aachener Friedenspreis e.V.(아헨 평화상 위원)
Kalkbegstr. 194, 50280 Aachen
TEL: 02405-14360 /e-mail: gerhar.diefenbach@freenet.de

Mr.Otmar Steinbiker, Aachener Friedenspreis e.V(아헨 평화상 위원)
Neuehofer Weg 23, 52704 Aachen
TEL: 0241-996-7001 /e-mail: steinbicker@aachener-friedenspreis.de

Mr.Ludger Potter(가톨릭 모금단체 미씨오 모금국장)
Leiter Service Inland, MISSIO
Goethestr.43, D-52064 Aachen
TEL: 0241-7507-269 /e-mail: ludger.poetter@MISSIO-aachen.de

Ms.Marienne Potter-Jantzen(가톨릭 모금단체 미제리오 언론담당)
MISEREOR, Referentin fur Spendenwerburg
Mozartstr.9, D-52064 Aachen
TEL: 0241-442-574 /e-mail: poetter@misereor.de

Dr.Klaus Fritsche(독일아시아재단 사무총장)
Director, Asienstiftung

Bullmannaue11, D-45327 Essen

TEL: 0201-830-3838 /e-mail: asienstiftung@asienhause.de

Ms.Marhua Mundinger(여성사단체 간사)

Kolner Frauengeschitchtsverein

Marien Platz 4, 50676 Koln

TEL: 0221-248265 /e-mail: info@frauengeschichtsverein.de

【남부지역-프라이부르크와 뮌헨 : 2004. 7. 8 ~ 7. 18】

Mr.Hans-Jorg Schwander(여행사 운영)

Innovation Tour e.V

Sedanstr.30, 79100 Freiburg

TEL: 0761-400-4481

Mr.Harro Thasler(쇠나우 시민전기회사 자원활동가)

Elektrizitatswerke Schonau

Neustadstr.8, 79677 Schonau

TEL: 07673-8885-0 /e-mail: info@ews-schoenau.de

Ms.Hanna Lehmann(가톨릭 아카데미 환경담당 직원)

Studienleiterin Umweltbeauftrage

Katholische Akademie der Erzdiozese Freiburg

Winterestr.1, 79104 Freiburg

Mr.Alexander Gregory(신교 교육기관 근무)

Evangelisches Bildungswerk Munchen

Herzog-Wilhelm-Strasse 24, 80331 Munchen

TEL: 089-5525-8050

Ms.Harriet Austen(다문화사회 운동가)

Lichterkette e.V

Schwere-Reiter-Str. 35/15, 80797 Munchen

TEL: 089-30-778-778 /e-mail: lichterkette@t-online.de

Ms.Antje Terrahe(알리안츠의 자원봉사 담당자)

Spokesperson, Financial Communications, Allianz Aktiengesellschaft

Koniginstrasse 28, 80802 Munchen

TEL: 089-3800-17790 /e-mail: antje.terrahe@allianz.com

Mr.Manfred Bosl(소수민족.이주민을 위한 단체 책임자)

Geschaftsstelle, IG -InitiatvGruppe

Hermann-Lingg-Strasse 13, 80336 Munchen

TEL: 089-5446710 /e-mail: ig@initiativgruppe.de

Dr.Berthold Neizert(막스플랑크연구소 국제담당 책임자)
Head of Division, International Relations
Administratve Headquarters, Max Planck Society
Hofgartenstr. 8, 80539 Munchen
TEL: 089-2108-1270 /e-mail: neizert@gv.mpg.de

Ms.Denninger(홈리스를 위한 잡지사 대표)
Biss
Koningerstr.77, Munchen
TEL:3825-2894

Ms. Konstanze Carreras(BMW 사회공헌 책임자)
Head of Corporate Citizenship, Corporate Affairs, Public Relations
BMW AG, BMW Haus
Petueling 130, 80778 Munchen
TEL: 089-382-52894 /e-mail: konstanze.carreras@bmw.de

Mr. Roman Huber(주민투표운동단체 사무총장)
Mehr Demokratie
Jagerwirtstrasse 3, 81373 Munchen
TEL: 089-821-1774 /e-mail: bundesbuero@mehr-demokratie.de

Mr.Sepp Daxenberger(바깅시 시장)
Ladesvorsitzender Bayern, Bundnis 90. Die Grunen
Landesgeschaftsstelle
Sendingerstr. 47, 80331 Munchen
TEL:089-211-5970 /e-mail: Sepp.Daxenberger@bayern.gruene.de

Mr.Heinz Hochst, IC(중학교 교장 선생님)
HS am Gerhart-Hauptmann-Ring
Gehart-Hauptmann-Ring 15, 81737 Munchen
TEL: 089-6349-7070 /e-mail: hs.ghl@t-online.de /www.schuttle.schule.de/m/g-h-r

Ms.Anni Kammerlander(난민단체 대표)
Geschaftsfuhrein, REFUGIO
Mariahilfplatz 10, 81541 Munchen
TEL: 089-9829-5714 /e-mail: office@refugio-muenchen.de

Mr.Niklolaus Turner(재단 사무총장, 커뮤니티재단운동가)
Managing Director, Kester-Haeusier-Stiftung
Dachaaur Strasse 61, 82256 Furstenfeldbruck
TEL: 0841-41548 /e-mail:niklaus.turner@stiftungen.org

Mr.Fuad Hamdan(제3세계운동 책임자)

Dritte Welt Zentrum

Schwanthaler Strasse 80, 80336 Munchen

TEL: 089-856375-20 /e-mail: f.hamdan@einewelthaus.de

Ms.Tefanie Ziegler(장애인단체 프로그램담당자)

Programmreferentin, Handicap Internation

Ganhoferstr.19, D-80339 Munchen

TEL: 089-5476-0612 /e-mail:szigler@handicap-international.de

【북부지역-Bremen & Hamburg : 2004. 7. 17 ~ 7. 28】

Ms.Witha Winter-von Gregory(인권운동가/인권공원설립자)

Elsa-Bandstrom-Str. 8, Bremen

TEL: 0421-237-002

Dr.Burkhard Luber(평화재단 사무국장)

Mindener Landstrasse 44 A, 31582 Nienburg

TEL: 05021-604760 /e-mail: luber@dieschwelle.de

Ms. Gabriele Becker-Rieb(노인복지 전문 Heim재단 사무국장)

Leitung Qualitat, Bremer Heimstiftung

Marcusallee 39, 28359 Bremen

TEL: 0421-2434-150 /e-mail: gabriele.becker-riess@bremer-heimstiftung.de

Ms.Jutta Croll(디지털민주화운동재단 사무국장)

Geschaftsfuhrung, Stiftung digitale-chancen

Am Fallturm 1, D-28359 Bremen

TEL: 0421-218-4046 / e-mail: jcroll@digitale-chancen.de

Mr. Harald Krauser(전자정부 담당 공무원)

Neue Medien in der brem.

Verwaltung / E-Government

Der Senator fur Finanzen, Referat 36

Rudolf-Hiferding-Platz 1, 28195 Bremen

TEL: 0421-361-5511 /e-mail: Harald.Krause@finanzen.bremen.de

Prof. Klaus Sieveking(이민법 전공 법학교수)

Law Department, Bremen University

Grazerstr. 2, D-28359 Bremen

TEL: 0421-218-2176 /e-mail: ksievek@uni-bremen.de

Ms.Kerstin Dahlberg(브레멘주정부 제3세계지원 담당 공무원)

Landesamt fur Enwiclungszusammenarbeit, Freie Hansestadt Bremen

Ansgaitorstr.22, D-28195 Bremen

TEL: 0421-361-4505 /e-mail: kdahlberg@bremen.de

Mr. Karsten Muller(홈리스 지원기구 디아코니아 사무국장)
Dipl.Sozialpadagoge, Hausleiter
Verein fur Innere mission in Bremen
Jakobushaus, Friedrich-Rauers-Str. 30, 28195 Bremen
TEL: 0421-307-0431

Prof.Dr.Justus Freytag(중국 전공 교수 /목사)
Am Schuldwald 7. 22415 Hamburg
TEL: 040-520-6476

Mr.Roger Stave
Padagogischer Mitarbeiter, Das Wattenmeerhaus Nationalparkzentrum
Sudstrand 110 b, D-26382 Wilhelmshaven
TEL: 044-219-1070

Mr.Rolf Luhrs(시민참여 온라인 프로젝트 기획자)
Interakive Kommunikation, Abteilungsteitung, Tu Tech
Harburger Scholossstr.6-12, D-21079 Hamburg
TEL: 040-766-18034 / e-mail: luehrs@tutech.de

Mr.Friedheim Kruse(함부르크 포탈 사이트 운영자)
Produktmanager DIBIS, hamburg.de GmbH & Co.KG
Baumwall 7, Uberseehaus, 20459 Hamurg
TEL: 040-6887-57707 / Handy: 0171-653-8200 /e-mail: friedheim.kruse@hamburg.de